Tous ceux qui sont concernés par l'Art Contemporain et qui ont pu prendre connaissance de la création du futur Centre qui occupera les Brasseries Wielemans – Ceuppens se posent à juste titre la question de savoir ce qui s'y passera.

Deux lignes de conduite ont été adoptées d'emblée par ceux qui ont pris l'initiative de la mise sur pied de cette Institution à savoir, d'une part de baser prioritairement les activités sur le socle des arts plastiques et d'autre part de laisser en toutes circonstances l'initiative aux artistes dont les activités seront soutenues et coordonnées par des concepteurs et experts en logistique artistique.

C'est pour d'emblée accuser le coup et marquer le pas que des artistes de la communauté bruxelloise ont été sollicités pour présenter un travail en adéquation avec le nouveau lieu. Ils ont accepté de se montrer solidaires de notre entreprise en se joignant à nous et en coordonnant leurs travaux autour d'un meneur de jeu orchestrant la manifestation.

Cette première exposition se veut être protagoniste et augurer des activités futures du Centre en offrant la priorité aux artistes pour rentrer en contact avec le site et le réanimer. Par ailleurs, il importe dès à présent de dissiper de façon formelle tout malentendu en affirmant de façon solennelle que ceux qui se sont voulu être les initiateurs du futur Centre d'Art Contemporain ne veulent en aucun cas avoir l'apparence ni agir à la façon d'un groupuscule de personnalités issues du secteur privé et qui ambitionnerait de mener à bien ce projet en se tenant à l'écart des réalités sociales et culturelles bien connues touchant principalement l'environnement urbain de notre capitale et celui du pays.

Bien au contraire. Conscient de la position particulière qu'occupe Bruxelles sur le plan national et international, les initiateurs souhaitent soulever et débattre des questions fondamentales que poseront les relations du futur Centre avec toutes les institutions culturelles environnantes, publiques ou privées.

Les initiateurs issus de la société civile sont déterminés à entamer et à mener à bien de larges discussions avec toutes les parties et autorités intéressées afin de voir aboutir un accord culturel cautionnée par une responsabilité publique étayée par des pouvoirs politiques diversifiés.

Il est de plus opportun de préciser au stade de développement actuel de notre projet qu'aucune option définitive n'a encore été levée et cela tant en ce qui concerne les problèmes architecturaux proprement dits et plus particulièrement l'aménagement du bâtiment ainsi que la façon dont le centre sera amené à opérer.

L'un et l'autre seront définis dans un proche avenir par le biais d'une large consultation avec toutes les personnes concernées et intéressées ainsi qu'en s'inspirant des directives données par celle, celui ou ceux qui seront en charge de la gestion journalière de l'entité, culturelle et administrative.

Il me faut au nom du Conseil d'Administration et des Membres de l'Assemblée Générale remercier et féliciter cette équipe inaugurale qui a accepté de nous faire l'honneur de prendre le risque d'écrire le prologue de cette nouvelle aventure appelée à remodeler la scène artistique bruxelloise. Elle nous donnera un avant – goût qui orientera notre regard vers ce que deviendra cette entreprise qui suscite l'intérêt et l'attachement d'un public de plus en plus nombreux. Nous nous réjouissons d'avoir pu ainsi nouer un premier contact avec ce public qui est appelé à devenir « notre public » envers lequel nous nous sentons responsable et redevable.

Avec toute ma gratitude et l'assurance de mon entier dévouement,

Herman J. DALED
Président

Al wie de hedendaagse kunst op de voet volgt en intussen weet dat het toekomstige kunstencentrum zijn intrek zal nemen in de Brouwerijen Wielemans-Ceuppens, is terecht benieuwd naar het vervolg.

De initiatiefnemers van dit centrum hebben van meet af aan twee beleidslijnen aanvaard: eerst en vooral vertrekken de activiteiten vanuit de plastische kunst, en anderzijds wil men te allen tijde het initiatief aan de kunstenaars laten, die zullen kunnen rekenen op de steun en coördinatie van tentoonstellingsbouwers en deskundigen inzake logistiek.

Om meteen de juiste toon te treffen vroegen we kunstenaars uit het Brusselse gewest een werk te presenteren dat inspeelt op de nieuwe site. Ze konden zich vinden in ons opzet en waren bereid om, samen met de curator, voor het centrum een eerste tentoonstelling uit te bouwen.

Deze manifestatie is, door kunstenaars als eerste de site te laten verkennen en te laten be-tekenen, en als voorbode van de toekomstige activiteiten van het centrum, zeer belangrijk. De iniatiefnemers van het toekomstig Centrum voor Hedendaagse Kunst willen dan ook, om ieder misvertand te vermijden, hierbij benadrukken dat zij geenszins blind zijn voor de sociale en culturele problemen van onze hoofdstad. Dit centrum wil en kan geen privé-iniatief zijn van enkele personen, hoe ambitieus en welwillend ook, zonder een brede urbane en belgische context in acht te nemen.

Integendeel. Brussel neemt op nationaal en internationaal vlak een bijzondere plaats in. De iniatiefnemers willen dan ook de fundamentele vragen die de inplanting van een centrum voor hedendaagse kunst in het culturele weefsel van die stad oproept, niet uit de weg gaan.

Vele gesprekken staan voor de boeg. Teneinde onze publieke en politieke verantwoordelijkheden na te komen zal worden gezocht naar een consensus met alle partijen die aan het debat wensen deel te nemen.

Wat maakt dat in het huidige stadium van ons project nog geen opties definitief werden gelicht. Noch wat betreft de architectuur en de inrichting van de gebouwen, noch wat betreft de toekomstige werking van het centrum.

Deze keuzes zullen in de nabije toekomst worden gemaakt na uitvoerige consultatie van een grote groep mensen uit de betrokken domeinen, en daaruit voortvloeiend, van de mensen die de artistieke en administratieve leiding van het centrum op zich zullen nemen.

In naam van de Raad van Bestuur en de leden van de Algemene Vergadering wil ik het openingsteam bedanken en feliciteren. Zij hebben namelijk het risico genomen om de proloog te schrijven voor dit kersverse avontuur dat aan de Brusselse kunstscene een nieuw elan moet geven. Deze inleidende tentoonstelling moet ons al een voorsmaakje bieden van en onze aandacht vestigen op een initiatief dat de belangstelling en bijval van een steeds talrijker publiek geniet. Wij hebben het genoegen een eerste aanknoping te zoeken bij dit publick, dat 'ons' publiek moet worden en tegenover wie wij ons verantwoordelijk en schatplichtig voelen.

Met al mijn dankbaarheid en de verzekering van mijn volledige toewijding,

Herman J. DALED
Voorzitter

Comme ce fut la cas pour l'INR à Ixelles, le futur aménagement du site des Brasseries Wielemans-Ceuppens sera le résultat d'une fructueuse collaboration entre les pouvoirs publics et le secteur privé.

Le développement de ce partenariat, pour la restauration, la réhabilitation et la promotion de notre patrimoine remarquable, constitue l'un des axes prioritaires de la politique que je poursuis en la matière.

C'est dans ce contexte que nous avons pu mettre fin au pitoyable feuilleton patrimonial dont furent victimes les brasseries.

Cette saga juridico-financière s'est enfin achevée, le 26 mai dernier, par la conclusion d'un bail emphytéotique de 27 ans, entre la Région et l'ASBL « Centre des Arts Contemporains ».

En raison de leur valeur historique et scientifique, la totalité des bâtiments des brasseries est classée depuis 1993.

Au scandale patrimonial d'hier succède aujourd'hui la naissance d'un ambitieux projet culturel.

Il n'aurait pas été possible sans l'intervention de la **Cellule de Veille du Patrimoine**, compétente pour tout bâtiment classé et désaffecté. Il lui incombe de porter aide aux propriétaires d'un patrimoine remarquable.

Composée de membres de mon cabinet, d'agents du Service des Monuments et Sites, d'un spécialiste du secteur immobilier, et selon les cas, d'agents de la Régie foncière et du Service de l'Urbanisme, la cellule agit de manière proactive.

Les membres de la cellule dressent, de manière collégiale, la liste des bâtiments qu'ils souhaitent soumettre à leur expertise. Après en avoir établi le dossier, la cellule recherche les différentes possibilités de réaffectation du bien et en calculent la faisabilité financière.

Dès qu'une solution réaliste et crédible peut être envisagée, le propriétaire est invité à en prendre connaissance. La Région peut lui accorder jusqu'à 80% de subsides pour la réalisation des travaux.

A défaut d'accord, ou devant un refus avéré de collaboration, la Région peut avoir recours à la procédure dite des « travaux d'office », voire à celle de l'expropriation.

Ce fut le cas pour les Brasseries, témoins uniques de l'architecture industrielle dans la Région de Bruxelles Capitale.

La Cellule a très vite vu clair dans le jeu de l'ancien propriétaire déficient, le site accédant lentement mais sûrement au rang de chancre industriel.

Pour éviter de nouveaux désastres patrimoniaux de ce genre, il est indispensable aujourd'hui d'établir des synergies entre les pouvoirs publics et les décisions prises par les propriétaires et les investisseurs privés.

Il va de soi qu'il appartient alors à la Région de se doter des moyens budgétaires qui lui permettent d'intervenir concrètement dans ce type de dossier.

Actuellement, la Région dispose d'un crédit annuel de 10 millions d'euros pour la restauration de biens privés classés.

Elle prendra en charge quatre-vingts pour cent des frais de restauration des bâtiments du site, dans lequel prend aujourd'hui place une vitrine de l'art contemporain.

Willem DRAPS,
Secrétaire d'Etat en charge des Monuments et des Sites

Zoals dat voor het NIR in Elsene het geval was, zal de toekomstige inrichting van de site van de Brouwerijen Wielemans-Ceuppens het resultaat zijn van een vruchtbare samenwerking tussen de overheid en de privé-sector.

Het ontwikkelen van dit partnerschap voor de restauratie, de herwaardering en de bevordering van ons opmerkelijk erfgoed vormt een van de prioritaire assen van het beleid dat ik op dat vlak voer.

In die context hebben we een eind kunnen stellen aan het slopende "erfgoed feuilleton" van de brouwerij.

Aan dit juridische en financieel steekspel werd een einde gesteld op 26 mei 2003 door het afsluiten van een erfpacht voor 27 jaar tussen het Gewest en de vzw "Centrum voor Hedendaagse Kunst".

Omwille van hun historische en wetenschappelijke waarde werd de totaliteit van de gebouwen van de brouwerij in 1993 beschermd.

Na het erfgoedschandaal van gisteren komt er dus nu een nieuw ambitieus cultuurproject. Dat zou niet mogelijk geweest zijn zonder de tussenkomst van de **Cel Monumentenwacht** die bevoegd is voor ieder beschermd en verlaten gebouw. Deze Cel moet hulp bieden aan eigenaars van opmerkelijk erfgoed.

De cel bestaat uit leden van mijn kabinet, personeel van de Dienst Monumenten en Landschappen, een expert uit de vastgoedsector en naargelang het dossier, personeel van de Grondregie en de Dienst Stedenbouw en handelt op proactieve wijze.

De leden van de cel stellen op collegiale manier een lijst op van de gebouwen die in aanmerking komen voor onderzoek. Het dossier wordt samengesteld en de cel zoekt dan naar verschillende mogelijkheden voor een nieuwe bestemming van het gebouw en berekent tevens de financiële haalbaarheid ervan.

Telkens als er een haalbare en geloofwaardige oplossing gevonden wordt, wordt deze aan de eigenaar voorgelegd. Het Gewest kan aan de eigenaar tot 80% aan toelages toekennen voor het uitvoeren van werken.

Indien geen akkoord kan gevonden worden of indien klaarblijkelijk geweigerd wordt samen te werken, dan kan het Gewest overgaan tot de "ambtshalve werken" of zelfs onteigening. Dat was het geval voor de Brouwerij, een unieke getuige van de industriële architectuur in het Brussels Hoofdstedelijk Gewest.

De Cel had zeer snel de bedoeling van de vroegere eigenaar doorzien, die in gebreke bleef en waardoor de brouwerij langzaam maar zeker een industriële kanker werd.

Om dergelijke erfgoed-rampen in de toekomst te vermijden is het van groot belang om een samenwerking aan te gaan tussen de overheden en de beslissingen die genomen worden door eigenaars en privé-investeerders.

Het spreekt voor zich dat het Gewest moet zorgen voor voldoende financiële middelen om concrete stappen te kunnen ondernemen in dit soort dossiers.

Vandaag beschikt het Gewest jaarlijks over 10 miljoen euro voor de restauratie van beschermde privé-eigendommen.

Het Gewest neemt 80 percent op zich van de kosten voor de restauratie van de gebouwen van de site, waar vandaag een vitrine voor hedendaagse kunst wordt ondergebracht.

Willem DRAPS
Staatssecretaris belast met Monumenten en Landschappen

Luk Lambrecht WIELS! *Exemplarisch reageren op een urbane context in een specifieke zone gedepriveerd van openbaar (stads)comfort*

"Soms loop je gedachteloos op straat, gestuurd door je voeten."
Peter Verhelst

De tentoonstelling *Wiels!* is een dubbeltje op zijn kant. Ze *opereert* namelijk vanuit een gebouw met uitzicht op het toekomstige centrum voor hedendaagse kunsten, dat tot vandaag nog geen inhoudelijk omschreven concept heeft. Brussel heeft duidelijk nood aan een kunstencentrum van waaruit verschillende visies kunnen dialogeren met andere Brusselse en gelijkgezinde internationale centra voor hedendaagse kunst. Een pluriform debat over kunst en cultuur binnen een grootstad zoals Brussel is broodnodig om het discours en de gedachtewisseling te stimuleren. Na de vele recente analyses over het manke Belgische kunst- en museabeleid moet de vraag worden gesteld wat een nieuw centrum voor hedendaagse kunst kan bijdragen tot het culturele weefsel van Brussel. Met andere woorden hoe zet je een nieuw centrum op poten dat zich, in een tijd waar de druk op de publiekscijfers groot is, niet opnieuw laat dwingen tot het weer eens veilig kopiëren en organiseren van steeds dezelfde tentoonstellingen, die rondtoeren langs de betere internationale kunstencentra. Het wordt een uitdaging om een band te behouden met de multiculturele stad en meer bepaald met een wijk waar kaalslag en verloedering de jongste decennia de regel waren. In het geval van de site Wielemans-Ceuppens is het opduiken van een geëngageerde medespeler vanuit de vastgoedsector een unicum. Immo-speculatieve achtergronden hebben er in het verleden toe geleid dat Brussel een leeg en troosteloos reservaat is geworden met een verzameling ondermaatse architectuur, totstandgekomen op de grijze tafels van architecten-bureaucraten die slechts oog hadden voor het huisvesten van het economisch apparaat tegen de goedkoopste bouwvoorwaarden. Brussel heeft nooit de moed gehad te informeren naar de visies en de dromen van de beste architecten of planologen. Het intrieste resultaat is dat sinds het interbellum hier bijna geen goede en internationaal gewaardeerde architectuur te bespeuren valt. Kaalslag na kaalslag vormt het troosteloze optelsommetje van de inmiddels afgetopte skyline van het hedendaagse Brussel. De ruime site Wielemans-Ceuppens, in de nabijheid van het Zuidstation als Europees TGV-kruispunt bij uitstek, kan uitgroeien tot een project waar de beste architectuur de poort wordt van het nieuwe Brussel en waarin alle mogelijke functies aan bod komen in een harmonieus plan om duurzaam en kwalitatief leven in Brussel zichtbaar te maken.

Al die intenties en bedenkingen houden ook kunstenaars bijzonder in de ban. Zij kunnen alleen en hoogstens visueel vaststellen, tonen waar het schoentje nijpt en via deze weg kunnen ze misschien een steentje bijdragen tot het uitlokken van iets *beters* voor de stad. De kloof tussen politiek, uiteenlopende speculatieve belangen en de voornemens van geëngageerden die de kwaliteit van de stad als eerste prioriteit beschouwen kan heel diep en breed zijn. Het is aan de politieke verantwoordelijkheid om openheid in debat over de kwaliteit van de stad mogelijk te maken en de architectuur en urbanisatie in eerste instantie in dienst te stellen van de leefbaarheid van die stad door een relevante en toekomstgerichte visie op het bouwen te ontwikkelen.

De tentoonstelling *Wiels!* toont een groot engagement tegenover het nakende debat over de inhoudelijke onderbouw van een nieuw centrum voor hedendaagse kunsten in deze achtergestelde wijk van de stad. Acht kunstenaars die vertrouwd zijn met de Brusselse culturele context gingen een tijdlang op pad en geven hier een *beeld* weer van de stand en staat van de lopende zaken in dit deel van Vorst. We zijn ervan overtuigd dat de kunstenaars de kans niet hebben laten liggen om in deze embryonale en cruciale aanloopperiode van het project Wielemans-Ceuppens kunst als een *spiegel* tentoon te stellen. Vragen en bedenkingen smeulen na om *het kunstenproject in de steigers* op een radicale manier aan de hoogste kwalitatieve maatstaven te linken. De meeste musea en kunstencentra krijgen minder en minder publiek over de vloer. Als een museum niet meedoet aan het programmeren en presenteren van mediagenieke tentoonstellingen, plaatst het zichzelf in de publieke marge. De kloof tussen de hedendaagse beeldende kunst en een ruimer publiek blijft groot. Een van de grote uitdagingen voor de musea en kunstencentra ligt precies in een gedeeltelijk herstellen van de ooit als organisch ervaren relaties tussen kunst en publiek. Het is duidelijk dat een centrum voor hedendaagse kunst er niet alleen kan zijn voor de kunstenaars. Het is de uitvalsbasis voor de kunstenaar die in een ruimte, gesubsidieerd met openbare middelen, op zoek gaat naar een of andere dialoog met een geïnteresseerd publiek. Hoe profileert een centrum zich als een plaats waar een *ruimer* publiek zich kan herkennen in de aangebrachte inhoud? Het tonen van spektakel heeft niets met kunst te maken; spektakel bevestigt de clichés en de wachtwoorden van de kapitalistische ideologie, gekenmerkt door steeds *meer*, maar minder *diepte*. Bart De Baere, lid van de Raad van Bestuur, verklaart zijn engagement voor het project Wielemans-Ceuppens "omdat beeldende kunst belangrijk kan zijn voor een stad". Voorzitter Herman Daled engageert zich omdat "dit project vanaf het begin leek te beantwoorden aan de verwachtingen van alle actoren van de artistieke Brusselse gemeenschap, namelijk het aanwezig zijn in de stad van een belangrijke instelling die volledig en specifiek gewijd is aan hedendaagse kunst".

De vele goed geformuleerde intenties en voornemens drijven op een eschatologische droom om de stad via de kunst een dienst te bewijzen. De kunst wordt voorgeschoteld als een heilzame pleister op het sterk gehavende sociale weefsel van de grootstad. Het multiculturele en multilinguïstische Brussel is een creatief kruitvat op de grenzen tussen een Germaanse en een Romaanse cultuur. Als gensters uit een vuursteen schuren die uiteenlopende culturen en mentaliteiten doorheen de stad, die een ongelooflijke *melting pot* van kruisbestuivende gevoeligheden en gedachten is.

De acht geselecteerde kunstenaars voor *Wiels!* weerspiegelen die gedachte van het bij elkaar brengen van *uiteenlopendheid*. *Wiels!* brengt de lege esthetiek niet op het voorplan, maar draagt evenmin de pretenties in zich om alleen het conceptuele of de ideeën aan bod te laten komen. De aantrekkingskracht van de beeldende kunst ligt nog steeds in het *beeldende* — in de manier waarop kunstenaars vandaag in staat blijven om doordachte inhoud om te zetten in een beeldtaal die het vrije en verbeeldingsrijke midden houdt tussen oog en geest.

In eerste instantie was de tentoonstelling Wiels! opgevat als een fototentoonstelling die een geconcentreerd uitzicht moest bieden op de actuele vervreemdende *kwaliteiten* van de site. De initiële vraag van de vzw/asbl nam langzaam een bredere bocht naar een meer multimediaal concept waarin de kunstenaars de gehele site en de culturele en architecturale toekomst ervan conceptualiseerden en centraal stelden.

Fotografie blijft een belangrijk onderdeel in *Wiels!* Ze is duidelijk de inzet voor vier sterk verschillende manieren van kijken en aanvoelen van de site en de buurt. Anne Daems, Jan Kempenaers, Gilbert Fastenaekens en Peter Downsbrough zijn kunstenaars die vanuit wisselende standpunten de realiteit op een totaal andere manier in fotobeelden omzetten. Richard Venlet, Michel François, Sven Augustijnen en Christophe Terlinden bedenken werk waarin een kritische bevraging over de site en haar (on)mogelijkheden resulteert in sterke installaties en ingrepen die deze haast onwezenlijke omgeving in *centrum* Brussel en langsheen de drukke TGV-spoorlijnen scherper in beeld brengen. *Wiels!* is een project waarin het verstrekken van informatie van groot belang blijft. De korte essays over de deelnemende kunstenaars passen niet in een of andere galerie-aanhorige ideologie van gratuite en kritiekloze autopromotie van de kunstenaar, maar werd ingegeven vanuit een besef dat contextualiserende kritische informatie meer dan ooit nodig is. Ik blijf erbij: de hedendaagse kunst is niet elitair, maar wordt elitair gehouden omdat de kanalen die de inhoudelijke codes breken of inhoudelijk ontsluiten blijven haperen in dure en in oplage sterk beperkte publicaties die de (voor)kennis over goede beeldende kunst veilig binnen de kunstkring houdt.

Het blijft voor ons allen een uitdaging om via de tentoonstelling *Wiels!* mee te werken aan de eerste inworp van wat mogelijk in Brussel een goed geoliede motor wordt voor het presenteren van (inter)nationale kunst gekruid met *mooie* en inzichtelijk verruimende denkbeelden die het samenleven in deze stad misschien een stukje vergemakkelijken. *Wiels!*

"Het werk stopt bij zonsondergang. De nacht valt over het bouwterrein. Het is een nacht vol sterren. Dat is het ontwerp, zeggen zij."

Italo Calvino, De onzichtbare steden. Uit: 'Tecla, De steden en de hemel. 3.'

 Luk Lambrecht **WIELS!** *Réagir de façon exemplaire à un contexte urbain dans une zone spécifique privée de confort (urbanistique) public*

« Parfois on se balade dans la rue sans penser, entraîné par ses pieds. »
Peter Verhelst

L'exposition *Wiels!* est périlleuse parce que ce premier projet *opère* à partir d'un édifice destiné au futur centre d'art contemporain auquel tout concept et contenu font aujourd'hui encore défaut. Il est clair que Bruxelles a besoin d'un centre d'art à partir duquel d'autres points de vue puissent dialoguer avec d'autres lieux similaires, à Bruxelles et au niveau international. Un débat pluraliste au niveau de l'art et de la culture au sein d'une métropole comme Bruxelles est plus que nécessaire - il ne peut qu'encourager le dialogue et l'échange d'idées. Après les nombreuses analyses récentes sur la défaillance des politiques pour l'art et les musées en Belgique, il convient de se demander ce qu'apportera un nouveau centre d'art contemporain dans le tissu culturel de Bruxelles. En d'autres termes, comment élaborer un nouveau centre à une époque où la pression sur le nombre d'entrées implique une fois de plus, l'accueil et l'organisation d'expositions uniformes qui font ensuite la tournée des centres d'art Internationaux à la mode. Garder le lien avec la ville multiculturelle et plus particulièrement avec un quartier où les coupes sombres et la détérioration ont été de mise les dernières décennies constituera un défi. Dans le cas de Wielemans-Ceuppens, l'apparition d'un acteur du secteur immobilier est un fait unique. Dans le passé, la spéculation immobilière a transformée Bruxelles en réserve vide et désolée, remplies d'œuvres architecturales médiocres, qui ont vues le jour sur les tables d'architectes-bureaucrates préoccupés uniquement d'héberger l'appareil économique dans des constructions bon marché. Bruxelles n'a jamais eu le courage d'accueillir les visions et les rêves des meilleurs architectes ou urbanistes. Avec comme résultat sinistre : depuis l'entre-deux-guerres la Belgique est quasiment dépourvue d'architecture de qualité et bénéficiant de l'estime internationale. La ligne des toits défigurée du Bruxelles actuel est la somme d'une démolition après l'autre. Un projet comme le vaste site Wielemans-Ceuppens à proximité de la gare du Midi, carrefour européen du TGV par excellence, peut devenir un projet où la meilleure architecture devient la porte et le signal du nouveau Bruxelles.

Ces intentions et considérations n'ont pas échappé aux artistes sélectionnés et les préoccupent. Un artiste peut seulement et au mieux établir un constat et ainsi peut-être, proposer quelque chose de *meilleur* pour la ville. Le fossé qui sépare les politiques, les intérêts spéculatifs divergents, et les intentions de personnes engagées qui considèrent la qualité de la ville comme une première priorité peut être très profond et difficile à franchir. Il incombe aux responsables politiques de garantir la transparence des débats sur la qualité de la ville et de faire en sorte que l'architecture, l'urbanisation, et une vision de la construction pertinente et tournée vers l'avenir contribuent avant tout à la qualité de la vie dans cette ville.

L'exposition *Wiels!* est soucieuse de participer au débat sur les fondations conceptuelles d'un nouveau centre d'art contemporain dans ce quartier délaissé de la ville. Huit artistes qui connaissent bien le contexte culturel de Bruxelles ont arpenté le quartier pendant un certain temps et présentent un *état des lieux* de cette partie de Forest. Il est clair que les artistes n'ont pas perdu l'occasion, en cette période embryonnaire et cruciale du projet Wielemans-Ceuppens, d'utiliser l'art comme un *miroir* qui renvoie ces questions et réflexions toujours en gestation, et relient, de façon radicale, le *projet-en-chantier* aux critères de qualité les plus élevés. La plupart des musées et centres d'art accueillent de moins en moins de visiteurs. Si un musée ne joue pas le jeu et ne présente pas d'expositions mediatiques, il se met lui-même à la marge. Le fossé qui sépare l'art contemporain du grand public demeure profond. Un des plus grands défis pour les musées et centres d'art se situe précisément dans un rétablissement, même partiel, des relations entre l'art et le public, jadis perçues comme organiques. Il est clair qu'un centre d'art contemporain ne peut pas exister seulement pour les artistes. Un tel lieu peut-être une base d'opération pour les artistes qui décident, dans un espace subventionné, d'engager le dialogue avec un public intéressé. La question se pose de savoir comment un tel lieu se profile comme un lieu où un public *plus vaste* peut se reconnaître dans le contenu présenté. Présenter un spectacle n'a rien à voir avec l'art ; le spectacle confirme les clichés et les mots de passe de l'idéologie capitaliste, caractérisée par un besoin de toujours *plus* mais avec à chaque fois, de moins en moins de *profondeur*. Bart De Baere, membre du conseil d'administration, légitime son engagement à l'égard du projet Wielemans-Ceuppens en disant que « les arts plastiques peuvent être important pour une ville. » Le Président, Herman Daled, s'est engagé parce que « ce projet a semblé dès le début répondre à l'attente de tous les acteurs de la communauté artistique bruxelloise, notamment la présence dans la ville, d'une institution importante consacrée complètement et spécifiquement à l'art contemporain. »

Les nombreuses intentions bien formulées se fondent sur le rêve eschatologique de rendre un service à la ville par le biais de l'art. L'art est présenté comme un emplâtre salutaire sur le tissu social très abîmé de la métropole. Bruxelles, ville multiculturelle et multilingue est une poudrière créative sur la ligne de partage des cultures germanique et romane ; ici ces cultures et mentalités diverses se cotoient, se frottent les unes aux autres, balayant la ville d'éclairs comme les étincelles accompagnent le silex. Véritable *creuset*, la ville est un champ plein d'idées et de sensibilités qui se pollénisent les unes les autres.

Les huit artistes sélectionnés pour *Wiels!* reflètent la pensée du rassemblement de *la diversité. Wiels!* sera une exposition qui ne met pas des esthétiques vides à l'avant-plan mais qui ne prétend pas non plus présenter seulement un art conceptuel ou des idées. L'attrait des arts plastiques se trouve toujours dans le *plastique* — dans la manière dont les artistes aujourd'hui continuent à être capables de transposer un contenu réfléchi dans un langage plastique qui maintient l'équilibre entre l'œil et l'esprit.

En première instance, l'exposition *Wiels!* était conçue comme une exposition de photos qui devait donner une vision dense des *qualités* aliénantes actuelles du site. La proposition initiale s'est progressivement élargie à d'autres media et les artistes ont conceptualisé la totalité du site, son avenir culturel et architectural et l'ont mis au coeur de l'exposition.

La photographie demeure un objectif important de *Wiels!*, et elle constitue clairement ici l'enjeu de quatre manières très différentes de regarder et ressentir le site et le quartier. Anne Daems, Jan Kempenaers, Gilbert Fastenaekens et Peter Downsbrough sont des artistes qui transposent la réalité à partir de points de vue très différents dans des images photographiques très éloquentes. Richard Venlet, Michel François, Sven Augustijnen et Christophe Terlinden concoivent un travail dans lequel une interrogation critique du site et de ses (im)possibilités résulte dans des installations fortes et des interventions qui jettent une lumière plus crue sur cet environnement presque irréel en plein *centre* de Bruxelles, le long des voies ferrées de la ligne très fréquentée du TGV. *Wiels!* est un projet dans lequel l'apport d'information demeure de grande importance. Les brefs essais sur les artistes qui participent ne correspondent pas à une quelconque idéologie d'autopromotion gratuite et exempte de toute critique relevant des galeries, mais ont été inspiré par la conscience profonde que le besoin d'information critique établissant le contexte est plus que jamais nécessaire. Je maintiens : l'art contemporain n'est pas élitiste mais est maintenu élitiste parce que les moyens de briser les codes et désenclaver les contenus sont presque exclusivement des publications coûteuses à tirage limité qui gardent la connaissance des arts plastiques en sécurité à l'intérieur des cercles artistiques.

Pour nous tous, cela demeure un défi de pouvoir collaborer par le biais de l'exposition *Wiels!* aux premiers développements de ce qui pourrait devenir à Bruxelles une machine bien huilée pour la présentation d'art (inter)national — élargissant l'horizon, et pouvant quelque peu faciliter la cohabitation dans cette ville.

Wiels!

" *Le travail cesse au coucher du soleil. La nuit descend sur le chantier. C'est une nuit étoilée —* voilà le projet, *disent-ils.*"

ITALO CALVINO, Les villes invisibles, extrait de 'Tecla, Les villes et le ciel. 3.'

Régulièrement on en parle !

La création d'un tel lieu est souvent évoquée malgré l'existence de structures bruxelloises qui s'efforcent, avec leurs moyens réduits, de pallier ce déficit de diffusion de création contemporaine.

Mais aucun de ces lieux n'a pu atteindre l'envergure internationale désirée. Que ce soit pour la création plastique ou l'architecture, le constat est le même.

Il est indéniable que la création d'un tel centre à Bruxelles bouleversera ce curieux manque.

La situation bruxelloise est singulière. Vraie mégapole cosmopolite, il y existe un vrai brassage de la population européenne du Nord-Ouest où curieusement le multilinguisme et la coexistence communautaire sont un terreau riche pour la création.

Bruxelles a joué et joue un rôle majeur dans le domaine de la création moderne et contemporaine ; en témoignent, la quantité d'artistes de stature internationale travaillant à Bruxelles, la vitalité des galeries et une Foire d'art contemporain, chaque année plus réputée ainsi que la qualité et la richesse des collections privées.

Ces fameux collectionneurs et collections si souvent cités en exemple et enviés dans la majorité des pays européens ...

Il y a aussi ce formidable dynamisme développé par les belges, leur facilité d'adaptation aux pratiques créatives les plus avant-gardistes, musique, graphisme, architecture, photographie ...

La Belgique est une habituée du paradoxe et l'on ne s'étonnera guère ! Dans de nombreux pays, c'est la capitale qui regroupe en priorité les forces vives de la diffusion et les personnalités qui les représentent.

En Belgique, c'est à Anvers, Charleroi, Gand, Liège ... que les références se sont construites.

Dans beaucoup de pays, le rôle de l'Etat est déterminant. On peut citer la France par exemple, où la grande majorité des structures, surtout expérimentales, ne peut voir le jour qu'avec une véritable volonté politique et financière des pouvoirs publics. L'aventure des Fonds Régionaux d'Art Contemporain en est une illustration. Etranges institutions, créées comme structures de combat en 1982, cofinancées par l'Etat (Ministère de la Culture, Délégation aux Arts Plastiques) et les Conseils Régionaux qui se répartissent le fonctionnement et les crédits d'acquisitions et de diffusion sur un principe proche de la parité.

Les FRAC ont vingt ans. On parle aujourd'hui de deuxième génération. Ils ont fait la preuve qu'il était possible avec des moyens très raisonnables de reconfigurer une position défaillante de la France dans les années 70 sur la scène artistique contemporaine internationale. Le pari a été gagné quasiment sans l'aide du privé.

Le propos n'est pas ici de faire une comparaison entre la situation belge et celle d'autres pays, mais bien de rappeler qu'en Belgique, les efforts consentis par les différents pouvoirs publics sur la création contemporaine ont été trop souvent et trop longtemps superficiels et pas suffisamment incitatifs. Ceci est certainement dû en partie au manque de moyens mais aussi surtout à une frilosité et à l'absence de prise de risques sur un domaine comme l'avant-garde qui demande un investissement sur le long terme. Pourtant, la richesse d'un patrimoine futur vient de la volonté de personnalités qui ne faiblissent pas devant les attaques conservatrices. Il semblerait que tout soit réuni pour que cette nouvelle structure démarre sous de bons auspices. La première exposition, conçue par Luk Lambrecht, donne la teinte du lieu et le comité de pilotage réunissant des forces vives définira les concepts qui donneront à cet espace la dimension que l'on attend.

Mais qu'attend-t-on au juste ? Peut-être un lieu-manifeste qui retourne les paradoxes, les contradictions et les oppositions pour les utiliser à son profit.

La réunion de deux pouvoirs, le public et le privé, la confrontation d'une mémoire industrielle à l'architecture exemplaire avec la création la plus contemporaine, l'union des forces de deux communautés qui trop souvent s'opposent en font déjà un lieu-manifeste.

Ce lieu-laboratoire n'a de sens que s'il s'articule et s'insère de façon originale sur la scène internationale. S'il doit se calquer sur un énième lieu qui montrera les plus grands artistes comme il en existe dans toutes les capitales du monde, le pari n'est pas très original et sa place sera peu singulière.

Aujourd'hui, un centre d'art contemporain se doit de fonctionner comme un laboratoire, réinventant de nouvelles formes de monstration et mutualisant certains moyens avec d'autres structures, en Belgique et de par le monde.

Se mettant au-dessus des rivalités communautaires et des clivages nationaux mais aussi attentifs aux minorités et à son implantation locale.

Un lieu qui invente et qui s'invente, allant jusqu'à défidéliser son public et comme le souligne Bart De Baere, « une institution qui se considère comme temporaire et apte au changement. »

D'un tel centre, on doit attendre une véritable originalité dans son fonctionnement s'inspirant peut-être d'initiatives remarquées qui existent aujourd'hui, ici et là ; le Palais de Tokyo avec ses horaires midi-minuit, ses rotations rapides d'expositions et ses événements faisant venir un autre public que celui de l'art contemporain ; le Musée d'Art Contemporain de Naoshima construit par Tadao Ando avec son hôtel intégré ; le Spiral Hall, véritable show room dédié aux nouvelles images avec son café/rendez-vous ; la Fondation Pistoletto et son Université des Idées ; les maisons Folie, lieux de nouvelles pratiques culturelles et d'un nouvel art de vivre où un hammam peut côtoyer un studio d'enregistrement ou une salle d'exposition.

Ce lieu-manifeste et laboratoire devrait pouvoir naviguer entre macro et micro, entre local et mondial. Il doit pouvoir identifier, protester et apporter des réponses aux lacunes et aux dysfonctionnements liés à la création, à la diffusion et à la commercialisation. Il doit pouvoir modifier les relations du public à l'œuvre et intégrer les mutations engendrées par la création elle-même. Ces mutations qui influencent logiquement les lieux qui les montrent.

CAROLINE DAVID a été pendant 13 ans Directrice du FRAC Nord Pas de Calais puis Directrice de la Fondation pour l'Architecture à Bruxelles, elle est aujourd'hui chargée de la programmation artistique arts visuels pour Lille 2004, Capitale européenne de la Culture.

  CAROLINE DAVID   Eindelijk een Internationaal Centrum voor Hedendaagse Kunst in Brussel!

Er wordt zo dikwijls over gepraat!

De oprichting van zo'n centrum is al vaak ter sprake gekomen hoewel er in Brussel initiatieven bestaan die zich met hun beperkte middelen moeite getroosten om het tekort aan verspreidingsmogelijkheden van de hedendaagse kunst op te vullen.

Geen van die plaatsen echter is erin geslaagd om de gewenste internationale uitstraling te verwerven. Dit geldt zowel voor de plastische kunst als voor de architectuur.

De oprichting van een dergelijk centrum in Brussel zal ongetwijfeld heel wat verandering met zich mee brengen in deze toch merkwaardige leemte.

De Brusselse situatie is een geval apart. In deze kosmopolitische stad, bewoond door een smeltkroes van volkeren uit Noordwest-Europa, zorgen de meertaligheid en de coëxistentie van gemeenschappen vreemd genoeg net voor een rijke voedingsbodem voor de scheppende kunst.

Brussel heeft steevast het voortouw genomen op het vlak van de moderne en hedendaagse kunst en doet dit nog steeds. Getuige hiervan zijn de vele internationaal bekende kunstenaars die in Brussel werken, de vitaliteit van de galerieën en van de Kunstbeurs, die elk jaar meer bijval geniet, en de kwaliteit en de rijkdom van privé-collecties. Die vermaarde verzamelaars en collecties steken de ogen uit in heel wat Europese landen.

Voorts is er nog het formidabele dynamisme waarvan de Belgen blijk geven, het gemak waarmee ze zich aanpassen aan de meest avant-gardistische kunstpraktijken, muziek, grafiek, architectuur en fotografie.

België is het gewoon met paradoxen om te gaan en dat hoeft amper te verbazen. In tal van landen is vooral de hoofdstad de plaats waar krachtige verspreidingskanalen en de kunstenaars die ze vertegenwoordigen zich groeperen. In België zijn echter Antwerpen, Charleroi, Gent en Luik de referentiesteden. In veel landen speelt de staat een doorslaggevende rol. Denken we bijvoorbeeld aan Frankrijk, waar het merendeel van de in hoofdzaak experimentele initiatieven slechts bij gratie van de politieke en financiële wil van de overheid het daglicht kunnen zien. Het avontuur van de 'Fonds régionaux d'art contemporain' (Regionale fondsen voor hedendaagse kunst) is daar een treffend voorbeeld van. Die eigenaardige instellingen werden in 1982 als 'strijdinitiatieven' opgericht en gezamenlijk gefinancierd door de Staat, het Ministerie voor Cultuur/Staatscommissie voor Plastische Kunsten en de Regionale Raden, die de werking en de aankoop- en verdeelkredieten in nagenoeg gelijke mate onder elkaar verdelen.

De FRACs bestaan nu twintig jaar. Vandaag heeft men het al over een tweede generatie. Ze hebben in elk geval het bewijs geleverd dat het mogelijk was om met heel aanvaardbare middelen iets te doen aan de zwakke positie van Frankrijk in de jaren zeventig op de internationale hedendaagse kunstscene. De weddenschap werd nagenoeg zonder privé-steun gewonnen.

Het is hier echter niet zozeer de bedoeling om de Belgische situatie met die van andere landen te vergelijken, dan wel om eraan te herinneren dat de inspanningen die door diverse overheden geleverd zijn, op het vlak van de hedendaagse kunst in België al te vaak en al te lang oppervlakkig zijn geweest en onvoldoende stimulansen hebben gegeven. Dit is zeker deels te wijten aan een gebrek aan middelen, maar ook en vooral aan een te afwachtende houding en aan het feit dat er te weinig risico's worden genomen binnen een domein als de avant-garde dat om investeringen op lange termijn vraagt. Nochtans hangt de rijkdom van een toekomstig patrimonium af van de wilskracht van leidende figuren die niet voor behoudsgezinde aanvallen terugkrabbelen. Het ziet ernaar uit dat alle voorwaarden verenigd zijn om deze nieuwe structuur onder een goed gesternte van start te laten gaan. De eerste tentoonstelling, samengesteld door Luk Lambrecht, zet meteen de toon van de plaats. Het stuurcomité is samengesteld uit dynamische krachten en zal de concepten, die aan deze ruimte de verwachte dimensie moeten geven, vastleggen.

Maar wat verwacht men precies? Misschien een platform dat de paradoxen, de tegenstrijdigheden en de tegenstellingen kan ombuigen en gebruiken in eigen voordeel.
De vereniging van twee machten: de openbare macht en de privé-sector, de confrontatie tussen een industrieel geheugen met een voorbeeldige architectuur en de meest hedendaagse kunst, de verenigde krachten van twee gemeenschappen die al te vaak tegenover elkaar staan. Dat alleen al maakt er een 'statement' van.
Zo'n laboratorium heeft slechts zin als het een originele plaats op de internationale scene in kan nemen. Als het de zoveelste plek wordt die met de bekendste kunstenaars uitpakt, zoals er in alle hoofdsteden van de wereld bestaan, dan is het opzet niet echt origineel en zijn positie niet bepaald uniek.
Vandaag is een centrum voor hedendaagse kunst het aan zichzelf verschuldigd om op te treden als een laboratorium dat nieuwe manieren van tonen uitvindt en dat bepaalde middelen met andere Belgische en wereldwijde instanties deelt.
Een plaats die zich boven de rivaliteit tussen de gemeenschappen en de nationale tegenstellingen verheft, maar die ook aandacht heeft voor minderheden en voor haar plaatselijke inburgering.
Een plaats die uitvindt en zichzelf uitvindt, die zo ver gaat dat ze haar publiek niet probeert te binden en, zoals Bart De Baere onderstreept, "een instelling die zichzelf als tijdelijk en vatbaar voor verandering beschouwt".
Van een dergelijk centrum mag men een originele werking verwachten die misschien inspiratie put uit opmerkelijke initiatieven die vandaag al her en der bestaan.
Het Palais de Tokyo met openingsuren vanaf de middag tot middernacht, snel wisselende tentoonstellingen en evenementen die ook een ander publiek dan dat van de hedendaagse kunst aantrekken.

21   Het Museum voor Hedendaagse Kunst van Naoshima, een gebouw van
Tadao Ando, waarin een hotel is ondergebracht.
De Spiral Hall, een echte showroom gewijd aan nieuwe beelden met een
ontmoetingscafé.
De Ideeënuniversiteit van Pistoletto .
De 'maisons Folie', met nieuwe culturele praktijken en een nieuwe levens-
kunst waar een hamam zich naast een opnamestudio of een tentoonstel-
lingsruimte bevindt.
Deze plek voor een platform en een laboratorium zou zich tussen macro en
micro, tussen plaatselijk en wereldwijd moeten kunnen bewegen. Ze moet
de leemtes en disfuncties, die eigen zijn aan de kunst, aan de verspreiding
en aan de commercialisering ervan, kunnen identificeren, aanvechten en
beantwoorden. Ze moet de relatie tussen het publiek en het oeuvre beïnvloeden en de mutaties die door het kunstwerk zelf worden uitgelokt inte-
greren. Die mutaties die logischerwijze hun stempel drukken op de plaatsen die ze tonen.

CAROLINE DAVID was gedurende dertien jaar Directrice van het FRAC Nord Pas de Calais en
vervolgens Directrice van de Architectuurstichting in Brussel. Vandaag heeft ze de leiding over de
artistieke programmering van de visuele kunsten voor Rijsel 2004, Europese culturele hoofdstad.

Die boodschap geeft architect Adrien Blomme (1878-1940) in 1933 aan de lezers van het architectuurtijdschrift *Bâtir* in een artikel[1] dat hij met eigen modernistische realisaties illustreert. Het zijn stuk voor stuk knappe gebouwen: de fabrieken Gosset (1930) (sigaretten St. Michel) in Molenbeek, de villa Gosset (1929) in Sint-Pieters-Woluwe, de brouwzaal van de brouwerij Wielemans-Ceuppens[2] (1930) aan de Van Volxemlaan 334 in Vorst, de Cinema Métropole in de Nieuwstraat in Brussel (1931), een pas afgewerkt modernistisch appartementsgebouw (1933) op het Albert Leemansplein in Elsene en een ander aan de Lambermontlaan (1929) in Schaarbeek.

Waarom is architect Adrien Blomme een modernist geworden?

Na de Eerste Wereldoorlog is er veel veranderd. Voordien, zo stelt hij:

> "...was ik verleid door de evenwichtigheid van de 18e-eeuwse architectuur. Maar als de charme van deze constructies op mij alleen maar inwerkt uit respect voor de traditie, dan is het omdat ik mij bewust ben geworden van de nieuwe eisen van het actuele leven, die niet langer alleen met de lessen uit de architectuur van het verleden op een eerlijke manier kunnen worden voldaan."[3]

Vanaf 1905 heeft hij nochtans enkele staaltjes gegeven van zijn perfecte kennis van de architectuurstijlen en hun modernisering en van zijn ontwerptalent[4]. Nieuwe bouwmaterialen, hun productie en de nieuwe constructiemethodes hebben nieuwe vormen aangebracht. De bouwkunst is functioneel geworden en men ontwerpt van binnen naar buiten. De gevels zijn het rechtstreekse resultaat van de plannen en die zijn het gevolg van de moderne eisen en van de nieuwe levensstijl.

Had Le Corbusier niet al in 1923 geschreven:

> "Een belangrijk tijdperk vangt aan. De nieuwe tijdgeest bestaat. Er zijn menigvuldige werken in die nieuwe tijdgeest; ze bevinden zich vooral in de industriële productie. De bouwkunst verstikt in gewoonten. De *stijlen* zijn een leugen. Onze tijd legt elke dag zijn stijl vast. Spijtig genoeg kunnen onze ogen dat nog niet waarnemen."[5]

Architect Blomme was echter, gezien zijn verleden, niet zo *cool* als Le Corbusier, hoewel diens visie op de bouwkunst ook wel verder reikte dan alleen het concept *woonmachine*.

Blomme stelt dat de gedroomde nieuwe formule van de bouwkunst veel verder gaat dan een monotone *Standard* — daarmee wellicht verwijzend naar Le Corbusier. Architectuur is volgens Blomme meer dan een naakt plan, dat slechts geïnspireerd is door het rationeel denken en daar de ideale resultante van is. Modernisme moet voor Blomme de charme en zelfs de fantasie niet uitsluiten, maar die moeten de architecturale orde ook niet verdoezelen want dat is het voornaamste doel van de bouwkunst. De revolte tegen het zuiver utilitaire blok moet worden aangemoedigd, is zijn nogal radicale stelling.

Door het woord *Standard* te gebruiken verwijst Blomme naar Le Corbusier, maar die heeft het over *Standart*, waarbij hij de laatste drie letters van het woord *art* (kunst) beklemtoont. Hij schrijft: "*De standarts* zijn zaken die logisch zijn, ze zijn onderzocht, ze zijn zorgvuldig bestudeerd; ze zijn er omdat het probleem juist werd gesteld. Het onderzoeken legt een *standart* definitief vast."[6]
Volgens Adrien Blomme zijn orde en eenheid de enige kwaliteiten die schoonheid bevatten. Modernist zijn is "het verleden liefhebben, maar vooral zin hebben voor de toekomst"[7].

In het nummer 7 van het tijdschrift *La Revue Documentaire — Organe mensuel de l'industrie du bâtiment* uit 1931, uitgegeven door de NV Henri Baudoux[8], staat een artikel[9] over de nieuwe brouwzaal van de brouwerij Wielemans-Ceuppens, geïllustreerd met uitstekende foto's van Willy Kessels. Het werk wordt er perfect modernistisch genoemd, zowel op het vlak van de constructie als op het vlak van de inrichting en het aspect. De industriebouw noemt dit het mooiste in ons land. Het initiatief van de firma Wielemans wordt dan ook geloofd en beschouwd als een impuls voor vele industriëlen om knappe industriegebouwen op te richten. Men acht deze architectuur ook belangrijk voor het personeel van de brouwerij: "ze zullen met volle teugen van de lucht en het licht genieten in dit luxueus ingerichte gebouw". Was dit niet één van de principes van het modernisme: licht, lucht, ruimte, gezondheid?

Ook de werkijver en het rendement van het personeel worden bevorderd door deze architectuur, door haar zuiverheid en reinheid nodig voor een brouwzaal. Dat is een wijze industriële politiek: wetenschap, kunst en industrie werken samen.

In hetzelfde artikel over Wielemans promoot de firma Henri Baudoux ook de toepassing van haar producten. Ze betegelden de brouwzaal met grote, zwarte Sphynxtegels, formaat 20 x 30, geplaatst met brede voegen en een fries in *graniverre*[10] in jadegroene kleur. Voor de bevloering werden groene ceramiektegels 10 x 10 gebruikt, vermengd met jadegroene *graniverre*-stoppen. De brouwzaal was dus één en al luxe, maar tegelijk ook sober en rationeel aan de binnenkant. In de gavels op de benedenverdieping werden de betonkolommen bekleed met zwarte graniet en ingevuld met stalen ramen die tot op de grond reikten. Zo was niet alleen de betegeling van de brouwzaal met zwarte tegels zichtbaar van buiten, maar ontstond er ook een mooie harmonie tussen interieur en exterieur. Zei Blomme niet dat een gebouw van binnenuit naar buiten wordt ontworpen? Bovendien waren de acht koperen brouwketels vanop de straat goed zichtbaar. Voor de voorbijgangers was het productieproces van het bier feitelijk tentoongesteld in een schitterend en imposant bouwwerk. De gevels op de verdiepingen en die van het silogebouw zijn erg rationeel opgevat. Gebouwd in gewapend beton werden ze bekleed met ruwe, grijze crepi, het opschrift bovenaan *WIELEMANS CEUPPENS* in moderne, rode belettering. In de voorgevel is er één groot verticaal raam, terwijl de zijgevels voorzien zijn van strokenramen (zie *les fenêtres en longueur* van Le Corbusier).

Toch is deze architectuur niet zuiver modernistisch: in de voorgevel, in een klein gedeelte van de zijgevel en in het gesloten gedeelte van het silogebouw worden de horizontale strokenramen in de blinde gedeelten visueel verder doorgetrokken door een art-decoachtige *fries*, die bestaat uit een stapeling van uitspringende lijsten. Aan het uiteinde is het silogebouw hoger opgetrokken en vormt het een driehoekige uitsprong die bovenaan wordt bekroond door een vlaggenmast. Het horizontale fries in het verlengde van de strokenramen geeft dus een decoratief aspect aan de rationele gevels en versterkt het horizontale karakter van de strokenramen, die telkens met één verdieping van het gebouw overeenkomen. Helemaal bovenaan in de zijgevels is er op het dakniveau een horizontale spleet, die in feite het zware karakter van de bovenbouw visueel lichter maakt. Architect Adrien Blomme was door zijn verleden en de beoefening van de historische architectuurstijlen overtuigd dat architectuur, hoe rationeel ze ook moet zijn, toch ook een esthetische dimensie heeft, die niet alleen de uitdrukking is van een *machine-esthetiek.*

Tussen de schitterende foto's die fotograaf Willy Kessels van de brouwzaal maakte, is er ook een fotocollage met een interieurzicht op de brouwzaal en een nachtzicht van het gebouw. Omdat echte modernistische gebouwen van "binnenuit naar buiten" worden ontworpen, hechten de architecten een bijzonder belang aan de nachtverlichting. Door de grote strokenramen met hun ragfijne stalen profielen valt het elektrisch licht naar buiten en krijgt men bij duisternis als het ware een negatiefbeeld van de architectuur. Tijdens de dag worden de volle muurpanden belicht, tijdens de nacht lichten alleen de glaspartijen en het interieur van het gebouw op. Het gebouw wordt dan haast transparant, wat zeker voor deze brouwzaal belangrijk was omdat er op die manier aandacht werd getrokken op het luxueuze interieur met zijn acht roodkoperen en statig opgestelde brouwketels.

De brouwzaal met aansluitende graansilo's van de brouwerij Wielemans-Ceuppens werd volledig in gewapend beton opgetrokken. Het was destijds de grootste brouwzaal van Europa. Door het gebruik van beton konden niet alleen de vloeren zware lasten dragen, maar kon men ook brede horizontale raamstroken bouwen.

Samen met de oude brouwzaal is het kantoorgebouw van de brouwerij, daterend uit 1895 nog het enige overblijfsel uit het 19e-eeuwse brouwerijcomplex. De gevel werd opgebouwd met fragmenten van de gevel van het voormalige gebouw van de Spaarkas op het Brouckèreplein. Dat had de familie Wielemans grondig laten verbouwen op de benedenverdieping en laten verhogen met twee verdiepingen en een dakverdieping onder het mansardedak voor hun nieuwe Métropolehotel. Die fragmenten werden in het nieuwe kantoorgebouw van de brouwerij verwerkt naar het ontwerp van de architecten Bordiau en Champion. Zelfs in die tijd had de brouwersfamilie Wielemans respect voor het bouwkundig erfgoed want ze hergebruikte gesloopt materiaal in een nieuwbouw .

Amper vijftig jaar heeft deze stoer gebouwde en schitterende brouwzaal echt dienst gedaan. In 1979 werd de brouwerij Wielemans overgenomen door de groep Artois (Interbrew). Er werd nog bier gebrouwen, maar eind september 1988 besliste Interbrew om alle activiteiten van het bierbrouwen in de Brusselse Wielsbrouwerij te stoppen. De groep Artois verkocht de installaties van de brouwerij aan de meest biedende en een handelaar in 'tweedehandsbrouwerijen' uit Harelbeke begon de nog zo goed als ongeschonden installaties te ontmantelen. De vzw *La Fonderie* sloeg alarm, er kwam protest van alle zijden, maar de eigenaar antwoordde laconiek dat de installaties binnen de brouwerij reeds verkocht waren en hij er dus vrij kon over beschikken. Op donderdag 24 november 1988 waren reeds twee van de acht brouwketels ontmanteld. De twee andere volgden ondanks een overeenkomst met de eigenaar dat er zou worden gewacht met het slopen van de brouwketels tot er antwoord was op de aanvraag tot bescherming als monument. Volgens de eigenaar hadden de brouwketels geen industrieel-archeologische waarde. Het ging over 'roerend materieel in privé-bezit, transporteerbaar en verkoopbaar'. Zo verdween definitief het meest waardevolle en unieke deel van de brouwerij, op vier van de acht brouwketels na, die, om ze te redden van de sloop, voor een bedrag van 2 miljoen BEF werden aangekocht van de sloper door de Gewestelijke Ontwikkelingsmaatschappij Brussel (GOMB). Minister Louis Tobback, toen gedurende een korte periode voor de gewestvorming als minister van Binnenlandse Zaken bevoegd voor Monumenten en Landschappen, stemde in met de bescherming als monument, hoewel hij het definitieve advies van de beide Commissies voor Monumenten en Landschappen van ons land moest afwachten. Het was op de vooravond van de creatie van het Brussels Hoofdstedelijk Gewest. De bevoegdheid van de monumentenzorg zou worden overgedragen aan een Brussels minister en die zou een Brusselse Commissie oprichten.

De bescherming van het brouwerijcomplex als monument beschouwde de eigenaar als een economische ramp voor deze wijk in Vorst. Het was volgens hem onmogelijk om een verlaten brouwerij terug te rentabiliseren. Op dat moment bestudeerden de gemeente en de GOMB een reconversieproject voor kleine en middelgrote bedrijven, weliswaar met afbraak van de meeste gebouwen op de site en nieuwbouw, behalve het Blommegebouw en het kantoorgebouw.

De gemeente Vorst en haar toenmalige burgemeester, André Degroeve, beslisten om het brouwerijcomplex in te schakelen in een *perimeter* van het wijkrenovatieplan. De beschermingsprocedure, waar men op hoopte, volgde niet vlot. De burgemeester vaardigde een verbodsmaatregel uit om de brouwerijgebouwen in verschillende delen te verkopen omdat dit tegen het renovatieplan indruiste. Interbrew wou echter zo snel mogelijk de gebouwen verkopen aan de meest biedende en voor om het even welke bestemming.

Toen gingen er vanuit *La Fonderie* stemmen op om een soort commercieel centrum te maken dat tegelijk als groot industrieel museum dienst zou kunnen doen. Met het oog op 1992 zou de brouwerij een *vitrine* kunnen worden voor het brouwerijwezen in België. Op het 3 ha grote terrein van de brouwerij was er intussen een ware ravage aangericht. Van het oorspronkelijke, unieke en op industrieel-archeologisch vlak zeer interessante complex bleven er in 1990 nog maar drie gebouwen over, die stilaan de weg opgingen om *beschermde monumenten-ruïnes* te worden.

In april 1989 had Artois het complex verkocht aan de maatschappij AMG Development op voorwaarde dat deze laatste een stedenbouwkundig attest binnen het jaar verkreeg. Zij hadden drie verschillende projecten op de site: een centrum voor de kleine en middelgrote bedrijven en kantoren, een textielcentrum, enkele verdiepingen met appartementen en een *hightech*centrum. De te beschermen gebouwen zouden bewaard blijven en in de brouwzaal zou men een museum voor industriële technieken onderbrengen. Ook een andere maatschappij was geïnteresseerd, het Studiebureau voor Immobiliën Villers, samen met de GOMB, die moest waken over de stedenbouwkundige aspecten van de site. Zij waren toen alleen eigenaar van vier brouwketels. Hun voorstel kwam niet op de agenda van de overlegcommissie.

Op 17 september 1989 kon men in de krant *Le Soir* lezen dat de laatste brouwerij van Brussel, Wielemans-Ceuppens gered was: "Wielemans verleidt de Zwitsers en treedt binnen in de 21e eeuw."[11] Michel Villers — die ondertussen eigenaar was van 25% van de site — overtuigde schijnbaar een architectenbureau uit Zwitserland om het Blommegebouw een nieuwe bestemming te geven als centrum voor *eigenaardige en originele* bedrijven. Tussen de brouwketels zou een hip restaurant worden ingericht met de fijnste delicatessen uit de Franse keuken. De verdiepingen konden dienst doen als luxueuze kantoren voor dynamische ondernemingen uit de modewereld, het design of de informatica. Het attiek van het gebouw was ideaal voor lofts met standing met een uitstekend panorama van de stad. Achter het silogebouw zou een vleugel van staal en glas worden opgetrokken voor ateliers/kantoren en een futuristische vleugel zou het Blommegebouw verbinden met de oude brouwzaal uit 1903. Het gehele project was goed voor een oppervlakte van 16.500 m². In de oude machinezaal (500 m²) zou de culturele avant-garde een plaats krijgen, daarachter 800 m² kantoren. De oude brouwzaal (1620 m²) kon dienen voor artistieke of media-agentschappen. De krant meldde zelfs al dat de werken in oktober 1989 zouden starten.

1991, *Le Soir* van 12 april: "Investeerders bieden 3 miljard BEF voor de Zuidertoren. Maar waar de 2000 bedienden van de Pensioenen herbergen? In de brouwerij Wielemans ..." Op dat moment zijn er vier eigenaars van het terrein: Immo Concept, Groupe Philippe-Wilhelm, United Bank of Finland en Groupe Villers, en daarmee wordt de ontwikkeling van een algemeen project bemoeilijkt. De architecten Metzger-Deleuze tekenen een ontwerp voor de Dienst der Pensioenen. Het Blommegebouw, de oude brouwzaal en het kantoorgebouw Wielemans komen er tussen post-moderne kantoorgebouwen te staan. De Zwitsers wilden echter niet investeren naast ruïnes en bovendien moest voor een grootschalig kantoorbouw het gewestplan voor deze site worden herzien. Ondertussen waren de terreinen reeds verschillende malen van eigenaar gewisseld, waardoor de grondprijzen van 15.000 BEF/m² waren gestegen naar 35.000 BEF/m². Dat was te veel voor projecten in de artisanale sector of de lichte nijverheid. De prijzen waren alleen nog haalbaar voor kantoorbouw. Vanaf 1992 zou het Zuidstation in de nabijheid grondige wijzigingen ondergaan voor de komst van de Supersnelle Trein (SST), beter gekend als TGV en de speculatie laaide weer eens op.

De brouwzaal (het Blommegebouw) en de oudere brouwerijgebouwen op de site werden voortdurend met sloping bedreigd. Pas vijf jaar na de sluiting van de brouwerij, op 20 juli 1993 en nu tien jaar geleden, werd het Blommegebouw beschermd als monument evenals de oude brouwzaal en de machinezaal uit 1903. Die gebouwen staan al drieëntwintig jaar leeg. De lange besluitvorming om te beschermen is enerzijds te wijten aan de creatie van het Brussels Gewest en de overdracht van de bevoegdheden van Monumenten en Landschappen. Men zat een tijdlang in een vacuüm. Anderzijds ging de gemeente Vorst niet akkoord met de bescherming van de totaliteit van de gebouwen van de brouwerij Wielemans-Ceuppens.

1995, *Le Soir* van 19 oktober: "Geen toekomst voor de afgestorven brouwerijen Wielemans." De gemeente Sint-Gillis gebruikt tijdelijk een deel van het terrein om er één van de collectes van het grootvuil te stockeren. De site dreigt één groot sluikstort te worden en de afsluitingen worden meermaals omvergegooid.

1995, *Le Soir* van 22 december: "Bustehouders op de balkons van de brouwerij Wielemans." De eigenaar wil nu, ondersteund door een gepassioneerde in de industriële archeologie, een "Internationale ruimte voor communicatie en promotie van de brouwerijenmilieus" oprichten in het Blommegebouw. Alles wat met bier te maken heeft, zal er in komen: representatieve federaties, lobby's, een bibliotheek, tentoonstellingszalen, leslokalen en conferentiezalen. Op toeristisch vlak zou deze ruimte een "zeer internationale weerklank" kunnen hebben: de grote traditie van het Belgische en Europese bierbrouwen zou er aan bod komen door evenementen die de geschiedenis van het brouwen van elk land zou belichten. Ondertussen was het Blommegebouw na zeven jaar leegstand en vandalisme in een verschrikkelijke bouwfysische toestand gekomen. Het Brussels gewest zou 30 miljoen BEF vrijmaken als subsidies voor het beschermde monument.

Er werden ook plannen gesmeed om in de lente van 1996 een heel origineel project op te starten om de aandacht te trekken op dit patrimonium. Het project heette *L'art au balcon* en zou een zeer mooie verzameling tonen van bustehouders ontworpen door kunstenaars met internationale faam. Bedoeling was er de stoffen te bewonderen die de gulle vormen van La Callas of van Brigitte Bardot hadden omhuld. Men verwachtte meer dan 20.000 bezoekers, en dat zou de site opnieuw kunnen dynamiseren en het imago van wat er nog overbleef van de brouwerij oppoetsen. Journalist Nicolas Vuille van *Le Soir* besluit zijn artikel met een allusie op de megatentoonstelling van bustehouders: "avec autant de soutiens, les brasseries pourront revivre ..."

Begin december 1998 voorziet de Brusselse regering 12 miljoen BEF voor dringende werken aan de bedaking, de ramen, de gevels en de dakafvoeren aan de beschermde gebouwen op de site Wielemans en vooral voor het Blommegebouw. Zonder subsidies zouden die beschermde gebouwen misschien zelfs de komende winter niet doorstaan. De eigenaar moest 60% van de kosten betalen. Nadien zou hij gemakkelijker investeerders kunnen vinden.

September 2001: de gemeente Vorst wil nu de site in handen nemen in het vooruitzicht van een *mammouth-project* ... er wordt gesproken over sport en cultuur ... men zou vijfhonderd jobs creëren ... een hele uitdaging!

De onteigening van de hele site voor openbaar nut komt ter sprake. In oktober 2001 wordt de waarde van het Blommegebouw op nog slechts 13,7 miljoen BEF geschat. Op 29 november wordt de onteigeningsprocedure ingezet.

De ruiten van het Blommegebouw zijn ingegooid, de brouwzaal staat open voor weer en wind. Binnen ligt er een oude matras, duivendrek, het is er vochtig, er staan geen ramen in en vandalen zijn aan de haal gegaan met delen van de koperen brouwketels. Ze hebben de andere brouwketels aardig toegetakeld en de kelders zijn volgelopen met grondwater, want toen het gebouw nog in gebruik was, werden ze permanent leeggepompt. Zo'n situatie trekt vandalen aan.

En daar gaan de nieuwe projecten weer: een culturele site, een multifunctionele zaal met internettoegang, een theater en een bibliotheek, op termijn een nieuw cultureel centrum. Ook de eigenaar heeft zo zijn ideeën. Hij procedeert tegen het Gewest onder meer omdat de Dienst Monumenten en Landschappen de dringende werken zeer gebrekkig heeft laten uitvoeren. Nu komt hij met een idee dat uit de VS is overgewaaid: een hotel maken voor jongeren uit het buitenland. Het *Hotel Go International* zou comfortabel, maar goedkoop zijn.

De lijdensweg van het Blommegebouw eindigt (?) met de onteigening door het Brussels Hoofdstedelijk Gewest in het kader van de ordonnantie van 1993 inzake de bescherming van het erfgoed.

Het Blommegebouw staat nu ruim veertien jaar leeg. Het is een ruïne. Tien jaar geleden werd Cinema Métropole in de Nieuwstraat op een schandelijke wijze en na hevig protest inwendig kaalgeslagen. De toenmalige minister bevoegd voor Monumenten en Landschappen wilde niet weten van bescherming. Cinema Métropole was eveneens een unieke modernistische realisatie van architect Adrien Blomme in opdracht van de familie Wielemans. De villa Gosset aan de Horizonlaan in Sint-Pieters-Woluwe heeft enkele jaren leeggestaan, werd gevandaliseerd en geplunderd en is recent volledig gerenoveerd en gerestaureerd op privé-initiatief. Het was eveneens een realisatie van Blomme.

Waarom moeten modernistische gebouwen in het Brussels Gewest eerst worden verminkt, vervallen tot het stadium van gevandaliseerde ruïnes, vooraleer ze een nieuwe bestemming kunnen krijgen of kunnen worden gerenoveerd en gerestaureerd? Hapert er iets ?

Red het modernisme !

Jos Vandenbreeden is directeur van het Sint-Lukasarchief

1. Blomme Adrien, 'Pourquoi il faut être moderniste', *Bâtir*, nr. 3, 15 februari 1933, p. 82-91.

2. Voor meer informatie over de brouwerij Wielemans en de brouwzaal van Adrien Blomme, cf. Kristof De Cuyper, *De Brouwerij Wielemans-Ceuppens, case-study* (in het kader van zijn afstudeerproject aan het Departement Architectuur Sint-Lukas Brussel), Brussel, 1997, onuitgegeven.

3. Blomme Adrien, 'Adrien Blomme, architecte, Bruxelles', *Travaux d'Architecture*, Strasbourg, s.d., p. 3.

4. Zo o.m. de eigen woning (1905) in de Amerikaansestraat 205, hoek Lariksenstraat te Elsene in art-nouveaustijl, een woning (1912) in de Sint-Bernardusstraat 66 te Sint-Gillis in neo-tudorstijl, een tuinwijk (1912) in Winterslag in cottagestijl.

5. Le Corbusier, *Vers une Architecture*, Parijs, 1923 (1924), p. 67.

6. Le Corbusier, *Vers une Architecture*, Parijs, 1923 (1924), p. 103.

7. Volgens Françoise Blomme, kleindochter van de architect, was dit zijn devies.

8. Dit modernistische tijdschrift werd uitgegeven door de firma Henri Baudoux uit Vorst en gratis verspreid. Het doel was de producten van de bouwnijverheid bekend te maken a.h.v. moderne realisaties van bekende architecten, maar vooral hun eigen toepassingen op het vlak van de betegeling, mozaïek, granitovloeren, gevelstenen, parketvloeren, rubbervloeren, sanitair en crepibezettingen te promoten.

9. x., 'La nouvelle salle de brassage de la brasserie Wielemans-Ceuppens, oeuvre de l'Architecte A. Blomme', *La Revue Documentaire*, 1e jaargang, nr. 7, 15 juli 1931, p. 106-110.

10. *Graniverre de Leerdam*: glaspasta voor vloeren en muurbekledingen.

11. Couvreur Daniel, 'Wielemans séduit les Suisses et entre dans le XXIe siècle', *Le Soir*, 17 september 1989.

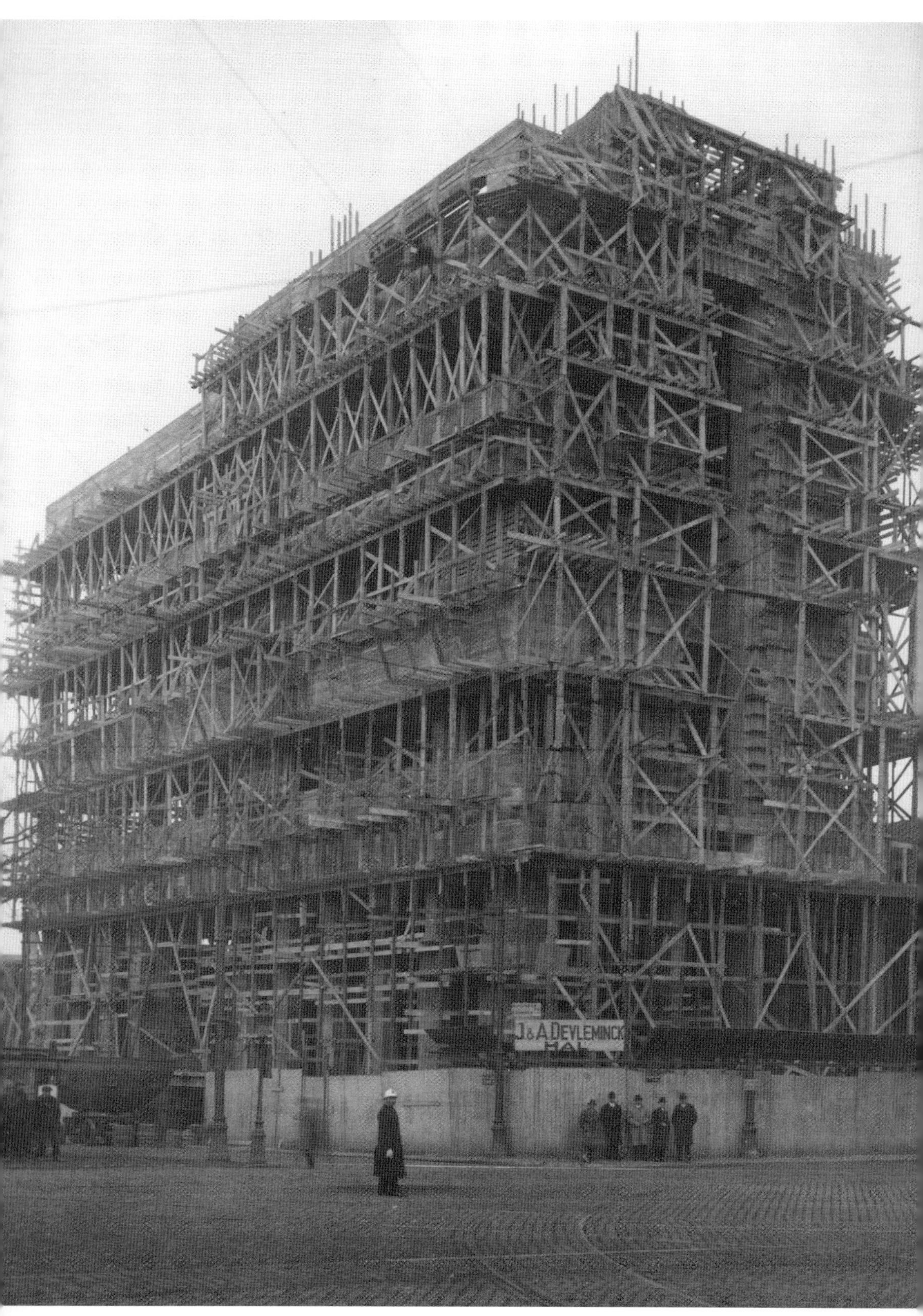

De opbouw van de brouwzaal in gewapend beton Construction de la salle de brassage en béton armé, 1930.

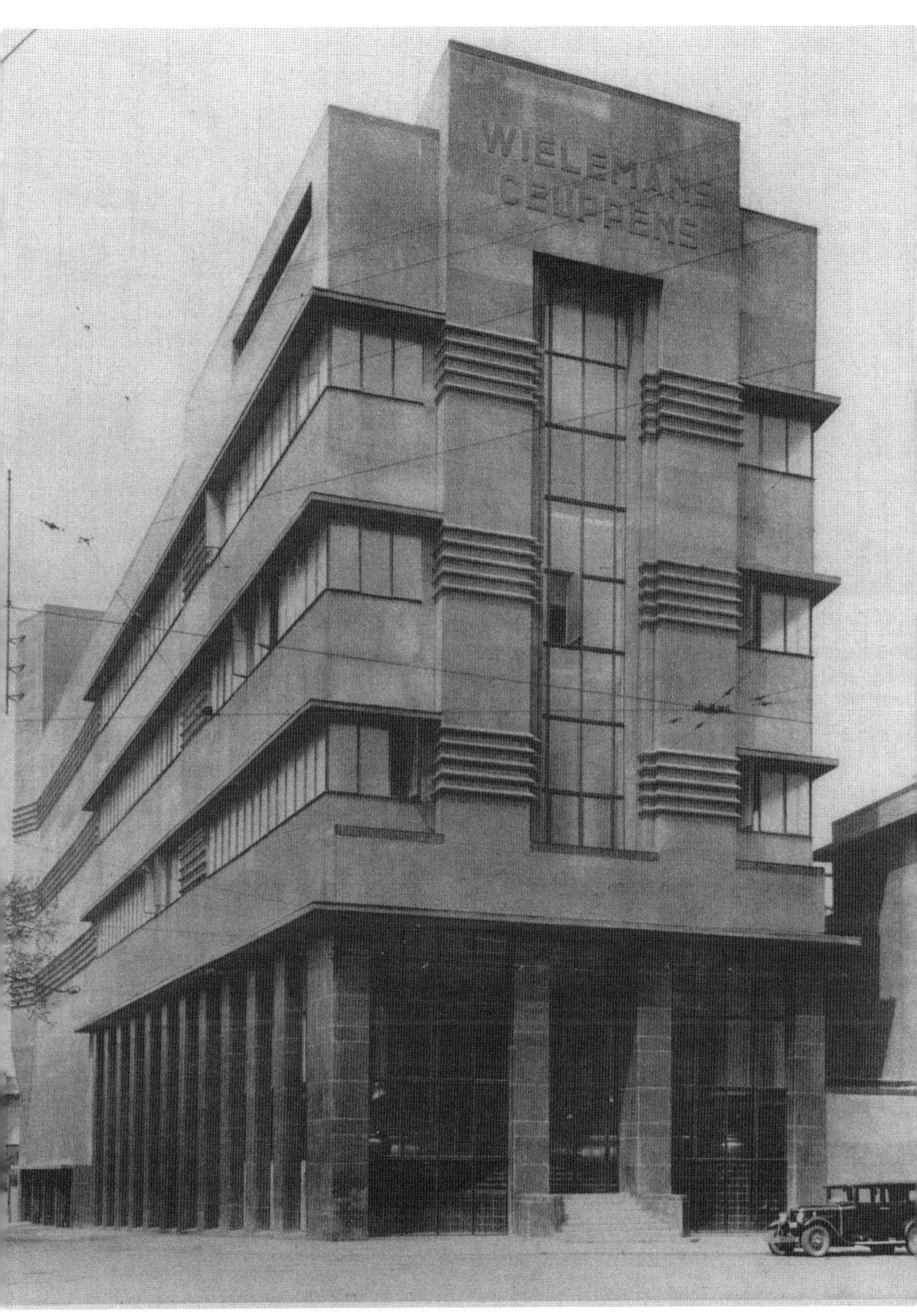

De brouwzaal La salle de brassage, 1931.

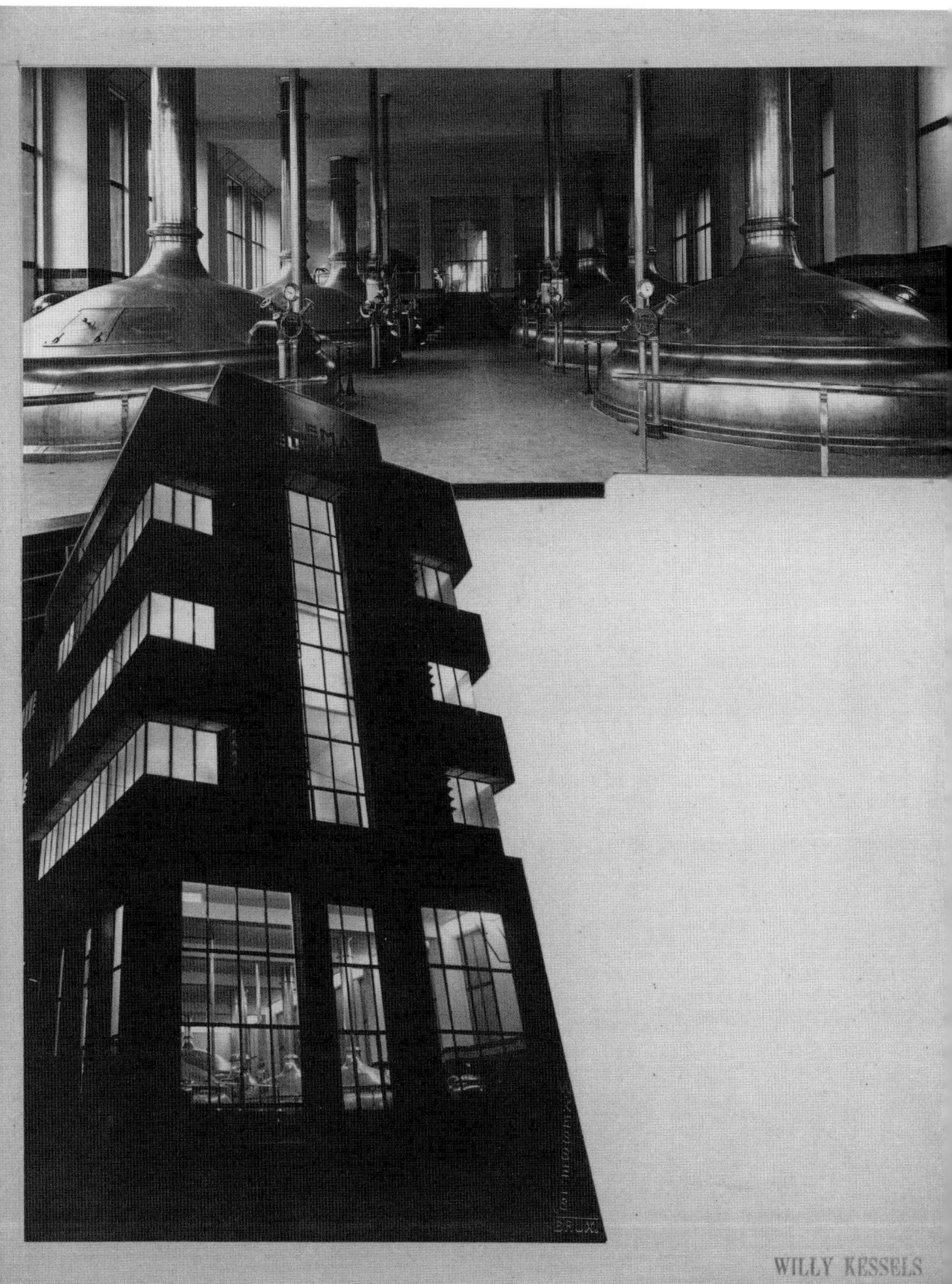

Fotocollage Collage photo, Willy Kessels, 1931.

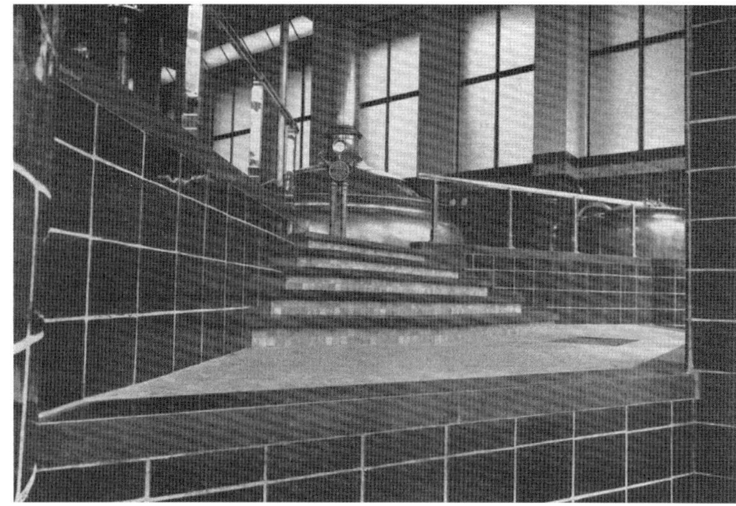

Interieur met betegeling door de firma La salle de brassage, intérieur avec carrelages de la firme Baudoux, 1931.

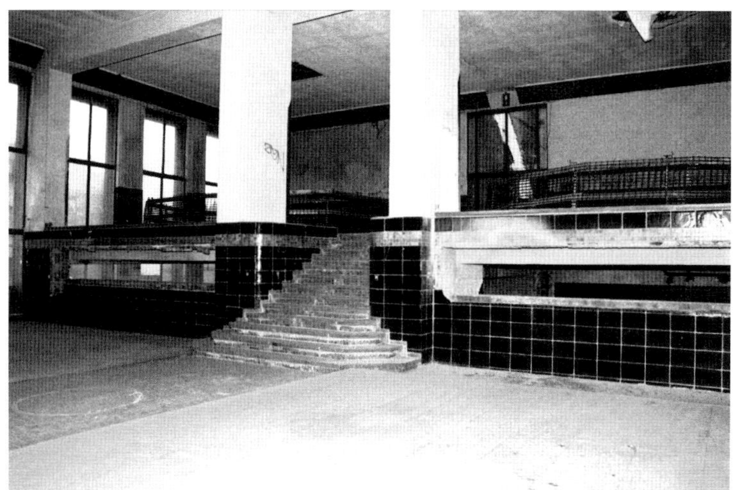

De brouwzaal met de verdwenen brouwketels La salle de brassage, les cuves démantelées december décembre 1996.

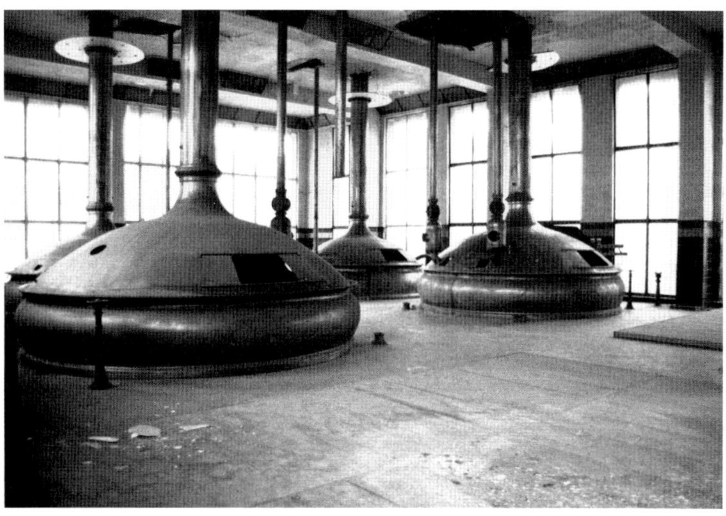

Het interieur van de brouwzaal La salle de brassage, intérieur december décembre 1996.

L'architecte Adrien Blomme (1878-1940) fait passer, en 1933, ce message aux lecteurs de la revue d'architecture *Bâtir* dans un article[1] qu'il illustre au moyen de ses propres réalisations modernistes. Ce sont tous de beaux bâtiments : les Usines Gosset (1930) (cigarettes St. Michel) à Molenbeek, la Villa Gosset (1929) à Woluwe-Saint-Pierre, la salle de brassage des Brasseries Wielemans-Ceuppens (1930)[2], avenue van Volxem 334 à Forest, le cinéma Métropole, rue Neuve à Bruxelles (1931), un immeuble moderniste d'appartements, récemment achevé (1933), place Albert Leemans à Ixelles et un autre boulevard Lambermont (1929) à Schaerbeek.

Pourquoi l'architecte Adrien Blomme est-il donc devenu moderniste ?

Après la première guerre mondiale, bien des choses ont changé. Avant, dit-il lui-même :

> « Auparavant, j'avais été souvent séduit par l'équilibre de l'architecture du XVIIIième siècle et si le charme de ces constructions n'a plus opéré sur moi, en tant que respect inspiré par la tradition, c'est que je me suis rendu compte que les exigences nouvelles de la vie d'aujourd'hui ne pouvaient plus être sincèrement satisfaites par les enseignements des réalisations du passé. »[3]

A partir de 1905, il donne quelques exemples de sa connaissance parfaite des styles d'architecture, de leur modernisation et de son talent de créateur.[4]

De nouveaux matériaux de construction, leur mode de production et les nouvelles méthodes de construction ont apporté de nouvelles formes. L'architecture est devenue fonctionnelle et on crée, de l'intérieur vers l'extérieur. Les façades sont le résultat direct des plans et ceux-ci sont à leur tour le résultat des exigences modernes et du nouveau style de vie.

Le Corbusier n'avait-il pas écrit en 1923 déjà :

> « Une grande époque vient de commencer. Il existe un esprit nouveau. Il existe une foule d'œuvres d'esprit nouveau; elles se rencontrent surtout dans la production industrielle. L'architecture étouffe dans les usages. Les *styles* sont un mensonge. Le style c'est une unité de principe qui anime toutes les oeuvres d'une époque et qui résulte d'un esprit carctérisé. Notre époque fixe chaque jour son style. Nos yeux, malheureusement ne savent pas le discerner encore. »[5]

Mais l'architecte Blomme n'est, en raison de son passé, pas aussi *cool* que Le Corbusier, bien que la vision de celui-ci sur l'architecture aille au delà du concept bien connu de *machine à habiter*. Blomme avance que la nouvelle formule rêvée de l'architecture va bien au delà d'un *Standard* monotone - référant probablement ainsi au Corbusier. D'après Blomme, l'architecture est bien plus qu'un plan nu, inspiré uniquement par la pensée rationnelle et qui en est la résultante idéale. Pour Blomme, le modernisme ne doit pas exclure le charme, voire, la fantaisie, mais ceux-ci ne doivent pas cacher l'ordre architectural, car c'est là, le but principal de l'architecture. La révolte contre le bloc purement utilitaire doit être encouragée, avance-t-il assez radicalement.

Le mot *Standard* que Blomme utilise vient aussi du Corbusier, mais celui-ci parle de Standart en accentuant les trois dernières lettres du mot : *art*. Il écrit:

« Les *standarts* sont chose de logique, d'analyse, de scrupuleuse étude; ils s'établissent sur un problème bien posé. L'expérimentation fixe définitivement le *standart*. »[6]

Adrien Blomme dit que l'ordre et l'unité sont les seules qualités contenant la beauté. Etre moderniste ajoute-t-il également c'est : « aimer le passé, mais surtout, avoir le sens de l'avenir. »[7]

Le numéro 7 de l'année 1931 du magazine *la Revue Documentaire - Organe mensuel de l'industrie du bâtiment*, éditée par la S.A. Henri Baudoux[8], contient un article[9] sur la nouvelle salle de brassage des Brasseries Wielemans-Ceuppens, illustré par d'excellentes photos de Willy Kessels. L'œuvre y est qualifiée de parfaitement moderniste, tant au niveau de la construction que de l'aménagement et de l'aspect. Elle est désignée comme la plus belle construction industrielle du pays. L'initiative de la firme Wielemans est par conséquent louée et constituera certainement une incitation pour les nombreux industriels désireux d'ériger des bâtiments industriels intelligents. On considère aussi que cette architecture est importante pour le personnel qui y travaille : « Le personnel qui y sera occupé jouira à profusion de l'air et de la lumière, et aura à sa disposition un matériel et des installations non seulement modernes mais luxueuses. » N'est-ce pas un des principes du modernisme : la lumière, l'air, l'espace, la santé ?

Mais aussi, cette architecture, sa pureté et l'hygiène nécessaire à une salle de brassage, sont supposées favoriser l'ardeur au travail et améliorer le rendement du personnel. Politique industrielle sage : la science, l'art et l'industrie collaborant.

Mais dans le même article au sujet de Wielemans, la firme Henri Baudoux fait aussi la promotion de ses produits. Cette firme a carrelé la salle de brassage avec de grands carreaux Sphynx noirs, de format 20 x 30, appliqués avec de larges joints et une frise en *graniverre*[10] de couleur jade. Sur le sol, des carreaux de céramique verts 10 x 10 ont été utilisé, mélangés à des bouchons *graniverre* couleur jade. L'intérieur de cette salle de brassage a dû être d'un luxe parfait, à la fois sobre et rationnel. Les colonnes de béton des façades, à l'étage inférieur, ont été revêtues de granit noir et des fenêtres à châssis d'acier atteignant le sol ont été installé entre ces colonnes. Ainsi non seulement les carreaux noirs de la salle de brassage sont visibles de l'extérieur, mais une belle harmonie entre l'intérieur et l'extérieur est créée. Blomme ne disait-il pas qu'un bâtiment est créé de l'intérieur vers l'extérieur ? En outre, les huit cuves de brasserie en cuivre étaient bien visibles à partir de la rue exposant au passant le processus de production de la bière dans un bâtiment brillant et imposant.

Les façades à l'étage et celles de l'entrepôt sont très rationnelles. Construites en béton armé, elles sont revêtues d'un crépi gris brut, avec au sommet, l'enseigne *WIELEMANS CEUPPENS* en caractères rouges modernes. Sur la façade il y a une grande fenêtre verticale, tandis que les murs latéraux sont pourvus de fenêtres horizontales en forme de bande (cf *les fenêtres en longueur* du Corbusier).

Cette architecture n'est pourtant pas purement moderniste : sur la façade, dans une petite partie d'un des murs latéraux et dans la partie fermée du bâtiment silo, les fenêtres horizontales en forme de bande sont prolongées visuellement dans les parties aveugles par une *frise* style art déco, qui consiste en un entassement de cadres proéminents. A l'extrémité, le silo, plus élevé forme une proéminence triangulaire couronnée d'un mât de pavillon. La frise horizontale dans la prolongation des fenêtres confère donc un aspect décoratif à ces façades rationnelles et renforce le caractère horizontal des fenêtres en forme de bande, qui correspondent chacune à un étage du bâtiment. Tout en haut des façades latérales, au niveau du toit, une incision horizontale allège visuellement le caractère pesant de la partie supérieure de la construction. En raison de son passé et de son expérience des styles historiques en architecture, l'architecte Adrien Blomme était convaincu du fait que, bien que nécessairement rationnelle, l'architecture devait aussi posséder une dimension esthétique, qui ne soit pas seulement l'expression d'une *esthétique de machine.*

Parmi les magnifiques photos que le photographe Willy Kessels a faites de la salle de brassage, il y a aussi un collage avec une vue de l'intérieur de cette salle et une prise de vue nocturne du bâtiment. Parce que les bâtiments vraiment modernistes étaient conçus « de l'intérieur vers l'extérieur », les architectes attachaient une importance particulière à l'éclairage de nuit. Par les grandes fenêtres en forme de bande avec leurs profils d'acier extrêmement fins, la lumière électrique tombe à l'extérieur et on obtient quand il fait noir comme un négatif de l'architecture. Si le jour, les murs entiers étaient éclairés, la nuit, seules les surfaces vitrées et l'intérieur du bâtiment étaient éclairés. A ce moment-là, le bâtiment semblait devenir transparent, ce qui était particulièrement important pour cette salle de brassage car ainsi, l'attention était attirée sur l'intérieur luxueux avec ses huit cuves de cuivre rouge alignées de manière imposante.

La salle de brassage et les silos attenants à la brasserie Wielemans-Ceuppens ont été entièrement construits en béton armé. A l'époque, c'était la plus grande salle de brassage d'Europe. L'utilisation du béton autorisait d'une part, de lourdes charges sur le sol, et d'autre part, permettait de percer ces fenêtres horizontales en forme de bande dans le bâtiment.

L'ancienne salle de brassage, et l'immeuble de bureaux de la brasserie qui date de 1895, sont les seuls vestiges du complexe des Brasseries du XIXe siècle. La façade avait été érigée grâce aux fragments de la façade de l'ancienne Caisse d'Epargne place de Brouckère, que la famille Wielemans avait fait entièrement transformer, ajoutant deux étages et une mansarde pour leur nouvel hôtel Métropole. Ces fragments furent intégrés dans le nouvel immeuble de bureaux de la brasserie d'après le plan des architectes

Bordiau et Champion. Même à cette époque, la famille de brasseurs Wielemans faisait preuve de respect à l'égard du patrimoine architectural en réutilisant du matériel de démolition dans un nouvel immeuble.

Cette magnifique salle de brassage, construite solidement, n'aura servi que 50 ans à peine. En 1979 les Brasseries Wielemans furent reprises par le groupe Artois (Interbrew). On a continué à brasser la bière, mais fin septembre 1988 Interbrew décida d'arrêter toutes les activités de brassage de la bière dans la brasserie Wiels de Bruxelles. Le groupe Artois vendit les installations de la brasserie au plus offrant et un négociant en « brasseries d'occasion » de Harelbeke commença à démanteler les installations pour ainsi dire intactes. L'asbl *La Fonderie* donna l'alerte, des protestations s'élevèrent de toutes parts, mais le propriétaire répondit de façon laconique que les installations dans la brasserie étaient déjà vendues et qu'il pouvait donc en disposer librement. Le jeudi 24 novembre 1988, deux des huit cuves de brasseur avaient déjà été démantelées. Deux autres suivirent, malgré un accord avec le propriétaire stipulant qu'il attendrait pour démolir les cuves de brasseur la réponse à la demande de protection du bâtiment. Mais d'après le propriétaire les cuves de brasseur n'avaient pas de valeur industrielle ou archéologique. Il s'agissait de « matériel mobilier en possession privée, transportable et vendable ». Ainsi, disparut définitivement une partie unique et précieuse de la brasserie, quatre des huit cuves de brasseur étant achetées au démolisseur pour un montant de 2 millions de francs belges par la Société Régionale de Développement de Bruxelles afin de les sauver de la démolition. Louis Tobback, Ministre de l'Intérieur, dont les compétences s'étendaient au Service des Monuments et Sites avant sa régionalisation, indiqua son accord pour la protection du bâtiment, bien qu'il fût tenu d'attendre l'avis définitif des deux Commissions des Monuments et Sites de notre pays. Cela se passait à la veille de la création de la Région de Bruxelles Capitale. La compétence des monuments allait être transférée à un ministre de Bruxelles et celui-ci créerait une Commission pour Bruxelles.

Le propriétaire considérait que la protection au titre de monument du complexe de la brasserie était une catastrophe économique pour ce quartier de Forest. D'après lui, il était impossible de rentabiliser une brasserie abandonnée. A ce moment, la commune étudiait avec la Société Régionale de Développement de Bruxelles un projet de reconversion pour les petites et moyennes entreprises qui entraînerait, outre la démolition de la plupart des bâtiments sur le site, sauf le bâtiment de Blomme et l'immeuble de bureaux, la construction de nouveaux bâtiments.

La commune de Forest et le maire de l'époque, André Degroeve, décidèrent d'intégrer le complexe des Brasseries dans un *périmètre* du plan de rénovation de quartier. La procédure de protection que l'on espérait, ne suivit pas aisément. Le bourgmestre institua une mesure d'interdiction de vente des bâtiments de la Brasserie en plusieurs parties parce que cela était contraire au plan de rénovation. Interbrew cependant voulait vendre le plus rapidement possible, au plus offrant, sans se soucier de la future destination des bâtiments. Et puis des voix s'élevèrent au sein de *La Fonderie* pour transformer le site en centre commercial pouvant en même temps faire office de grand musée industriel. En gardant 1992 en vue, la brasserie allait pouvoir fournir une *vitrine* du secteur de la brasserie en Belgique. Sur le terrain de 3 ha de la brasserie, un vrai ravage avait eu lieu entre-temps. Du complexe original, unique et très intéressant du point de vue de l'archéologie industrielle, il ne restait en 1990 plus que trois bâtiments, qui s'enfonçaient lentement dans la voie de *vestiges protégés*.

En avril 1989, Artois avait vendu le complexe à la société AMG Development à condition que celle-ci obtienne une attestation urbanistique dans l'année. Cette société avait trois projets différents pour le site : un centre pour les petites et moyennes entreprises ainsi que des bureaux, un centre de textile, quelques étages d'appartements, un centre *high-tech*. Les bâtiments à protéger seraient conservés et la salle de brassage accueillerait un musée des techniques industrielles. Mais une autre société était elle aussi intéressée, le Bureau d'Etudes pour l'Immobilier Villers, associé à la Société Régionale de Développement de Bruxelles qui devait veiller aux aspects urbanistiques du site. A ce moment ils n'étaient propriétaires que des quatre cuves de la brasserie. Leur proposition ne fut pas inscrite à l'agenda de la commission de concertation.

Le 17 septembre 1989, on pouvait lire dans le journal *Le Soir* que la dernière brasserie de Bruxelles, Wielemans Ceuppens, était sauvée : « Wielemans séduit les Suisses et entre dans le XXIe siècle. »[11] Apparemment, Michel Villers — devenu entre-temps propriétaire de 25 % du site — avait convaincu un bureau d'architectes suisse de transformer le bâtiment de Blomme en centre pour *des entreprises singulières et originales*. Parmi les brassins on allait aménager un restaurant à la mode qui servirait les plus fines délicatesses de la cuisine française. Les étages pourraient héberger des bureaux luxueux pour des entreprises dynamiques de l'univers de la mode, du design ou de l'informatique. Les combles du bâtiment se prêteraient extrêmement bien à l'aménagement de lofts de grand standing qui offriraient un panorama extraordinaire sur la ville. Derrière le silo, une aile d'acier et de verre serait construite pour des ateliers-bureaux et une aile futuriste allait relier le bâtiment de Blomme à l'ancienne salle de brassage de 1903. La totalité du projet couvrirait une superficie de 16.500 m². Dans l'ancienne salle des machines (500 m²), l'avant-garde culturelle trouverait sa place. Derrière il y aurait 800 m² de bureaux. L'ancienne salle de brassage (1620 m²) pourrait servir à des agences artistiques ou de media. On était même arrivé au point où le journal annonçait que les travaux allaient démarrer en octobre 1989.

1991, *Le Soir* du 12 avril : « Des investisseurs offrent 3 milliards de francs belges pour la Tour du Midi. Mais où faut-il héberger les 2000 employés des Pensions ? A la brasserie Wielemans ... » A ce moment-là, quatre propriétaires se partageaientt le terrain : Immo Concept, le Groupe Philippe-

Wilhelm, la United Bank of Finland et le Groupe Villers, ce qui rendait le développement d'un projet général plus difficile. Un projet pour le Service des Pensions fut dessiné par les architectes Metzger-Deleuze. Le bâtiment de Blomme, l'ancienne salle de brassage et l'immeuble de bureau Wielemans seraient intégrés dans un ensemble d'immeubles de bureaux postmodernes. Mais finalement, les Suisses ne voulurent pas investir à côté de ruines et en outre il fallait revoir le plan d'occupation du site dans le cas d'une construction de bureaux à grande échelle. Entre-temps, les terrains avaient déjà changé plusieurs fois de propriétaire faisant passer les prix du terrain de 15.000 francs belges/m² à 35.000 francs belges/m². C'était trop cher pour des projets dans le secteur artisanal ou l'industrie légère. Ces prix étaient uniquement à la portée de constructeurs de bureaux. A partir de 1992, la gare du Midi à proximité allait subir des transformations importantes en vue de la mise en circulation du TGV et la spéculation reprit de plus belle.

La salle de brassage (le bâtiment de Blomme) et les anciens bâtiments de la brasserie sur le site étaient constamment menacés de démolition. Cinq ans seulement après la fermeture de la brasserie, le 20 juillet 1993, dix ans désormais, le bâtiment de Blomme, l'ancienne salle de brassage et la salle des machines de 1903 furent classés au titre de monument. Ces bâtiments étaient alors inoccupés depuis 23 ans. La longueur de la procédure de décision de protection était due, d'une part à la création de la Région de Bruxelles Capitale et le transfert de compétence à celle-ci du services des Monuments et Sites créant une certaine vacance dans la prise de décision et d'autre part, la commune de Forest n'était pas d'accord avec la protection de la totalité des bâtiments de la Brasserie Wielemans-Ceuppens.

1995 : *Le Soir* du 19 octobre : « Pas d'avenir pour les défuntes brasseries Wielemans. » La commune de Saint-Gilles employait temporairement une partie du terrain pour y stocker des déchets ménagers. Le site était menacé de devenir une grande décharge publique et les barrières étaient souvent enfoncées.

1995 : *Le Soir* du 22 décembre : « Des soutien-gorge aux balcons des Brasseries Wielemans. » Le propriétaire, avec l'appui d'une personne passionnée par l'archéologie industrielle, voulait à présent ériger dans le bâtiment de Blomme un « espace international de communications et la promotion des milieux brassicoles. » Tout ce qui présentait un rapport avec la bière serait présent : des fédérations représentatives, des lobbies, une bibliothèque, des espaces d'exposition, des locaux pour donner des cours et des salles de conférence. Au niveau touristique cet espace pourrait avoir une « un attrait très international » : la grande tradition du brassage belge et européen de la bière y serait représentée par des événements illustrant l'histoire de la brasserie de chaque pays. Entre-temps, le bâtiment de Blomme, vide pendant sept ans et ayant subi des actes de vandalisme, était dans un état physique épouvantable. La région de Bruxelles débloqua 30 millions de francs belges de subsides pour préserver le monument protégé.

Entre-temps un projet très original s'était formé au printemps 1996 afin d'attirer l'attention sur ce patrimoine. Le projet s'appelait *L'art au balcon* et montrerait une très belle collection de ... soutien-gorge créés par des artistes actuels de réputation internationale. On pourrait y admirer également les pièces de tissus qui avaient un jour enveloppé les formes généreuses de La Callas ou de Brigitte Bardot. On attendait plus de 20.000 visiteurs ... et cela aurait pu dynamiser le site une nouvelle fois et redorer le blason de ce qui restait encore de la brasserie. Le journaliste Nicolas Vuille, du *Soir*, conclut son article avec l'allusion suivante à l'exposition gigantesque de soutien-gorge : « avec autant de soutiens, les brasseries pourront revivre ... »

Début décembre 1998, le gouvernement de Bruxelles décide de débloquer 12 millions de francs belges pour des travaux urgents sur les toitures, les fenêtres, les façades et les gouttières et surtout pour le bâtiment de Blomme. Sans ces subsides, avance-t-on, ces bâtiments ne passeront peut-être même pas l'hiver prochain. Le propriétaire devra payer 60% des frais. Ensuite il lui sera plus facile de trouver des investisseurs ...

Septembre 2001 : la commune de Forest veut désormais prendre les choses en main dans la perspective d'un *projet mammouth* ... on parle de sport et de culture ... cinq cents emplois seront créés ... tout un défi !

Une expropriation, d'utilité publique, est envisagée pour la totalité du site. En octobre 2001 la valeur du bâtiment de Blomme n'est plus estimée qu'à 13,7 millions de francs belges. Le 29 novembre la procédure d'expropriation est entamée.

Les vitres du bâtiment de Blomme sont cassées, la salle de brassage est livrée aux intempéries. A l'intérieur il y a un vieux matelas, des excréments de pigeons, de l'humidité, il n'y a plus de vitres. Des vandales ont emporté des parties des brassins en cuivre et ils ont vraiment abîmé les autres cuves de brasseur. Les caves sont remplies d'eau qui remonte du sol, parce que tant que le bâtiment était utilisé, des pompes vidaient en permanence les caves ... une telle situation attire les vandales.

Arrive une nouvelle valse de projets : un site culturel, une salle multifonctionnelle avec accès à l'internet, un théâtre et une bibliothèque, à terme un nouveau centre Culturel. Mais le propriétaire a lui aussi des idées. Il engage une procédure à l'encontre de la Région, entre autres en raison des travaux défectueux que le Service des Monuments et des Paysages a fait exécuter. A présent il propose une idée qui vient des Etats-Unis : faire un hôtel pour les jeunes étrangers. L'*Hotel Go International* serait confortable mais bon marché ...

Le calvaire du bâtiment de Blomme se termine (?) avec l'expropriation engagée par la Région de Bruxelles Capitale dans le cadre de l'ordonnance de 1993 en matière de protection du patrimoine.

Le bâtiment de Blomme est désormais vide depuis plus de quatorze ans. C'est une ruine. Il y a dix ans l'intérieur du Cinéma Métropole dans la rue Neuve a été entièrement cassé de façon scandaleuse et malgré de vio-

41 lentes protestations. Le ministre de l'époque, dont les compétences s'étendaient aux Monuments et Sites, ne voulait pas entendre parler de protection. Le Cinéma Métropole était également une réalisation unique moderniste de l'architecte Adrien Blomme ... exécuté à la demande de la famille Wielemans. La Villa Gosset, boulevard de l'Horizon à Woluwe-Saint-
Pierre est restée vide pendant quelques années, les vandales s'en sont
emparés et l'ont pillée ; elle a été entièrement rénovée récemment et res-
taurée sur initiative privée. C'était aussi une réalisation de Blomme.
Pourquoi faut-il que les bâtiments modernistes de la Région Bruxelloise
soient d'abord défigurés, dégradés, au stade de ruines livrées aux vandales, avant qu'ils puissent recevoir une nouvelle destination, qu'ils soient
rénovés et restaurés ? Y a-t-il quelque chose qui cloche ?
Sauvez le modernisme !

Jos Vandenbreeden est directeur des archives Sint-Lukas

1. Blomme Adrien, 'Pourquoi il faut être moderniste', *Bâtir* n°3, 15 février 1933, pp. 82-91.
2. Pour plus de renseignements au sujet des Brasseries Wielemans et la salle de brassage d'Adrien
Blomme, cf. Kristof De Cuyper, *De Brouwerij Wielemans-Ceuppens, case-study* (dans le cadre de
son projet de fin d'études au Département d'Architecture Sint-Lukas), Bruxelles, 1997, non publié.
3. Blomme Adrien, 'Adrien Blomme, architecte, Bruxelles', *Travaux d'Architecture*, Strasbourg,
s.d., p. 3.
4. Ainsi e.a. sa propre demeure (1905), rue Américaine 205, à l'angle de la rue des Mélèzes à
Ixelles, de style art nouveau, une habitation (1912), rue Saint-Bernard 66 à Saint-Gilles, de style
néo-tudor, une cité-jardin (1912) à Winterslag de style cottage.
5. Le Corbusier, *Vers une Architecture*, Paris, 1923 (1924), p. 67.
6. Le Corbusier, *Vers une Architecture*, Paris, 1923 (1924), p. 103.
7. D'après Françoise Blomme, petite-fille de l'architecte, c'était sa devise.
8. Cette revue moderniste était éditée par la firme Henri Baudoux de Forest et distribuée
gratuitement. L'objectif était de faire connaître les produits de l'industrie du bâtiment au moyen de
réalisations modernes d'architectes réputés, mais surtout de promouvoir ses propres applications
concernant le carrelage, la mosaïque, les sols en granito, les pierres de façades, les parquets, les
sols en caoutchouc, les sanitaires et les crépis.
9. x., 'La nouvelle salle de brassage de la brasserie Wielemans-Ceuppens, œuvre de l'Architecte A.
Blomme', *La Revue Documentaire*, 1ère année, n° 7, 15 juillet 1931, pp. 106-110.
10. *Graniverre de Leerdam* : pâte de verre pour sols et revêtements de murs.
11. Couvreur Daniel, 'Wielemans séduit les Suisses et entre dans le xxie siècle', *Le Soir*, 17
septembre 1989.

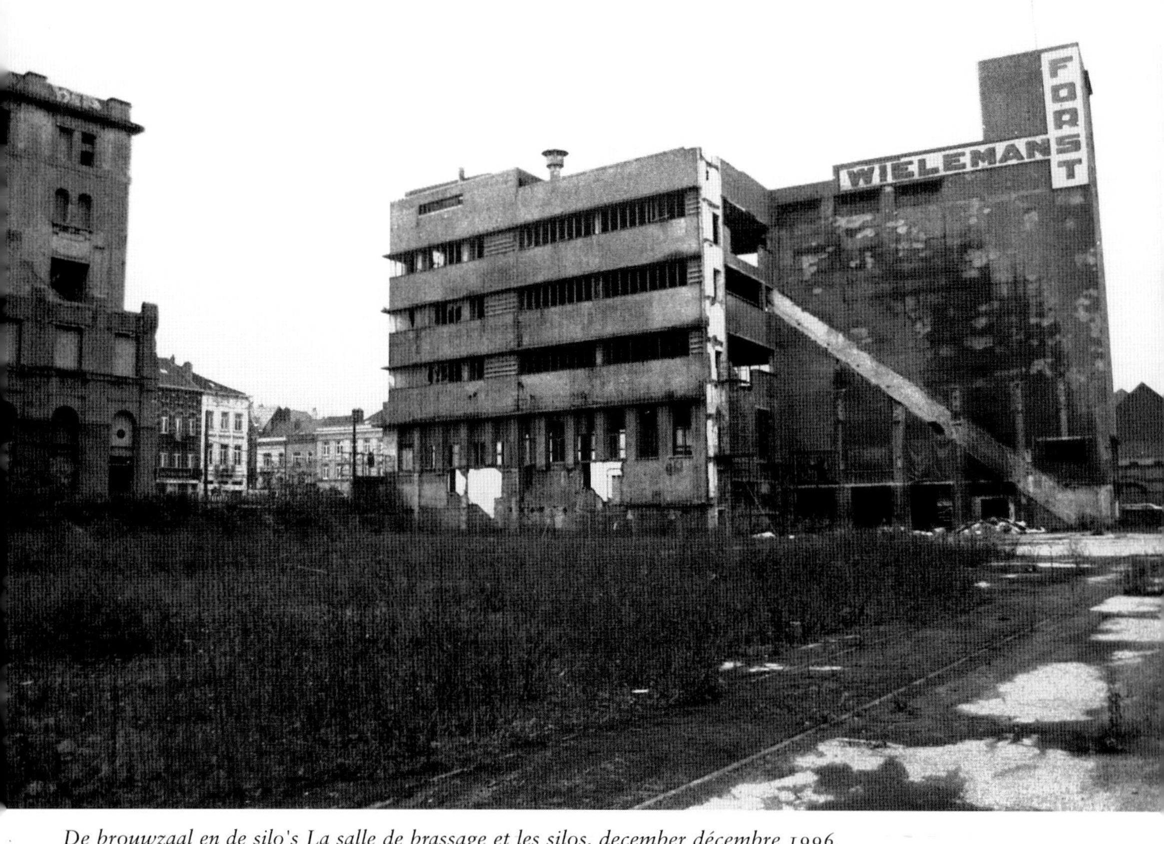

De brouwzaal en de silo's La salle de brassage et les silos, december décembre 1996.

43 Achter de Luttrebrug die beplakt en bepist is, staat als een rechtopzittende ruimtehond in cement de brouwerij Wielemans-Ceuppens. Het gebouw is destijds in elegant beton opgetrokken maar nu verlaten door God en klein Pierke. Alles leeggehaald. Het vensterglas is gesneuveld in een bieroorlog. Winnaar is — bingo — de multinational Interbrew.

       Interbrew, Engels dus,
terwijl Intermarché Frans is en Interlabor Latijn en Heineken International Nederlands.

Tussen twee schuttingen dringt Robert binnen en daalt neer op een desolaat plein. De fabrieksgebouwen rondom zijn ontmanteld. Er staan turbines met drijfriemen, kapotte zetels en zakken met afval. Hij merkt een scherpe roetgeur. De brouwzaal aan de straatkant, in art deco, is gesloten. Nergens vindt hij een gat. Cockerill, Cockerill, zo davert een trein bovenop de spoorwegberm.

       Cockerill, Engels
Als het geluid van de trein wegsterft, hoort hij voetstappen. Hij heeft het gevoel dat hier nog iemand ronddwaalt, maar als hij zijn oren spitst, hoort hij niets meer.

In de andere gebouwen van Wielemans raakt hij wel binnen. Als een toerist flaneert hij er door een kathedraal, sight-seeing. Soms is de doorgang versperd met troep, met afbraakhout of afgedankte meubels. In een magazijn vindt hij een bakje met vers poezeneten. Hoog daarboven prijkt in tegels de firmanaam.

       Wielemans, Nederlands

       Kitekat, Nederlands
Er staan buitenaardse machines, mooie monsters met reusachtige drijfwielen in gietstaal. Dit alles van Wielemans, de wielenman, de machinist die de raderen beweegt. Het hele raderwerk staat stil als de multinational dat wil.

In de ruïne loopt Robert trappen op die naar de hemel leiden, met wiebelende leuning. Ze zijn afgezet met vlinderstruiken en kattenstaart. Eén ervan brengt hem in een ruimte met twee grote cirkels in de vloer. Hier zaten de koperen brouwketels. Of zijn het de schroeicirkels van net weer opgestegen ufo's? Er heerst een wezenloze rust. Goden ademen. Buiten remmen de vrachtwagens voor het stoplicht. Het zijn buitenaardse wezens die kusgeluiden maken.

Lang geleden kon je hier van op het trottoir de koperen ketels van de brouwer bewonderen. Achter het glas marcheerden de flesjes, rinkelend. Vroeger stond er altijd een fabrieksgebouw op het etiket. Heel trots: 'Dit is een Belgisch product.' En de bedrijven hadden elk jaar een stand op het Voedingssalon. Het salon van die camp-affiche: naast de vadsige kok met witte muts staat een thuiswerkende vrouw in blauwe jurk. Ze lacht hartelijk, bijzonder dom. Deze dame is Madame Doelgroep, met de gemiddeldste smaak. Zij is het kijkcijfer. O Universele Huisvrouw, daal neer en bid voor ons.

Uit: Koen Peeters & Kamiel Vanhole, *Bellevue/Schoonzicht*, Meulenhoff Amsterdam 1997, p. 30-31.

44 Derrière le pont de Luttre, couvert d'affiches et plein de pisse, se dressent, figure de chien de l'espace en ciment, les Brasseries Wielemans-Ceuppens. Le bâtiment a été édifié à l'époque en béton élégant, mais il est à présent abandonné de tous. Tout a été vidé. Les fenêtres ont disparu dans une guerre de la bière. Le vainqueur est — bingo — la multinationale Interbrew.

Interbrew, anglais donc,

alors qu'Intermarché est français et Interlabor, latin et Heineken International, néerlandais.

Robert se glisse par un trou à l'intérieur de la palissade et, arrive dans une cour désolée. Tout autour, les bâtiments de l'usine ont été démantelés. Des turbines et leurs courroies de transmission, des chaises cassées et des sacs de détritus sont répandus. Il remarque une odeur âcre de suie. La salle de brassage, côté rue, de style art déco, est condamnée. Il n'y a pas moyen d'entrer. Cockerill, Cockerill, chante le train qui passe avec un fracas étourdissant sur les voies ferrées.

Cockerill, anglais.

Alors que le bruit du train s'éloigne progressivement, il entend des pas. Il a la sensation qu'une autre personne se promène, mais quand il tend l'oreille, il n'y a que le silence.

Les autres bâtiments de Wielemans sont faciles d'accès. Il flâne comme un touriste dans une cathédrale, regardant le paysage. Parfois l'entrée est barré par des ordures, du bois de démolition ou des meubles hors d'usage. Dans un des entrepôts il trouve un petit bac avec de la nourriture fraîche, pour chats. Et au-dessus de lui, très haut, se lit le nom de la firme.

Wielemans, néerlandais.

Kitekat, néerlandais.

Il voit des machines extraterrestres, de beaux monstres avec des roues motrices en fonte. Tout cela appartiend à Wielemans, l'homme aux roues, le machiniste qui actionne les roues dentées. Tout le mécanisme s'arrête lorsque la multinationale le veut.

Dans les ruines, Robert monte des escaliers aux rampes instables, qui conduisent au ciel. Ils sont bordés de papilionacées et de salicaires. Un des escaliers l'amène dans une salle où il y a deux énormes marques circulaires sur le sol. C'est ici que se trouvaient les cuves de cuivre. Ou s'agit-il de traces de brûlure d'OVNI qui viennent de repartir ? Un calme irréel règne. Les dieux respirent. Dehors, des camions freinent au feu rouge. Ce sont des extraterrestres qui font des bruits de baisers.

Il y a longtemps, depuis le trottoir, on pouvait admirer les brassins de cuivre. Derrière les vitres, les bouteilles avançaient en sonnant. L'étiquette représentait toujours un bâtiment d'usine et proclamait fièrement : « Ceci est un produit belge ». Et chaque année, les entreprises avaient un stand au Salon de l'Alimentation. Salon à l'affiche saugrenue : un cuisinier rondelet, coiffé de sa toque, à côté d'une femme au foyer vêtue d'une robe bleue qui arbore un large sourire particulièrement stupide. Cette dame est Madame Audience dont le goût le plus moyen est synonyme d'audimat. O Ménagère Universelle, descendez sur terre et priez pour nous.

Extrait de :

KOEN PEETERS & KAMIEL VANHOLE, *Bellevue/Schoonzicht*, Meulenhoff Amsterdam 1997, p 30-31.

RICHARD VENLET

DRAAIENDE PIJL VOOR WIELS
FLECHE ROTATIVE POUR WIELS
2003-...

500 X 460 X 50 CM

METAALCONSTRUCTIE, MOTOR, NEON
ROTATIESNELHEID: 1 OMWENTELING PER MINUUT
CONSTRUCTION METALLIQUE, MOTEUR, NEON
VITESSE DE ROTATION: 1 TOUR PAR MINUTE

ZOU...
ALS DE WIJZE NAAR DE MAAN WIJST / KIJKT DE DWAAS NAAR ZIJN VINGER (ZEN)

ZO STEL IK ME VOOR DAT DE PIJL VAN RICHARD VENLET OP HET DAK VAN DE WIELEMANS-CEUPPENS-BROUWERIJ FUNC-
TIONEERT: EEN LICHT-ZINNIGE VERWIJZING NAAR DE OMSTANDIGHEDEN EN DE RICHTING WAARVAN DIT GEBAAR EEN VOOR-
TEKEN ZOU KUNNEN ZIJN.
WAT ZOU DE LICHTENDE PIJL OP HET DAK ANDERS KUNNEN VOORSTELLEN DAN DE RICHTINGWIJZER, DE BOODSCHAPPER

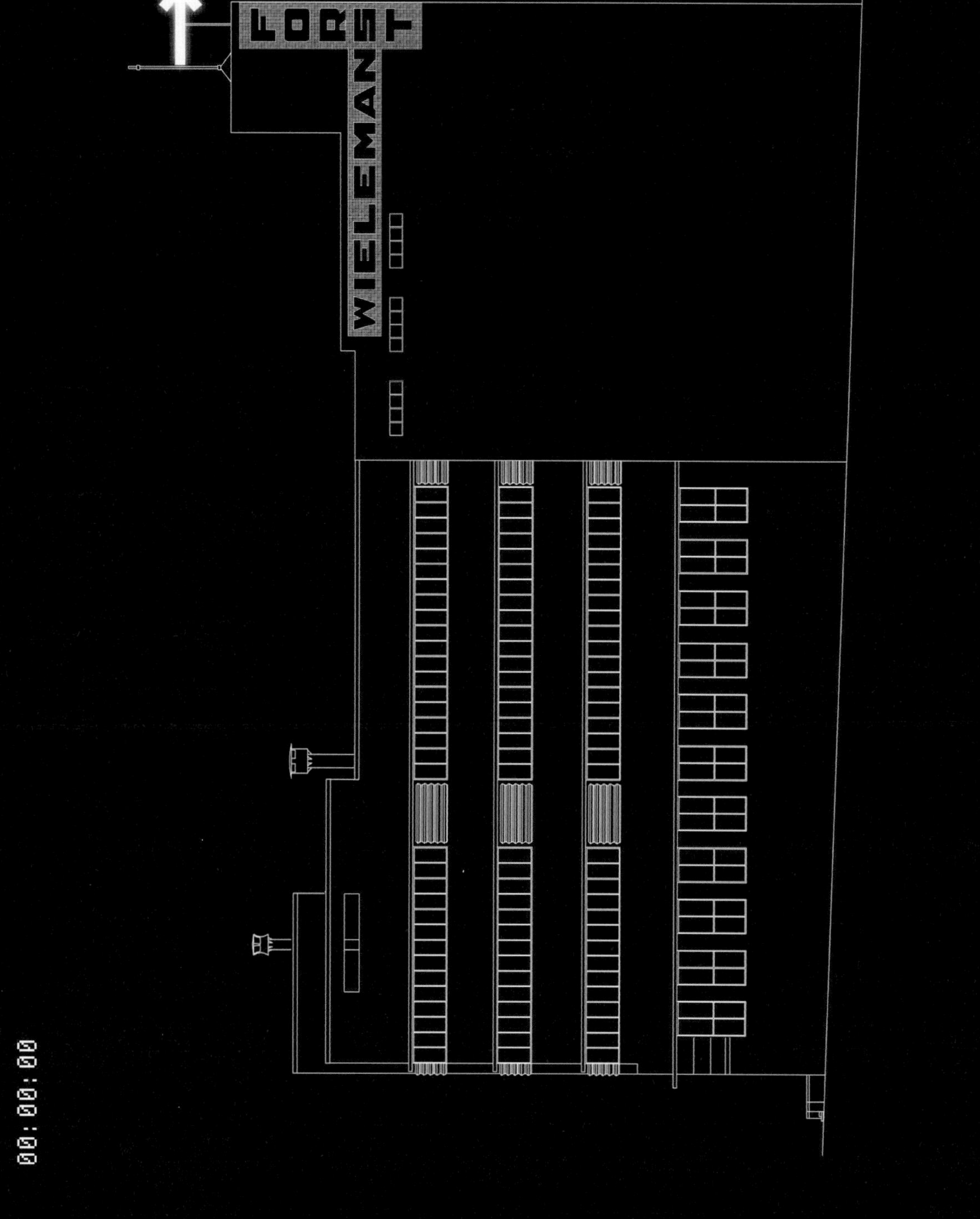

VAN IETS (EEN), OF NIETS (HET)?
EEN BOODSCHAPPER VAN NIETS, DIE 360° RONDDRAAIEND, VERWIJST NAAR ALLE RICHTINGEN WAARIN IETS (HET) ZOU
MOETEN-KUNNEN-GAAN-GEVONDEN-WORDEN.
ZOU HET KUNNEN DAT, OMDAT ER OP DIT MOMENT NOG GEEN ZICHTBAAR BEWIJS IS VAN ZIJN BEDOELING, DE LICHTENDE
PIJL IS AANGEBRACHT VOOR EEN DOEL IN DE TOEKOMST?
ZOU KUNNEN (...)
WAT ER NOG NIET IS (HET) KAN ALTIJD NOG KOMEN (GEBEUREN). DAT HEEFT ZICH AL VAKER VOORGEDAAN - DAT IETS

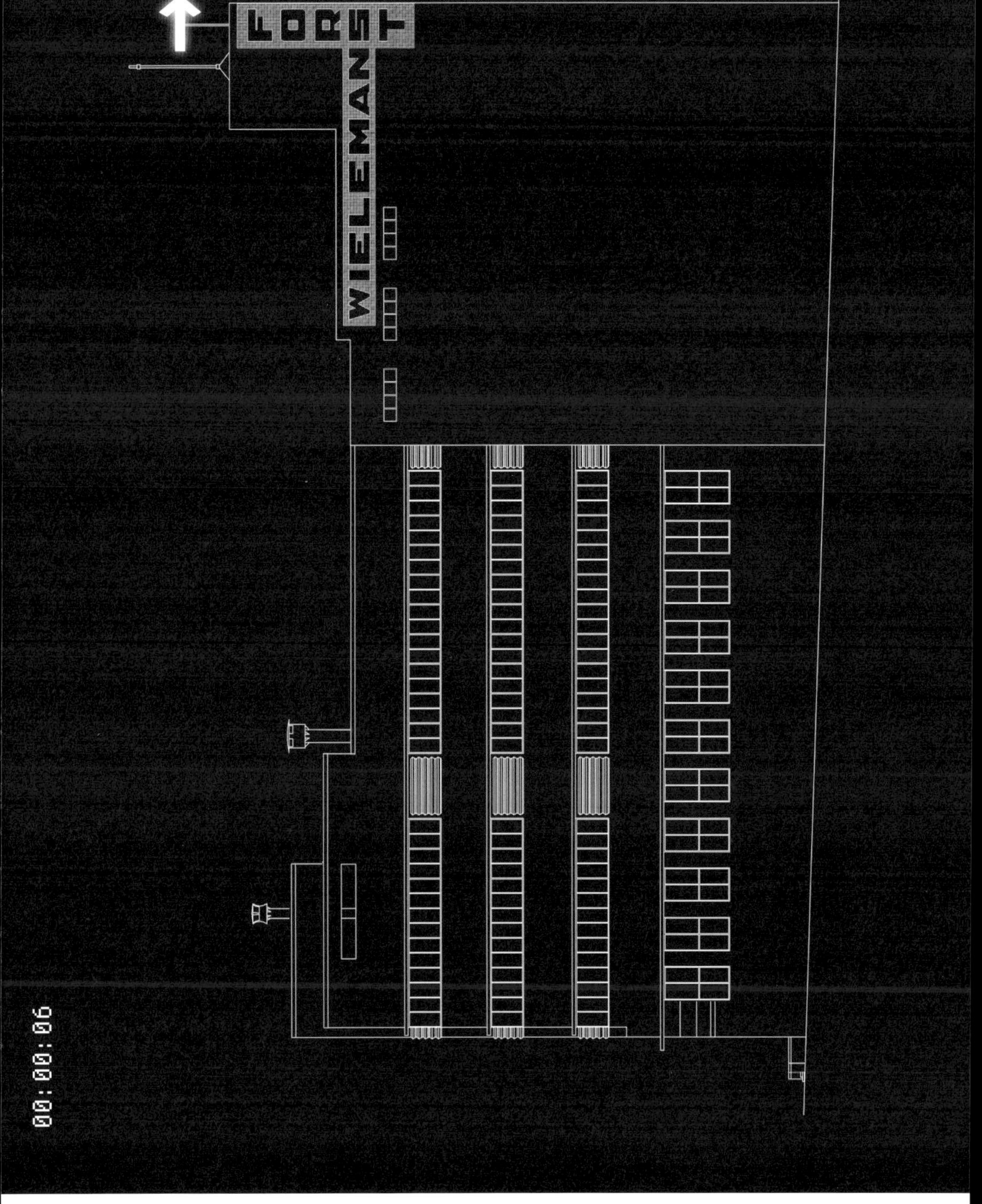

DAT (NOG) NIET WAS OP EEN ONVERWACHT MOMENT GEHEEL (DAAR) IS.
EN VAAK VOLGENS TEVOREN GEDACHTE / (GEHOOPTE) VERWACHTINGEN DIE, AFHANKELIJK VAN DE TIJD WAARIN ZE GEFOR-
MULEERD WERDEN, IN DE TOEKOMST HUN RICHTING VINDEN. (DAT ZOU KUNNEN.)

ZOU MOETEN
OP WAT ZOU MOETEN HEEFT DE PIJL OP HET DAK GEEN INVLOED; (ZELFS) NIET DE WIND, NOCH DE KUNST ZIJN BEPA-
LEND VOOR ZIJN BEWEGING. EEN SLEEPCONTACT LAAT (HEM) MET CONSTANTE SNELHEID ELEKTRISCH RONDDRAAIEN.

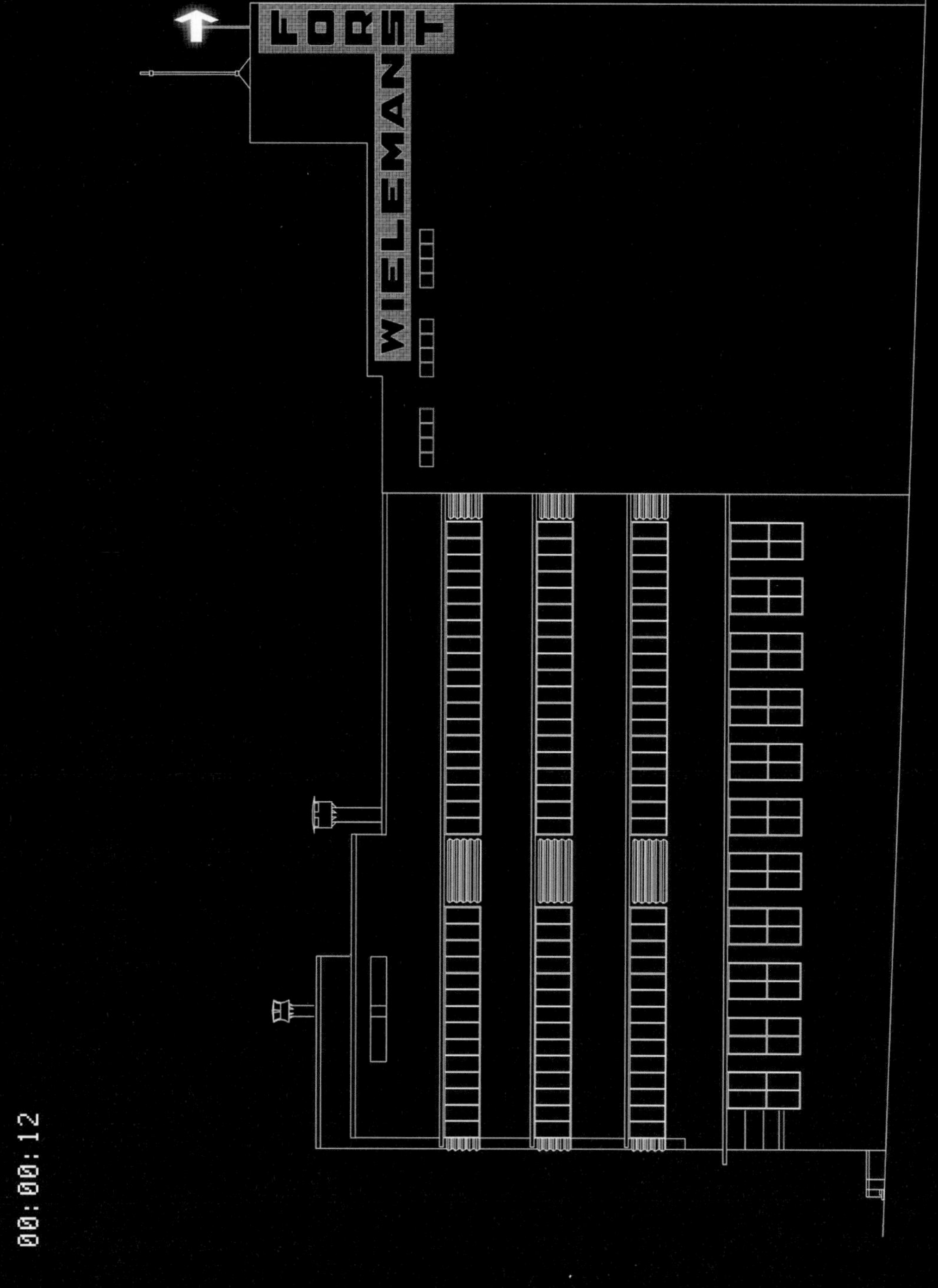

OOIT WAREN ER (ZO) EEN AANTAL CONSTANTEN BOVEN DE SKYLINE VAN BRUSSEL CITY: MERCEDES-BENZ-STER (DE) DIE RONDDRAAIDE OP EEN ONGELUKKIG TER ZIELE GEGANE MARTINITOREN (ZE). EEN CITROEN-LOGO DAT RONDDRAAIT OP HET SAINCTELETTESQUARE IS HET BEWIJS VAN DE KRACHT VAN EEN MARKERING OP EEN ARCHITECTONISCH BEGAAFDE LOCATIE. DAN IS ER NOG EEN GIGANTISCH DRAAIEND BEELD VAN KUIFJE & BOBBY - DAT INMIDDELS NIET MEER DRAAIT (WAAROM?). NIETS (EEN/HET) IS ZODANIG ZEKER VAN ZIJN EIGEN TOEKOMST. IN DE HIERBOVEN BESCHREVEN TRADITIE IS (ZELFS) EEN PIJL NIET ONAANTASTBAAR, ZOLANG HIJ NIET LETTERLIJK STAAT VOOR DE RICHTING EN HET BELANG WAAROP HIJ STAAT.

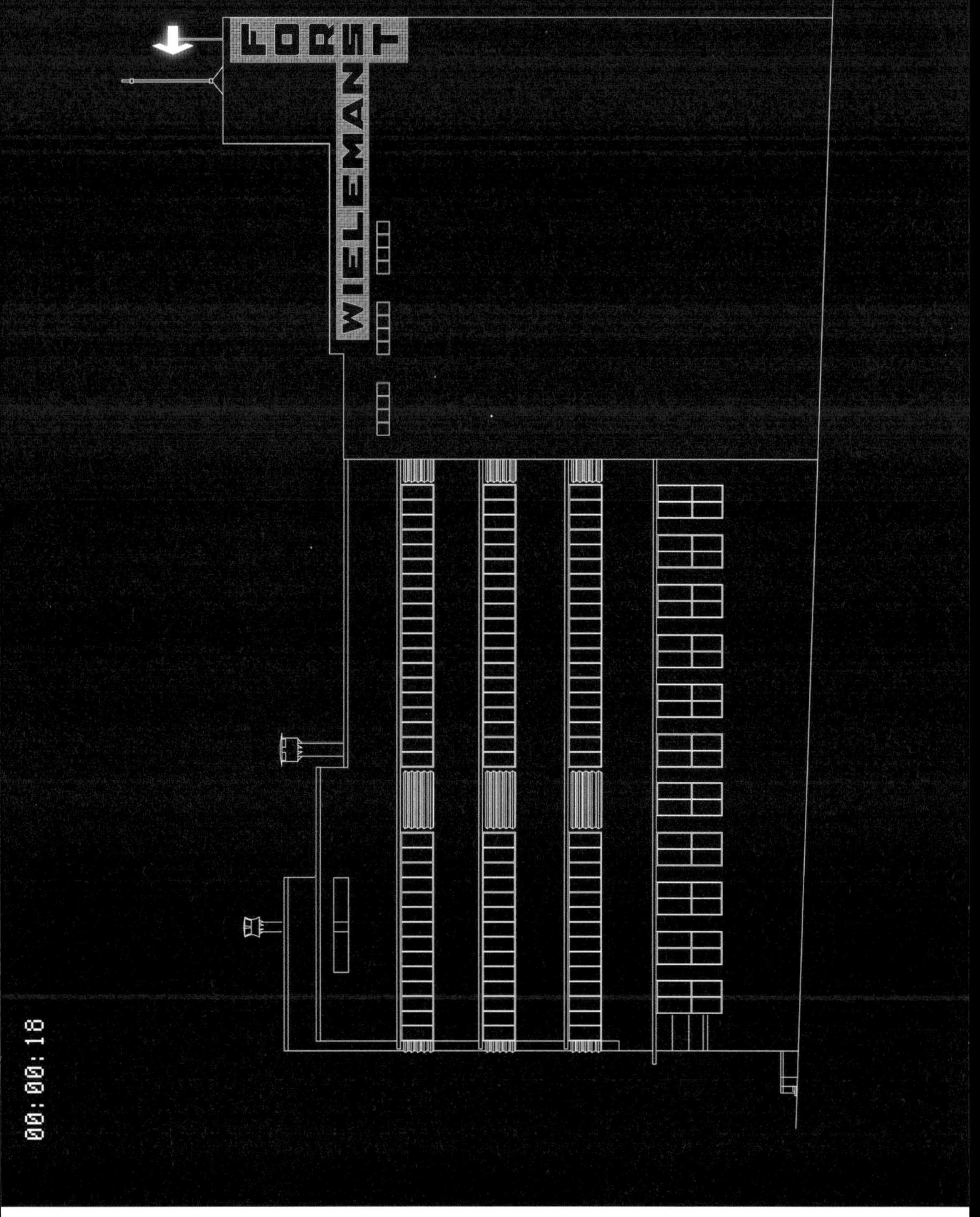

ALS HIJ DRAAIT, IS GEEN ENKELE RICHTING SPECIFIEK (ONVERSCHILLIG / OPEN?).
ALS HIJ STILSTAAT, ZOU HET KUNNEN DAT ER GEEN STROOM MEER IS OM (HEM) TE LATEN DRAAIEN.
AMBIVALENTIE EN AMBIGUITEIT HEBBEN GEEN ENKELVOUDIGE RICHTING. DE DOOR BROUWER WIELEMANS UITGEVONDEN EN
OP DE GEVEL AANGEBRACHTE TERM FORST, DIE VORST EN FOREST IN EEN UTOPISCH BELGISCH ESPERANTO TRACHTTE UIT
TE DRUKKEN, ZOU WELLICHT EEN VERFIJNDER EN AFDOENDER SYMBOLISCHE NAAM ZIJN VOOR EEN SOORT 'CENTRUM VOOR
HEDENDAAGSE KUNST' DAT IN DE HUIDIGE TIJD ZIJN OPVATTING EN DOELSTELLING NOG MOET FORMULEREN (INNERLIJKE
NOODZAAK).

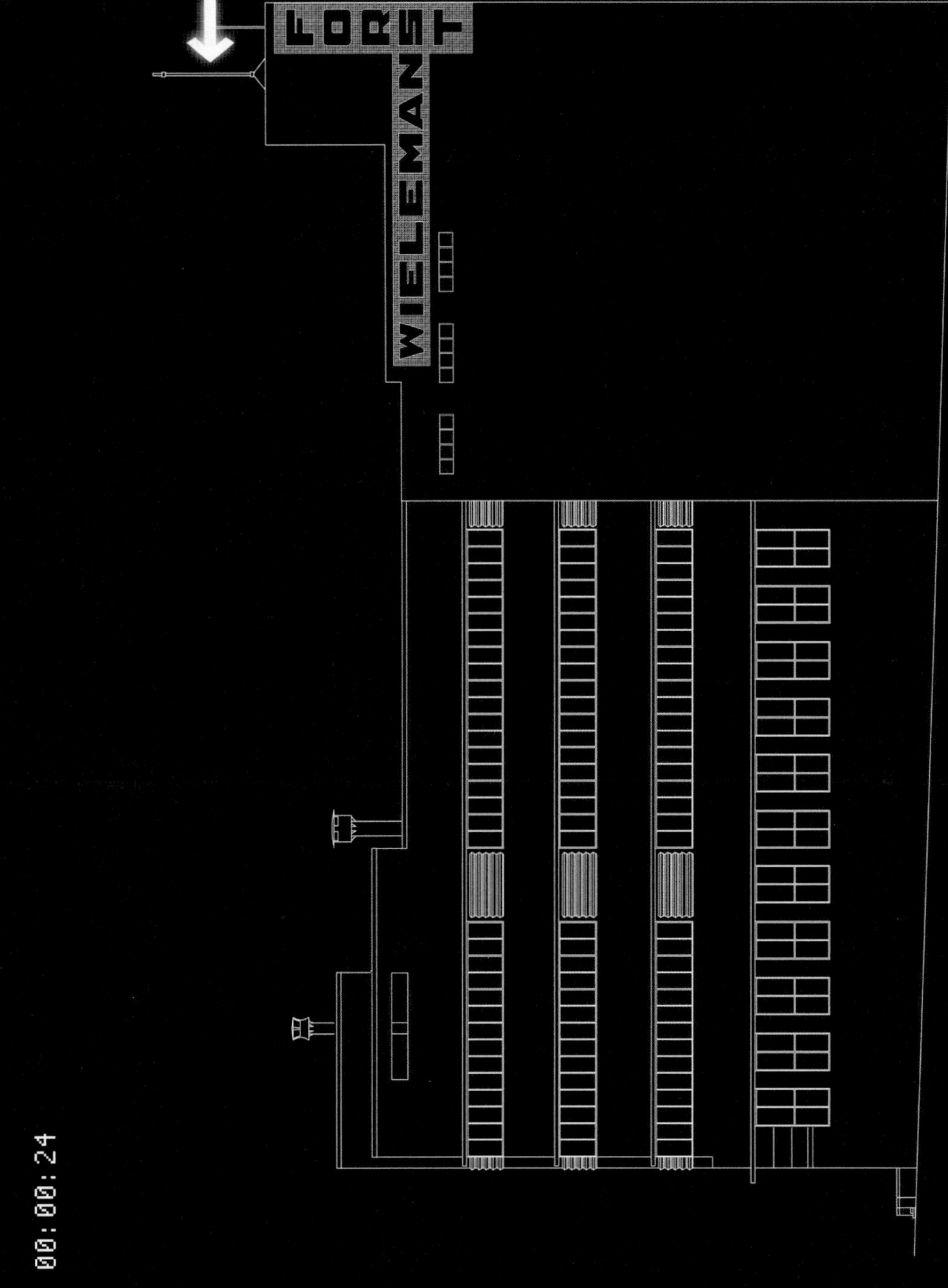

HET ZOU DAAROM MISSCHIEN INTERESSANT ZIJN ALS RICHARD VENLET ZOU BESLUITEN DE PIJL AF EN TOE EENS STIL
TE ZETTEN, ZONDER TE LETTEN OP DE RICHTING WAARIN DEZE ZOU BLIJVEN STAAN (ZOUDEN WE HET MERKEN?).

ALS IK PIJL WAS ZOU IK WIJZEN (NAAR).
DEGEEN DIE NAAR MIJN VINGER KIJKT ZOU IK VOOR DWAAS UITMAKEN, DIE NIET DOORHEEFT WAT IK BEDOEL...

WILLEM OOREBEEK

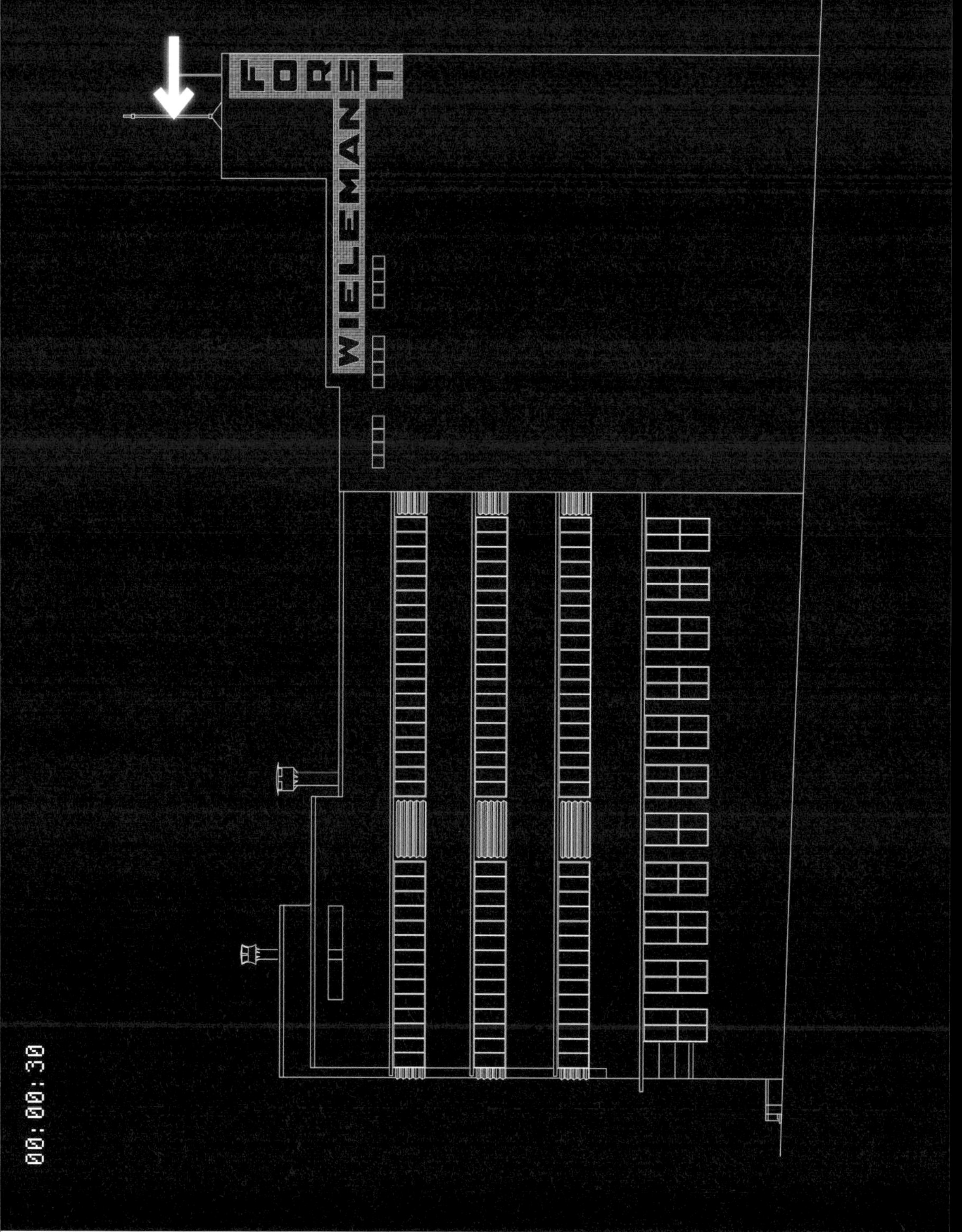

<u>POURRAIT...</u>
LORSQUE LE SAGE INDIQUE LA LUNE / LE SOT REGARDE SON DOIGT (ZEN)

C'EST AINSI QUE J'IMAGINE LA FLECHE DE RICHARD VENLET SUR LE TOIT DES BRASSERIES WIELEMANS-CEUPPENS ;
UNE REFERENCE FRIVOLE AUX CIRCONSTANCES ET A L'ORIENTATION DONT CE GESTE POURRAIT ETRE UN PRESAGE.
QU'EST-CE QUE LA FLECHE LUMINEUSE SUR LE TOIT POURRAIT REPRESENTER D'AUTRE SINON LE SIGNAL, LE MESSAGER
DE QUELQUE CHOSE (UN), OU DE RIEN (LE).

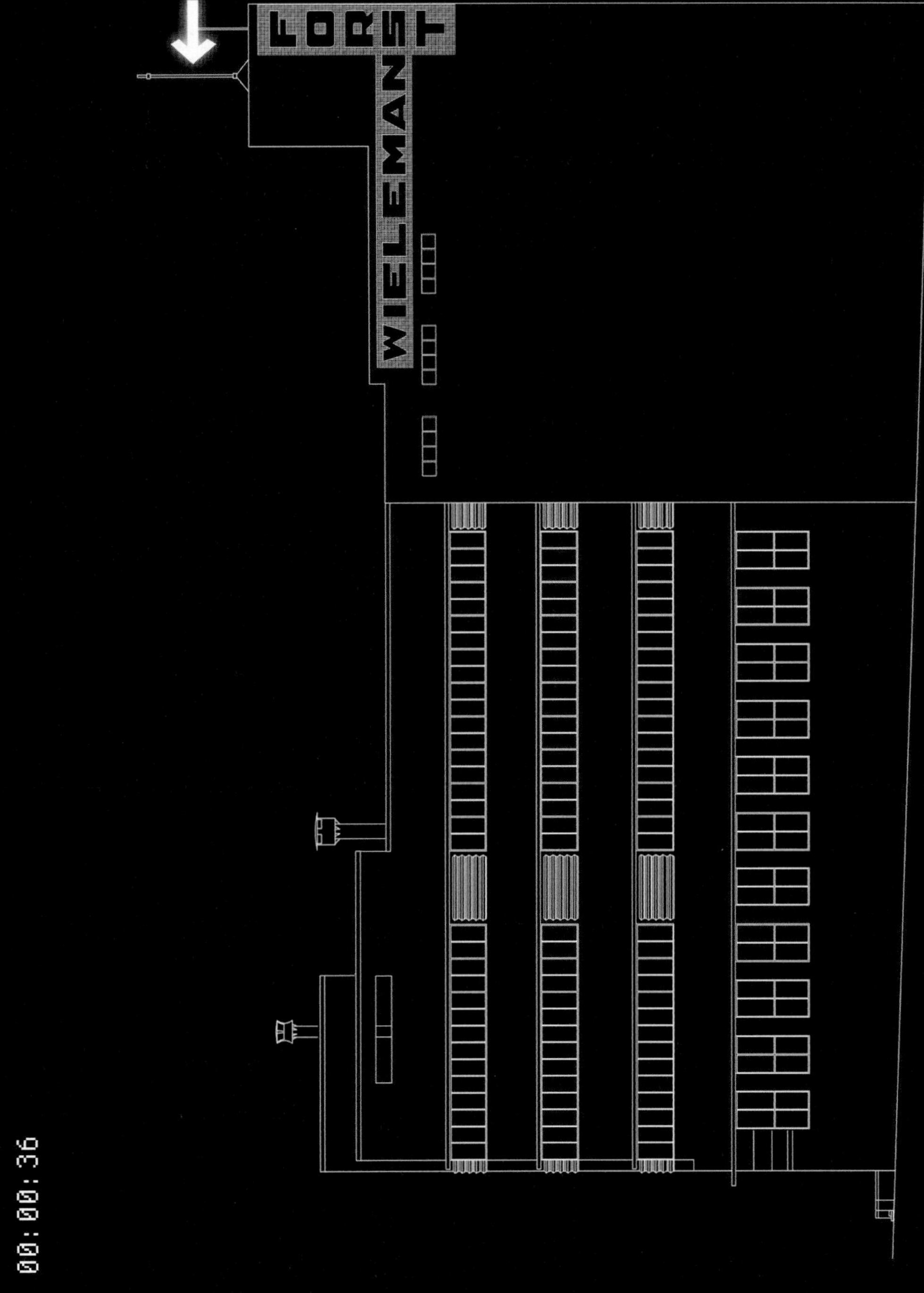

UN MESSAGER DE RIEN, QUI TOURNE A 360° ET RENVOIE DANS TOUTES LES DIRECTIONS OU (UN) QUELQUE CHOSE
DEVRAIT-POURRAIT ETRE TROUVE.
EST-IL POSSIBLE, VU QU'IL N'Y A POUR LE MOMENT AUCUNE PREUVE TANGIBLE DE SES INTENTIONS, QUE LA FLECHE
LUMINEUSE AIT ETE INSTALLEE POUR UN OBJECTIF A VENIR ?
PEUT-ETRE (...)
CE QUI N'EST PAS ENCORE (LE) PEUT TOUJOURS SURVENIR (PASSER), C'EST D£JA ARRIVE QUE QUELQUECHOSE QUI
N'ETAIT PAS (ENCORE) LA, LE SOIT SOUDAIN COMPLETEMENT (LA).

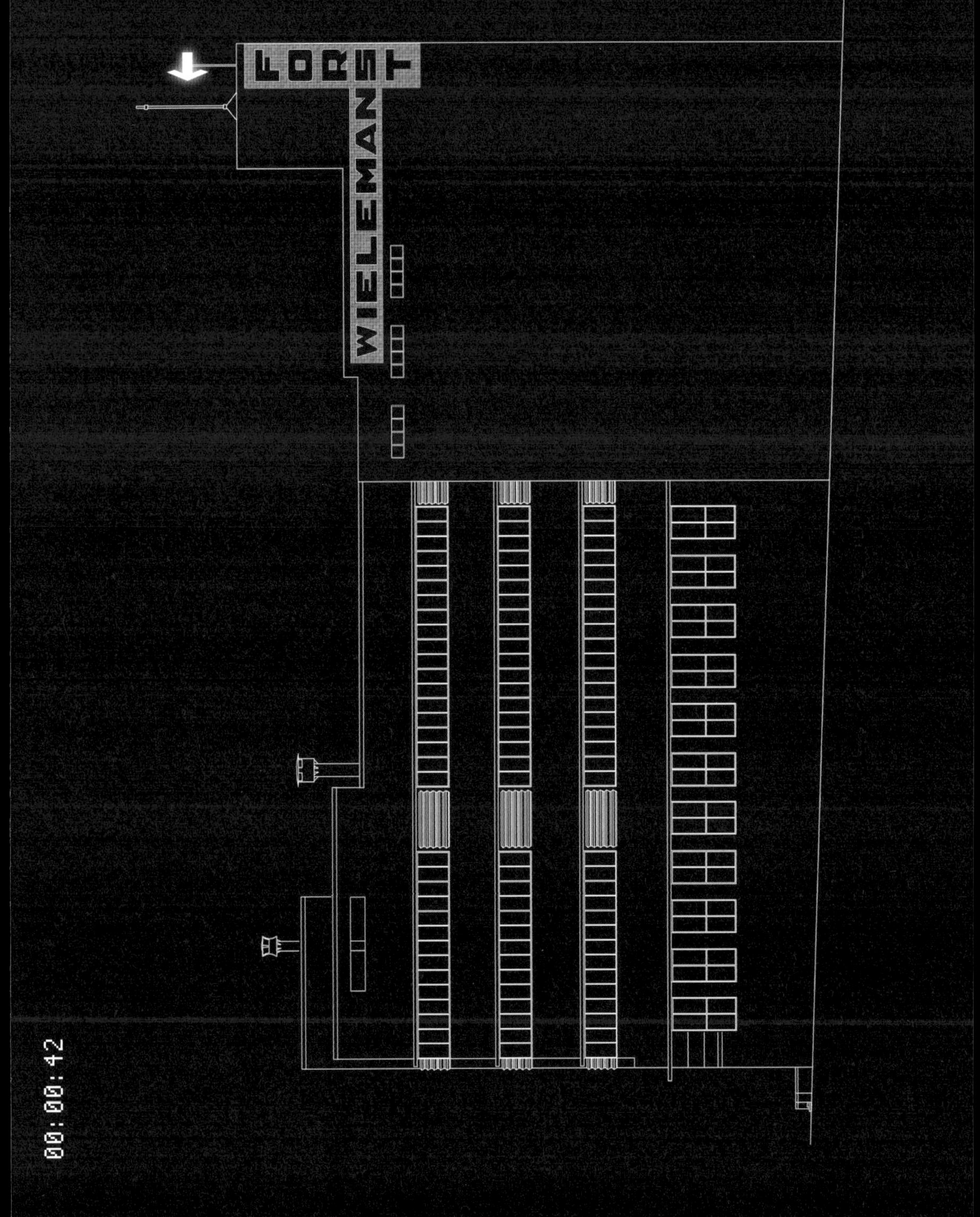

ET CELA, SOUVENT APRES DES ATTENTES LONGUEMENT MURIES (ESPEREES) QUI, EN FONCTION DU TEMPS OU (ELLES)
FURENT FORMULEES, TROUVERENT LEUR ORIENTATION DANS LE FUTUR. (CE QUI POURRAIT ETRE.)

DEVRAIT
SUR CE QUI DEVRAIT ETRE, LA FLECHE SUR LE TOIT N'A PAS D'INFLUENCE; NI (MEME) LE VENT, NI L'ART NE
DETERMINENT SON MOUVEMENT. UN BRAS ELECTRIQUE (LA) TOURNE A VITESSE CONSTANTE.
IL Y EU JADIS PLUSIEURS (DE TELLES) CONSTANTES AU-DESSUS DE LA LIGNE DES TOITS DE BRUXELLES-CITY: UNE

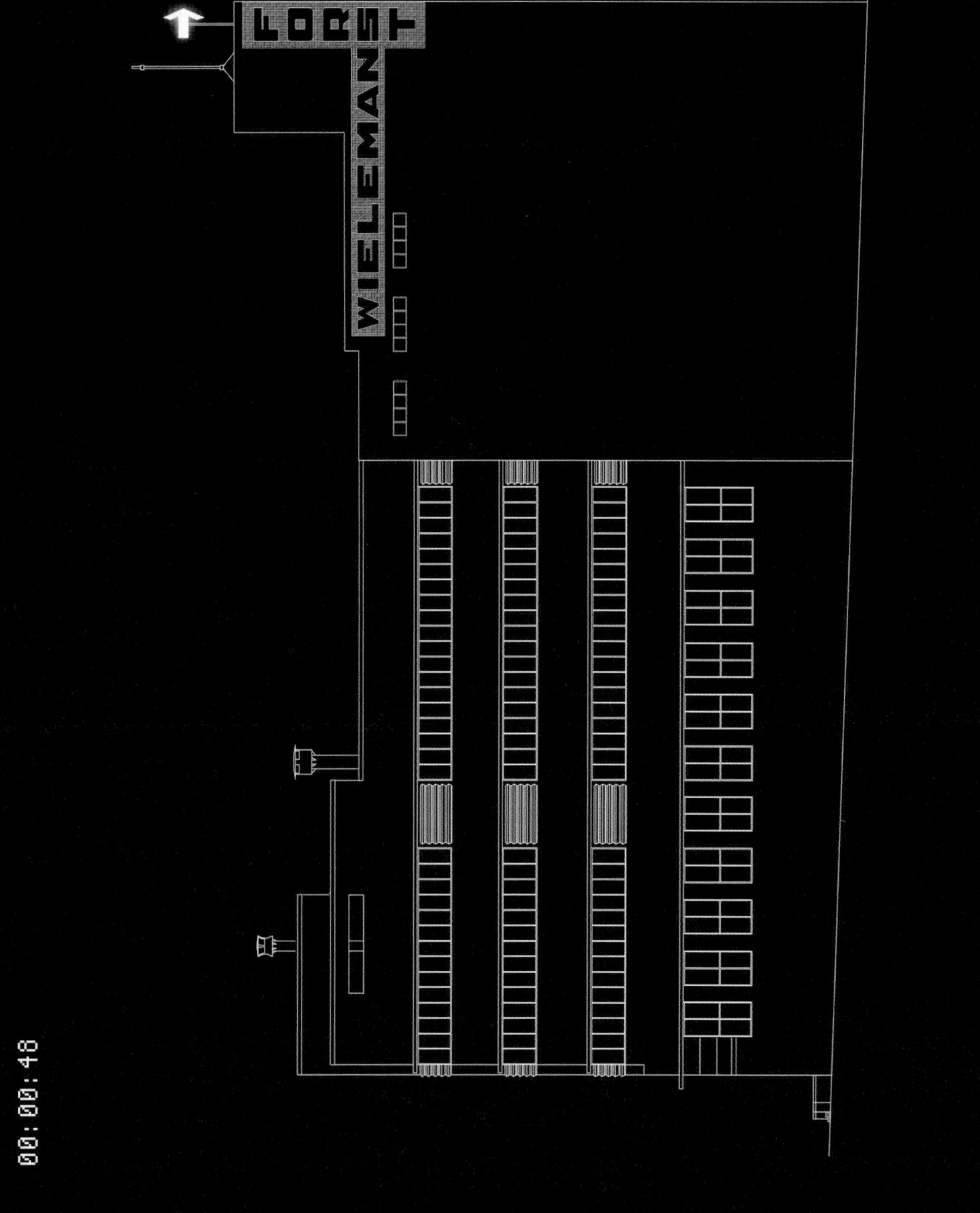

(L') ETOILE MERCEDES-BENZ QUI TOURNAIT AU SOMMET D'UNE (DE LA) MALHEUREUSE TOUR MARTINI. LE LOGO CITROEN QUI TOURNAIT SQUARE SAINCTELETTE TEMOIGNE DE LA FORCE D'UN JALON DANS UN LIEU BIEN POURVU DU POINT DE VUE ARCHITECTURAL. ET PUIS IL Y A ENCORE L'ENORME STATUE DE TINTIN ET MILOU QUI S'EST ARRETEE DE TOURNER (POURQUOI?) RIEN (UN / LE) N'EST SUR A CE POINT DE SON PROPRE AVENIR ; DANS LA TRADITION DECRITE CI-DES-SUS, (MEME) UNE FLECHE N'EST PAS INVIOLABLE, TANT QUELLE NE REPRESENTE PAS LITTERALEMENT LA DIRECTION ET L'IMPORTANCE SUR LAQUELLE ELLE S'APPUIE.
SI ELLE TOURNE, AUCUNE DIRECTION N'EST SPECIFIQUE (INDIFFERENTE / OUVERTE ?).

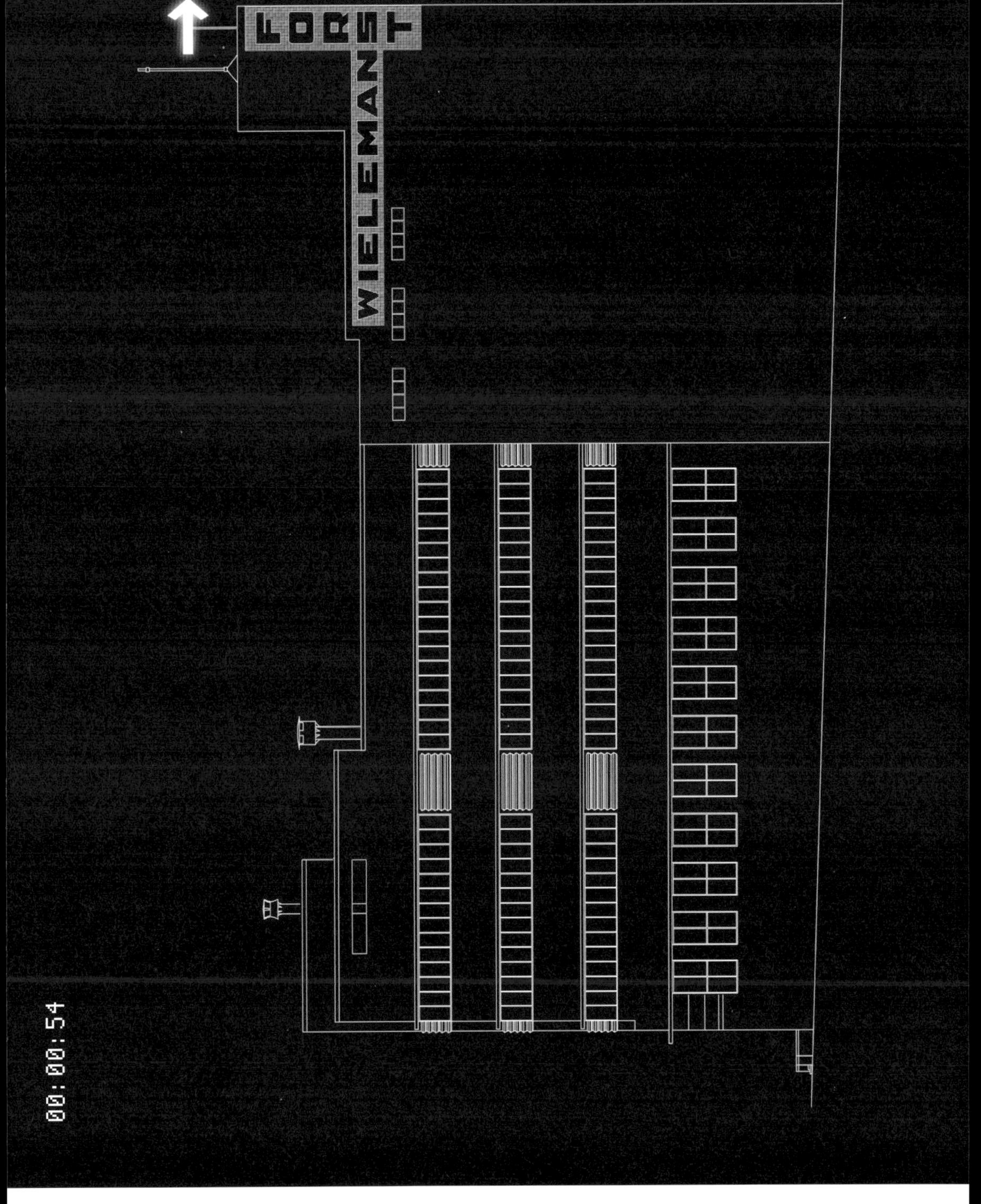

SI ELLE S'IMMOBILISE, IL SE POURRAIT SIMPLEMENT QU'IL N'Y AIT PLUS DE COURANT POUR (LA) TOURNER...
L'AMBIVALENCE ET L'AMBIGUITE N'ONT PAS UNE SEULE DIRECTION. LE NEOLOGISME INVENTE PAR LE BRASSEUR
WIELEMANS ET INSCRIT SUR LA FACADE, 'FORST', UNE TENTATIVE D'EXPRIMER A LA FOIS 'FOREST' ET 'VORST' DANS
UN ESPERANTO BELGE UTOPIQUE, SERAIT SANS DOUTE UN NOM SYMBOLIQUE PLUS RAFFINE ET OPPORTUN POUR UN TYPE
DE 'CENTRE D'ART CONTEMPORAIN' QUI DOIT ENCORE A L'HEURE ACTUELLE FORMULER SON CONCEPT ET DETERMINER SES
OBJECTIFS (NECESSITE INTERIEURE).
C'EST LA RAISON POUR LAQUELLE IL POURRAIT ETRE INTERESSANT QUE RICHARD VENLET DECIDE D'ARRETER DE TEMPS

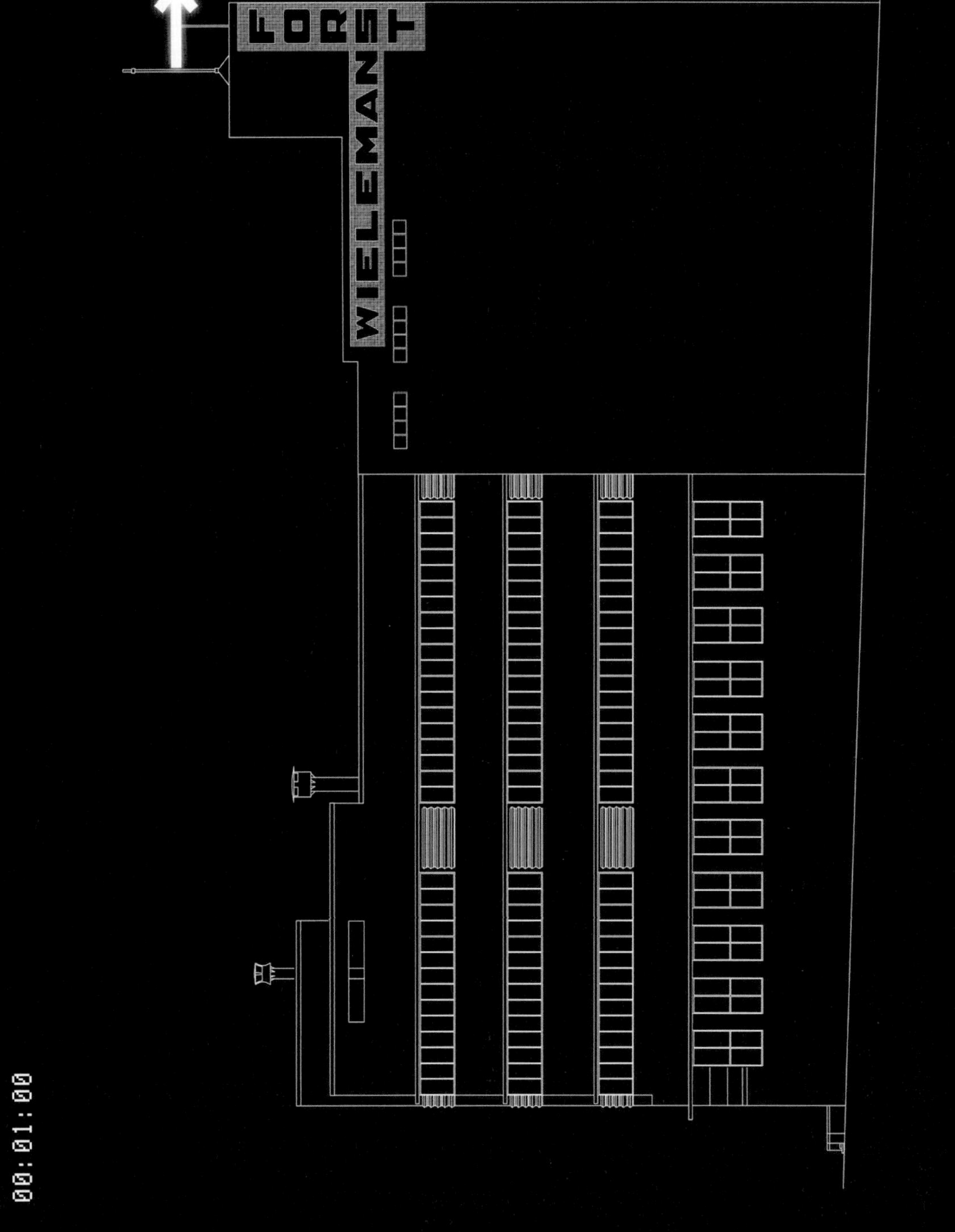

EN TEMPS LA FLECHE SANS PRETER ATTENTION A LA DIRECTION QU'ELLE INDIQUE LORSQU'ELLE S'ARRETE.
(LE REMARQUERIONS-NOUS ?)

SI J'ETAIS FLECHE J'INDIQUERAIS (A).
CELUI QUI REGARDE MON DOIGT. JE LE TRAITERAIS DE SOT, QUI NE COMPREND PAS CE QUE JE VEUX DIRE ...

WILLEM OOREBEEK

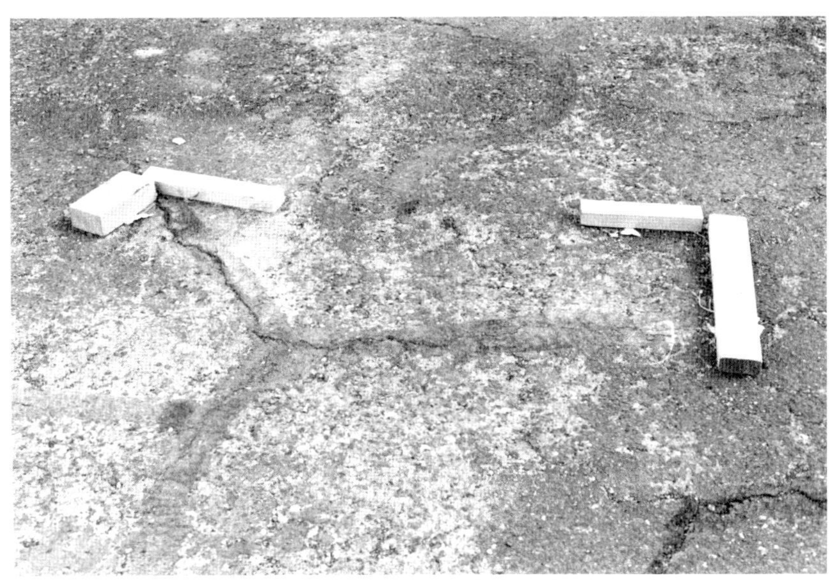

peter downsbrough

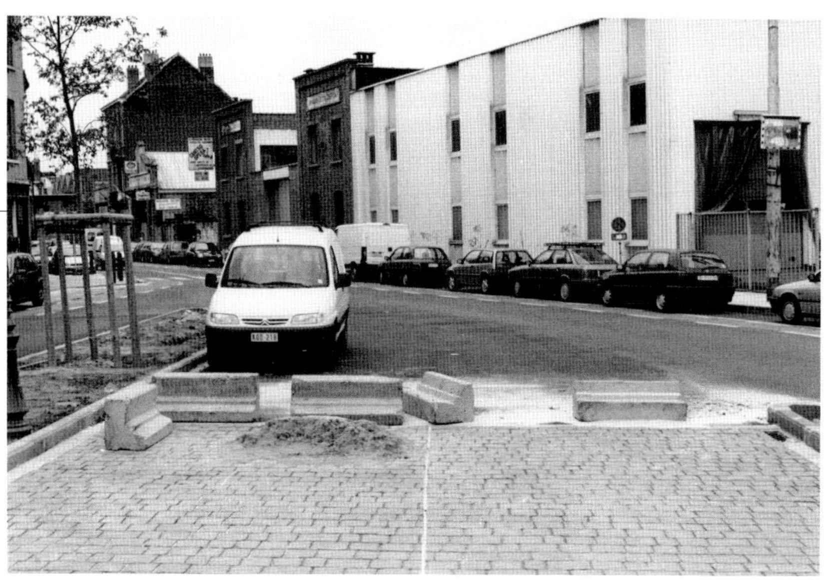

AND

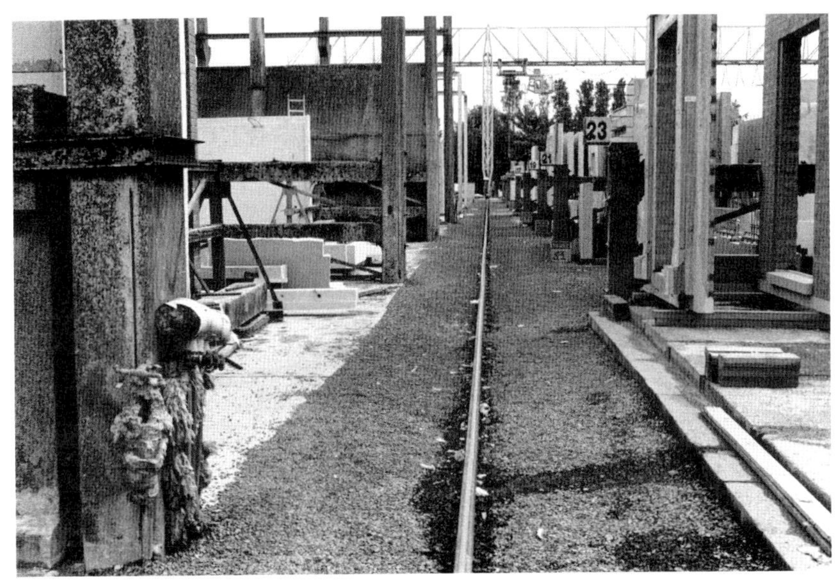

AND

N'y aurait-il pas, a priori, quelque chose d'incongru, pour Peter Downsbrough, de suspendre, sur une cimaise, des *vues photographiques* — expression courante mais peut-être pertinente chez lui, tant elle traduit la soumission du réel à l'acte tranchant et organisateur du regard, autrement dit quand la réalité n'existe que dans sa saisie intellectuelle? Cette spécification condamne déjà la question, mais quand même, n'y aurait-il rien de paradoxal, alors que son art se traduit en termes d'espace et d'appréhension physique, à contraindre volumes et étendues à un cadre bidimensionnel, de petite taille de surcroît, accroché tel un trophée? Car il s'agit bien d'une capture, d'une mise en boîte (noire), qui sert à instrumentaliser la mémoire d'un parcours. En ce sens précisément opère le paradoxe: quand Peter Downsbrough intervient dans l'espace bâti, intérieur ou extérieur, il multiplie les angles de vue, tient compte de divers positionnements du spectateur et d'une temporalité propre à la déambulation. Dans les images fixes et dans la vidéo ici présentée[1], le point de vue est imposé, immuable, sans alternative semble-t-il même pour l'artiste. Il n'existe qu'en exclusivité alors que l'artiste joue habituellement de la disjonction, de la pluralité des unités et des sens (orientations et significations).

N'y a-t-il pas quelque chose de titanesque à vouloir enfermer le monde, puisque New York, Los Angeles ou Forest se réduisent, dans de troublantes correspondances, au même rectangle structuré, géo-maîtrisé, départagé en lignes et surfaces grises, noires et blanches? A ordonner le chaos, à uniformiser le réel, à le plier à la rigueur de l'imagination? Plier, c'est aussi aplatir, donc contraindre le regard à s'étaler sur le plan, à voyager en surface, de droite à gauche ou de haut en bas et vice versa, micro-mouvement dans une générale immobilité. Les photographies de Peter Downsbrough sont impénétrables. Même lorsqu'avec la caméra il zoome, c'est pour révéler une image dans l'image, un plan imbriqué dans un autre plan, et non pas pour s'immiscer de manière illusoire dans une profondeur fictive. Les mouvements latéraux, dans la vidéo, donnent l'impression nette d'un déplacement du regard dans une même image, et qui, en outre, n'emprunte rien au panorama — celui-ci entendu comme recherche

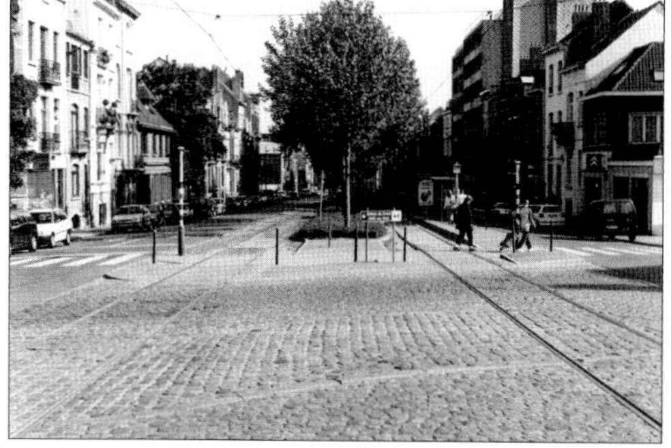

frustrée de la totalité — ni au travelling; point n'est besoin d'un balayage régulier et globalisant puisque la complétude s'impose de chaque plan fixé, même dans leur succession.

Son monde, sans déroger à la frontalité, a la rigueur de celui d'Euclide. Il le délimite, le restreint à une in-formation stricte. Ni symbolique ni narrative, l'image préexiste à la confrontation avec le réel. L'espace est méthodiquement élaboré, non pas donné, et, dans les interventions in situ, le spectateur ne peut que procéder à de nouvelles constructions.

L'image captée peut être appréhendée, aussi, comme image de l'œuvre. A la *limite* (combien l'artiste en joue!), comme une reproduction d'une œuvre dans un lieu spécifique (improbable dans son cas de parler d'installation). Le monde serait vu comme un *Peter Downsbrough*. Alors se résolvent toutes les contradictions. Les objets peuvent être traités comme des lignes et les lignes comme des objets. Les mots, autant comme un système graphique que comme d'autres objets ou des liaisons d'un plan à l'autre. Ils sont souvent suspendus et il en va ainsi de toute interprétation. Leur choix détermine le suspens: liés au cadre spatio-temporel, conjonctions, prépositions et mots équivoques ne fut-ce que par leur mode de représentation devraient en appeler au complément, mais ils ne promettent comme ailleurs que celui que voudra bien lui conférer le spectateur. Car, plus que des révélations topiques, le travail induit des appropriations très personnelles de l'espace, sans toutefois modifier le déjà là. Les éléments disposés par l'artiste — tubes en bois ou en métal, traits adhésifs, lettres autocollantes ou métalliques, tous noirs — peuvent être entendus comme repères, mais ils servent autant de déviateurs, ils enjoignent aux déplacements dans un balisage non contraignant. Si les lignes sont interrompues, elles n'ont ni début ni fin, mais n'en désignent pas moins des volumes virtuels.

Tout comme un lieu est *saisi* par quelques délimitations linéaires, déployé dans son évidence rendue tangible, tout comme les mots sont laissés à leur pure *visualité*, dans leur continuité et leurs ruptures, la photographie révèle sa propre spatialité — et son

immédiateté. Peter Downsbrough surligne la caractérisation spatiale du support choisi: de la rue à la façade, de la page au livre, du plan à la maquette, avec mise en exergue d'un espace culturellement défini et d'une spécificité dimensionnelle.

L'intelligence de l'espace s'accorde à toute occurrence nouvelle, la pensée est mue par une expérience physique à chaque fois particulière. Peter Downsbrough ne laisse rien à l'arbitraire et détermine même les aléas de la lecture de l'œuvre; diverses possibilités sont ouvertes, voire opposées et le spectateur oscille entre écarts et rapprochements, au gré.

Il en va ainsi dans le décryptage d'un livre conçu par lui. Toutes les alternatives à l'orientation habituelle des mots sont systématiquement proposées, les répercussions des signes entre eux démultipliées et les sens de la lecture enrichis d'autant d'opportunités. Les espacements entre les vocables ou à l'intérieur même des caractères typographiques font fusionner contexte et contenu en de multiples déclinaisons topographiques.

Les images travaillent aussi par conjonctions et scissions. Elles sont déterminées par une stricte partition du plan et une gamme étendue de corrélations internes. Suivant une procédure méthodique dont toutes les potentialités sont explorées, écrans et lignes de démarcation départagent la surface. La symétrie y joue un rôle prépondérant, selon deux modalités essentielles: l'une, intrinsèque à la mise en œuvre, est tributaire du cadrage, qui ordonne parfois l'incohérence de l'environnement; l'autre, indicielle, reflète les propriétés des objets sélectionnés. A partir de ces deux modes opératoires, plusieurs cas de figures se présentent. Très souvent, en référence aux *pipes* que l'artiste a inscrits en divers lieux, un poteau vaut comme axe de symétrie et distribue deux parties égales. Celles-ci peuvent éventuellement se correspondre par un effet quasi spéculaire — auquel cas l'espace se réfléchit lui-même. Au fin cylindre peuvent se substituer d'autres corps: pilier, montant d'un châssis, section d'un mur ou divers éléments architectoniques. Le champ peut aussi être divisé par un référent horizontal, mais qui dans l'image sera

lu comme segment vertical: borne, rail, pont
suspendu. La ligne remplace volontiers le
volume — de même que dans les
interventions in situ. Elle est alors marque
routière ou délimitation ombre/soleil. En
l'absence de tout corps central, la symétrie
bilatérale peut être organisée à partir d'une
rupture dans le tissu urbain, du doublement
d'un objet ou même par la césure dans le cas
d'un diptyque. La réciprocité des parties
peut alors aussi fonctionner, mais la relation
peut jouer de diverses oppositions, de
manière notoire quand une façade aveugle
obstrue la moitié de l'image. L'artiste
procède encore par symétries inversées,
avec des équivalences obtenues par
retournement. Les principes de base, sans
être dénigrés, sont au contraire activés par
toutes sortes de transgressions pour former
un système à la fois vaste et cohérent. Même
quand la convergence des lignes de fuite
structure l'image, la surface, qui en impose
ici aussi, semble être répartie en quartiers,
clairement délimités par les valeurs et
ordonnés autour d'un axe central.

Les images déréalisent le monde (de par leur
construction même), alors que les vides, les
discontinuités urbaines, les ruptures de sens
sont rendues matériellement perceptibles,
dans l'œuvre de l'artiste, et transformées
en espaces de réflexion. La circonscription
photographique n'y fait pas obstacle, les
images fonctionnent comme des entités
individuelles mais associées à l'ensemble du
travail, tout de liens multi-directionnels et de
non-dit. Parce qu'il traque autant qu'il exploite
la réticence, l'art de Peter Downsbrough
résiste aux assimilations historiques, à l'architecture, à l'image, aux mots. Il défie ses
propres constituants, sans cesse. Sa prolixité
est camouflée par l'apparence ascétique du
vocabulaire, pourtant varié, de même que sa
discrète, mais incisive, dimension polémique
et politique.

Catherine Mayeur
2003

[1] La notion de parcours est par contre
    évidente dans le film *Occupied*.

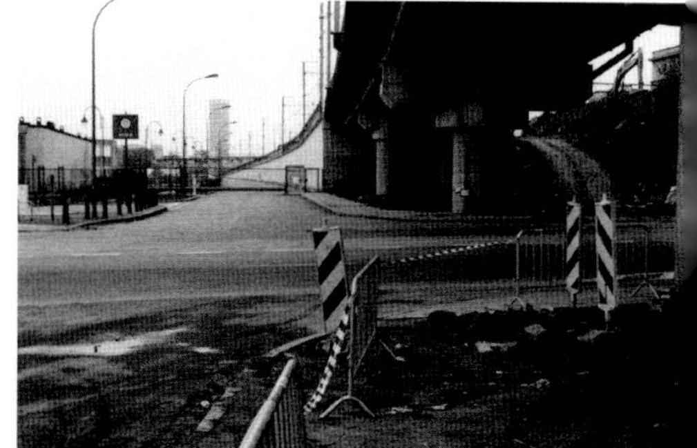

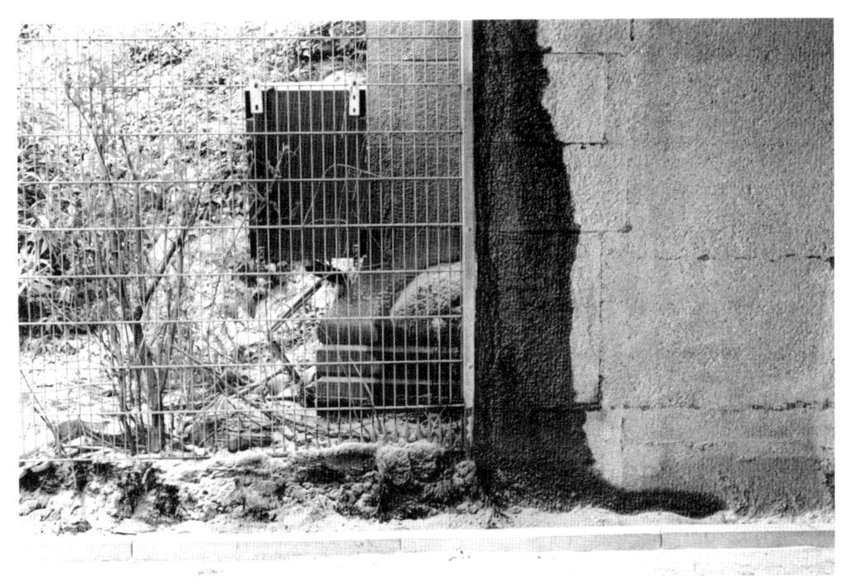

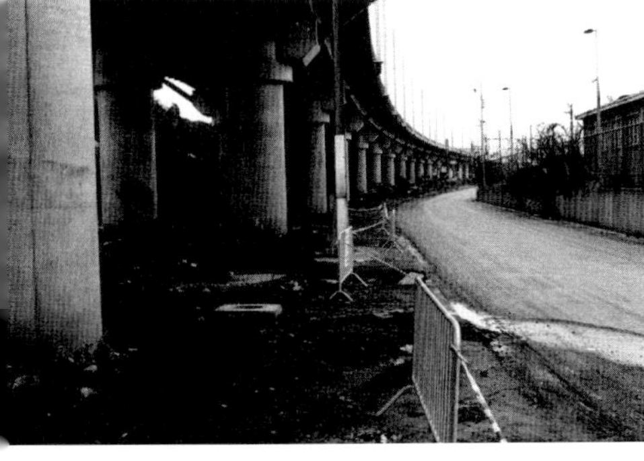

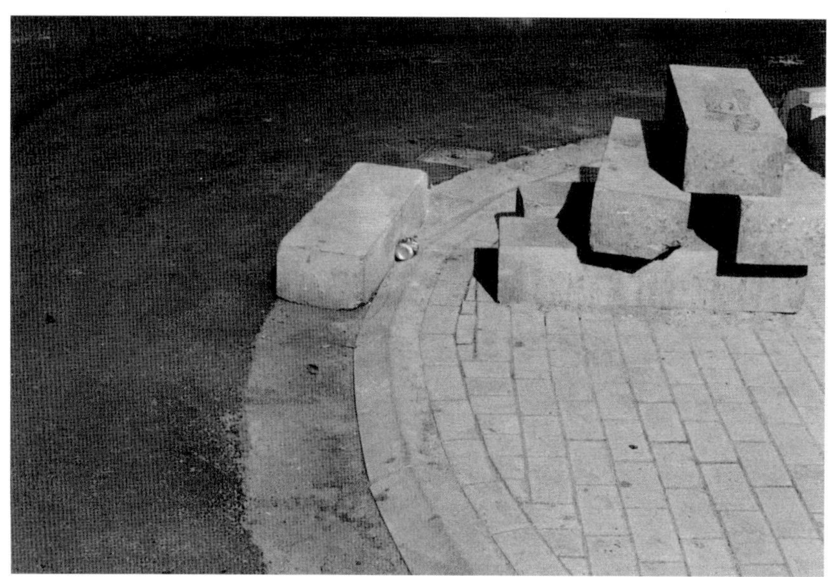

Zou het a priori enigszins ongepast kunnen zijn dat Peter Downsbrough op een tentoonstellingswand "fotografische zichten" ophangt - een courante maar in zijn geval wellicht pertinente uitdrukking, in de mate dat ze vertaalt hoe het reële door de blik wordt gesneden en georganiseerd, in andere woorden, wanneer de realiteit enkel bestaat in de manier waarop ze intellectueel begrepen wordt? Deze precisering heft de vraag op, maar zou het toch niet enigszins paradoxaal zijn – zijn kunst wordt immers vertaald in termen van ruimte en fysieke apprehensie – om volumes en oppervlaktes te reduceren zodat ze passen binnen een klein, tweedimensionaal kader, opgehangen als een trofee? Want ze worden wel degelijk gevat en in een zwart kader opgeborgen, wat de herinnering aan een parcours zou moeten instrumentaliseren. De paradox werkt precies in deze zin: wanneer Peter Downsbrough tussenkomt in de gebouwde ruimte – binnen of buiten – dan vermenigvuldigt hij de invalshoeken, dan houdt hij hierbij rekening met de wisselende standpunten van de kijker en met het tijdelijke karakter van het rondwandelen. In de vaste beelden en in de hier voorgestelde video[1] is het gezichtspunt vastgelegd, onbeweeglijk, ogenschijnlijk zonder alternatief, zelfs voor de kunstenaar. Het bestaat enkel in exclusiviteit, waar de kunstenaar normaal speelt met losmaken, met de veelheid van eenheden en zin (oriëntaties en betekenissen).

Zou het niet enigszins titanisch zijn om de wereld te willen insluiten, vermits New York, Los Angeles of Vorst in een verontrustende overeenkomst beperkt worden tot dezelfde gestructureerde, *gegeometriseerde* rechthoek, verdeeld in grijze, zwarte en witte lijnen en oppervlakken? Om orde te scheppen in de chaos, om het reële gelijkvormig te maken, om het te doen buigen voor de onverbiddelijkheid van de verbeelding? Buigen is ook afvlakken, dus de blik beperken tot het aftasten van het vlak, tot het reizen aan de oppervlakte, van rechts naar links of van hoog naar laag, en omgekeerd, een uiterst kleine beweging binnen een algemene onbeweeglijkheid. Peter Downsbrough's foto's zijn ondoordringbaar. Zelfs wanneer hij zoomt, doet hij dat om een beeld binnen het beeld te onthullen, of een vlak verscholen in een ander vlak, niet om zich op illusoire wijze te gaan wagen aan een fictieve diepte. De laterale bewegingen, in de video, geven de duidelijke indruk dat de blik zich verplaatst binnen eenzelfde beeld, dat bovendien niets ontleent aan het panorama –

hier te begrijpen als een gefrustreerd zoeken naar totaliteit – noch aan de travelling; een geregeld en allesomvattend aftasten is amper nodig aangezien de volledigheid voor de hand ligt bij elk vastgelegd beeld, zelfs bij een opeenvolging daarvan.

Zijn wereld, waarin hij niet afwijkt van een frontale aanpak, heeft een Euclidische rigueur. Hij beperkt ze tot strikte in-formatie. Symbolisch noch narratief gaat het beeld de confrontatie met het reële vooraf. De ruimte wordt methodisch tot stand gebracht, niet gegeven, en bij de interventies in situ kan de kijker niet anders dan overgaan tot nieuwe constructies.

Het vastgelegde beeld kan eveneens gevat worden als een beeld van het werk. In het uiterste geval (de kunstenaar speelt graag met uitersten!) als een reproductie van een werk op een specifieke plaats (in zijn geval heeft de term installatie geen zin). De wereld zou kunnen gezien worden als een "Peter Downsbrough"; alle contradicties vallen weg. De objecten kunnen behandeld worden als lijnen, en lijnen als objecten. De woorden, als een grafisch systeem, als andere objecten of als links van het ene vlak naar een ander. Soms worden ze opgeschort, en dat geldt eveneens voor elke interpretatie. De keuze van deze woorden bepaalt het uitstel: gelinkt aan het spatio-temporeel kader, zouden voegwoorden, voorzetsels en dergelijke woorden (al was het maar omwille van de manier waarop ze voorgesteld worden) andere woorden moeten oproepen, maar, net als elders, beloven ze enkel wat het de kijker belieft eraan toe te bedelen. Het werk leidt niet zozeer tot onthullingen over de plek maar eerder tot zeer persoonlijke toeëigeningen van de ruimte, zonder echter te veranderen wat reeds daar is. De door de kunstenaar gebruikte elementen – houten stokken of metalen buizen, zelfklevende lijnen of letters, metalen letters, doorgaans zwart – kunnen beschouwd worden als merktekens, maar ze doen ook afwijken, en suggereren verplaatsingen door het uitzetten van bakens, die men al dan niet kan respecteren. Wanneer de lijnen onderbroken zijn hebben ze begin noch einde, maar ze verwijzen daarom niet minder naar de bijhorende virtuele volumes.

Net zoals een plaats wordt *gevat* door enkele lineaire grenzen, ontwikkeld volgens een voelbaar gemaakte vanzelfsprekendheid, net zoals de woorden puur *visueel* gelaten worden, in al hun continuïteit en met alle onderbrekingen, reveleert de foto haar eigen ruimtelijk en rechtstreeks karakter. Peter Downsbrough onderlijnt de ruimtelijke typering van de gekozen drager: van straat tot gevel, van pagina tot boek, van plan tot maquette, met de nadruk op een cultureel bepaalde ruimte en een dimensionale specificiteit.

De intelligentie van de ruimte past in elke nieuwe omstandigheid, de gedachte wordt beroerd door een fysieke ervaring die elke keer opnieuw bijzonder is. Peter Downsbrough laat niets aan het toeval over en bepaalt zelfs de risico's van hoe het werk gelezen wordt; verschillende, zelfs tegenovergestelde mogelijkheden liggen open, en de kijker aarzelt naar believen tussen afstand en toenadering.

Hetzelfde is van toepassing bij het ontcijferen van zijn boeken. Alle mogelijke alternatieven voor de gebruikelijke leesrichting van de woorden komen systematisch aan bod, de repercussies van de tekens onder elkaar worden gereduceerd, en hoe het boek kan worden gelezen wordt verrijkt door zoveel mogelijkheden. De tussenruimte tussen de woorden of zelfs binnen de lettertypes laat context en inhoud versmelten tot veelvoudige topografische vervoegingen.

De beelden zijn ook onderhevig aan samenvoegingen en splitsingen. Ze worden bepaald door een strikte vlakverdeling en een uitgebreid gamma interne correlaties. Via een methodische procedure waarin alle mogelijkheden zijn verkend, wordt door schermen en demarcatielijnen het oppervlak beslist. Symmetrie speelt een doorslaggevende rol volgens twee essentiële voorwaarden: de ene, intrinsiek aan de toepassing, heeft te maken met het kadreren, en brengt soms orde in de onsamenhangendheid van de omgeving; de andere functioneert als index en reflecteert de eigenschappen van de geselecteerde objecten. Vanuit deze twee handelswijzen kunnen we verschillende types afbeeldingen onderscheiden. Heel vaak, in een verwijzing naar de *"pipes"* die de kunstenaar op verschillende plaatsen heeft geplaatst, dient een paal als een symmetrische as die het beeld in twee verdeelt. Die delen kunnen eventueel met elkaar corresponderen door een quasi – spiegeleffect, waarbij de ruimte zichzelf weerkaatst. Andere entiteiten kunnen echter die plaats innemen: pijlers, deur- of vensterstijlen, een stuk muur of diverse architectonische elementen. Het veld kan ook verdeeld worden door een horizontale referent, die echter in het beeld gelezen wordt als een verticaal element: stoep, rail, hangbrug.

De lijn vervangt vlot het volume – en dit geldt
ook voor de interventies in situ. In dit geval
kan ze de vorm aannemen van wegaanduiding
of een scheidingslijn tussen zon en schaduw.
Bij afwezigheid van elk centraal lichaam is
het mogelijk om de bilaterale symmetrie te
reorganiseren via een breuk in het stads-
weefsel, het verdubbelen van een object, of
zelfs door een cesuur, in het geval van een
diptiek. Ook de wederkerigheid van de delen
kan dan functioneren, maar de relatie kan
inspelen op diverse tegenstellingen, wat heel
duidelijk wordt wanneer een blinde muur het
zicht ontneemt op de helft van het beeld.
Verder gaat de kunstenaar ook te werk via
omgekeerde symmetrie, waarbij equivalenties
verkregen worden door het innemen van een
tegenovergesteld standpunt. De basisprincipes
worden daarenboven geactiveerd door diverse
transgressies om te komen tot een onuitputtelijk
en coherent systeem. Zelfs wanneer het beeld
structuur krijgt door het convergeren van de
vluchtlijnen lijkt het alsof het oppervlak, dat
eveneens vluchtlijnen oplegt, verdeeld wordt
in vier delen, duidelijk afgebakend door de
waarden en geordend rond een centrale as.

Door de manier waarop hij zijn beelden
construeert maakt Downsbrough de wereld
los van de werkelijkheid terwijl hij de vides,
de onderbrekingen in de stad, de hiaten wat
betreft de zin waarneembaar weergeeft, en
transformeert tot ruimtes voor reflectie. De
fotografische omschrijving biedt geen weer-
stand, de beelden functioneren als individuele
entiteiten maar zijn geassocieerd binnen het
geheel van het werk, allemaal veelvoudige,
onuitgesproken links. Omdat Peter Downsbrough
in zijn werk de reticentie evenzeer in het nauw
drijft als exploiteert, weerstaat zijn kunst aan
historische assimilaties, aan architectuur, aan
het beeld, aan het woord. Onophoudelijk daagt
het werk de constituenten uit waaruit het
bestaat. De hiermee gepaarde omslachtigheid
wordt gecamoufleerd door het ascetisch
voorkomen van het nochtans gevarieerde
vocabulaire, net als door de bijhorende
discrete, maar ingrijpende polemische en
politieke dimensie.

Catherine Mayeur
2003

[1] Het begrip parcours is daarentegen
   evident in de film "Occupied".

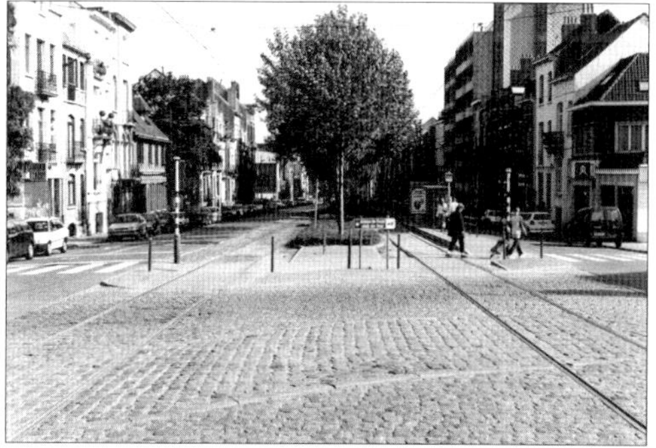

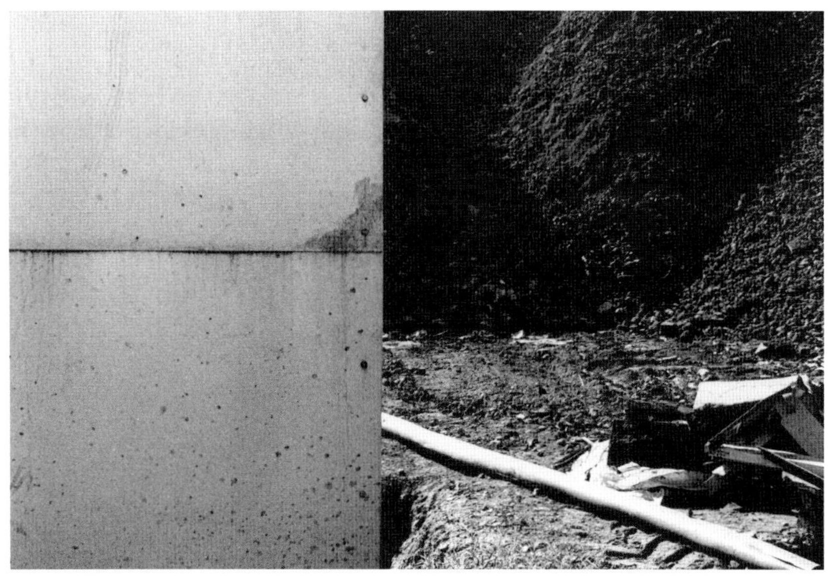

2003

TROIS ALLERS-RETOURS

Michel François & Christophe Terlinden

De projectzone ontruimen, zichzelf ergens anders projecteren.
Braakliggende terreinen afgraven, onder de sporen lopen, door de
tunnel gaan, de jungle binnendringen, naar de hemel wijzen, weggaan.

Deze grond met ruïnes verlaten. Grond waarop men nog gaat bouwen.

Kantoren.

M.F.

Dégager la zone de projet, se projeter ailleurs.
Creuser les terrains vagues, passer dessous les voies, traverser le
tunnel, s'enfoncer dans la jungle, pointer le ciel, se casser.

Quitter cette terre de ruines sur laquelle, encore, on va construire.

Des bureaux.

M.F.

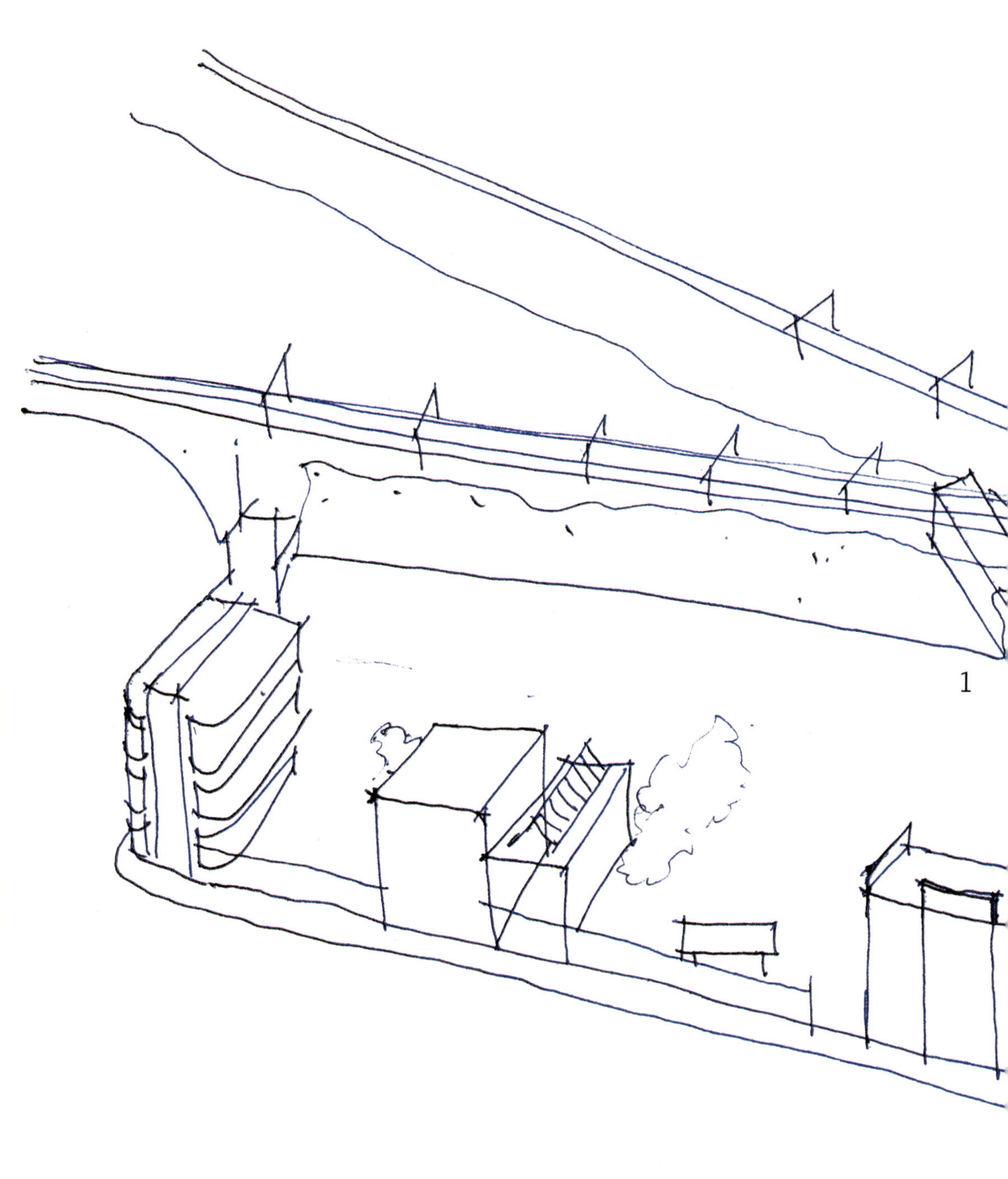

1

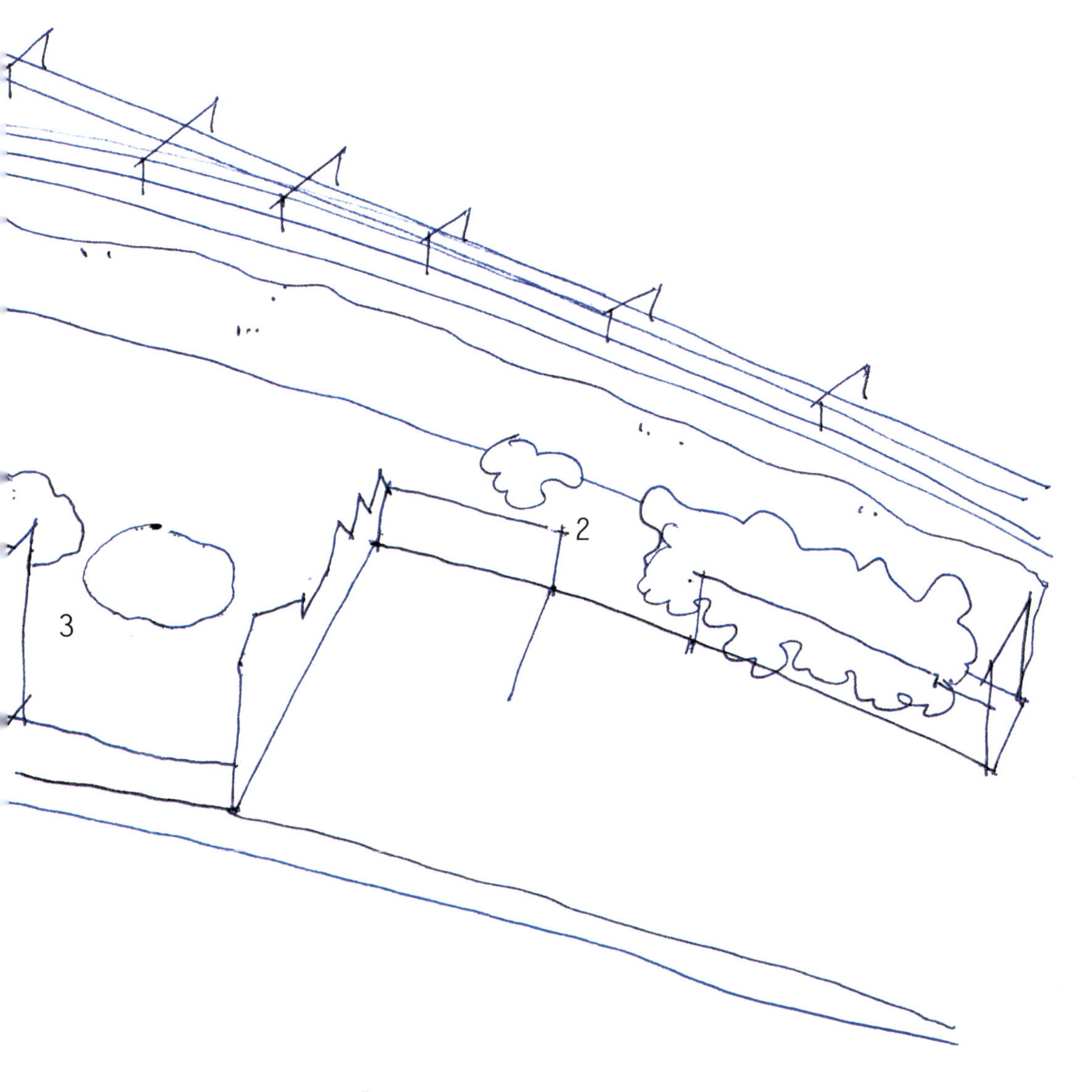
2
3

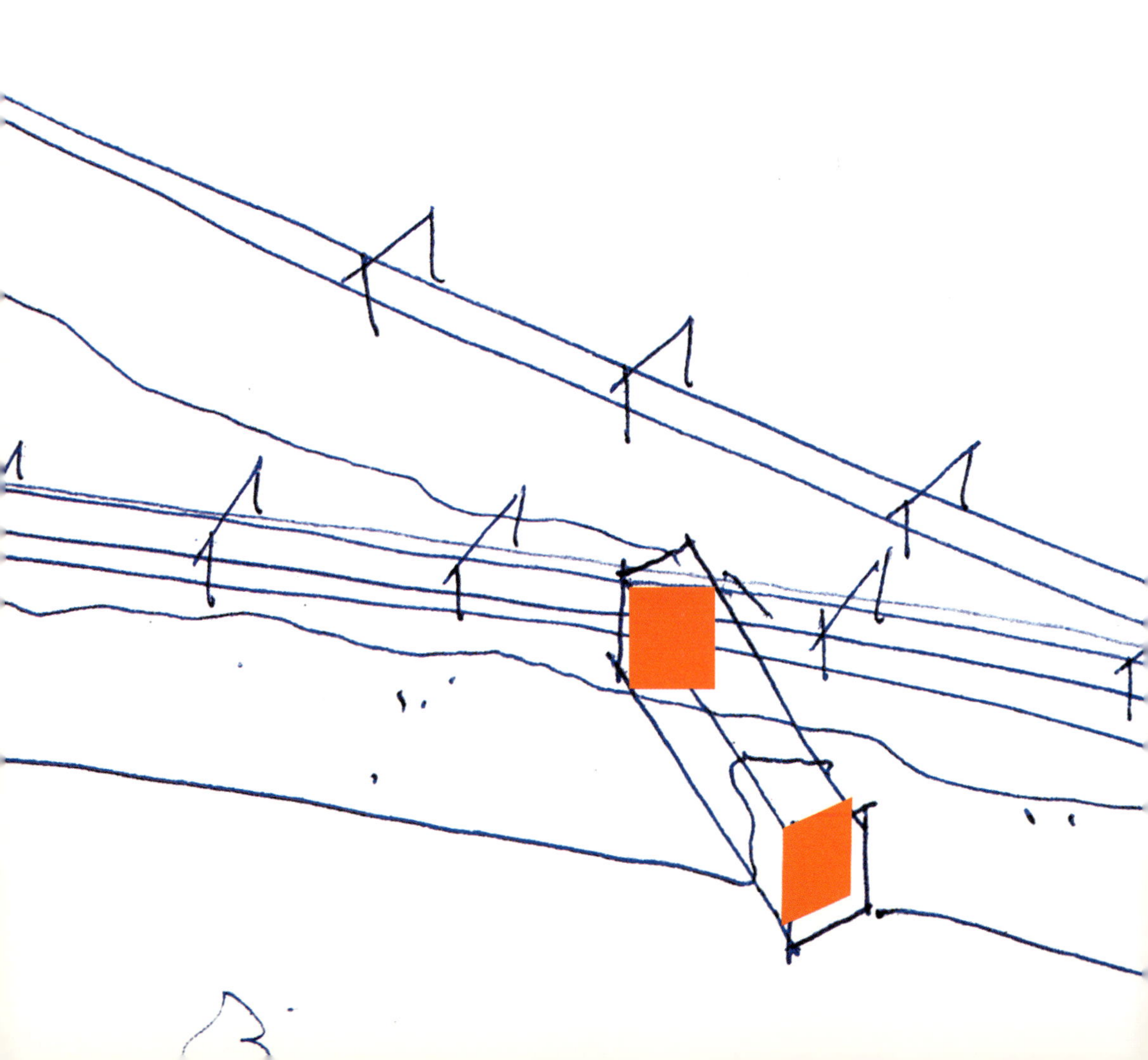

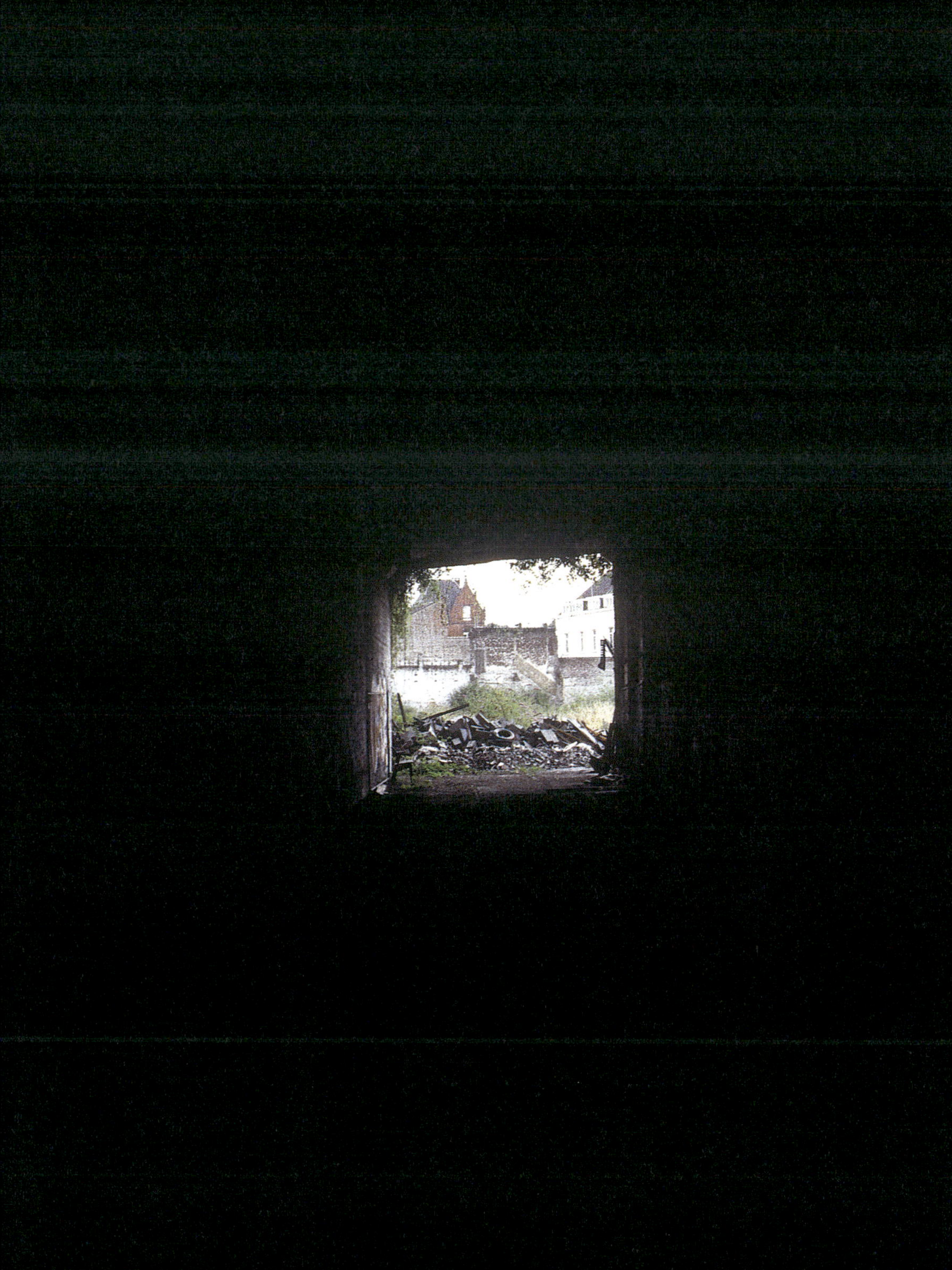

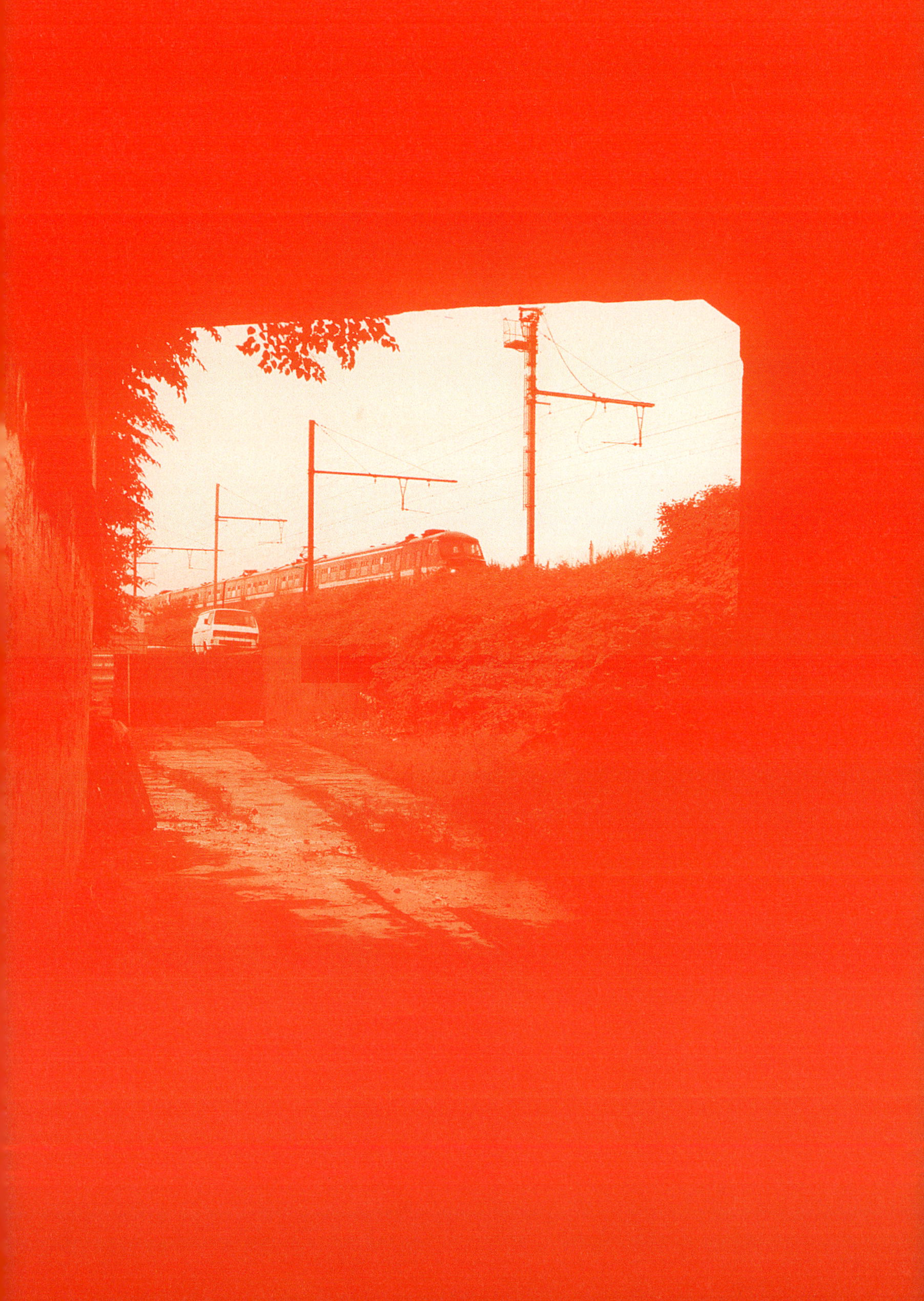

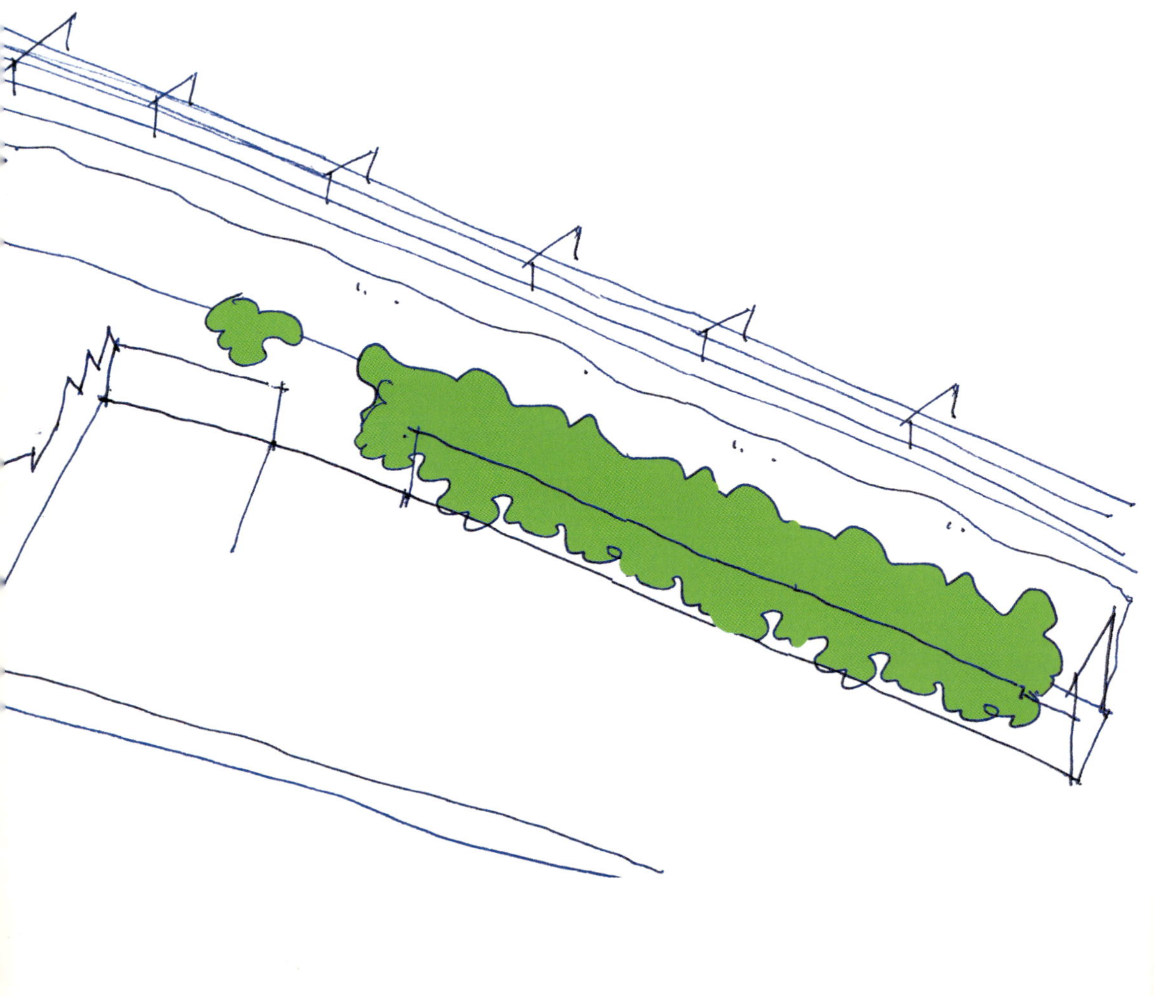

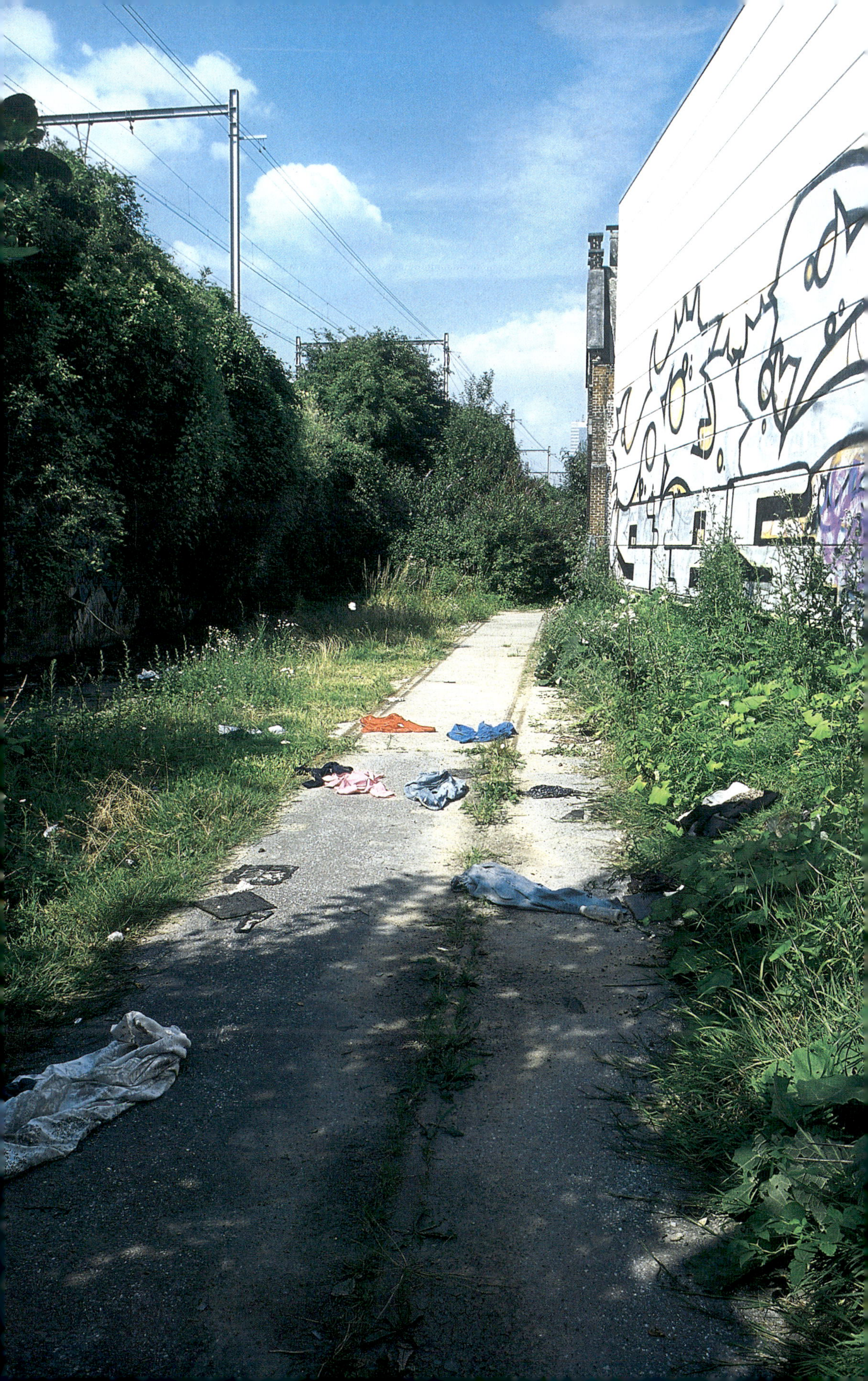

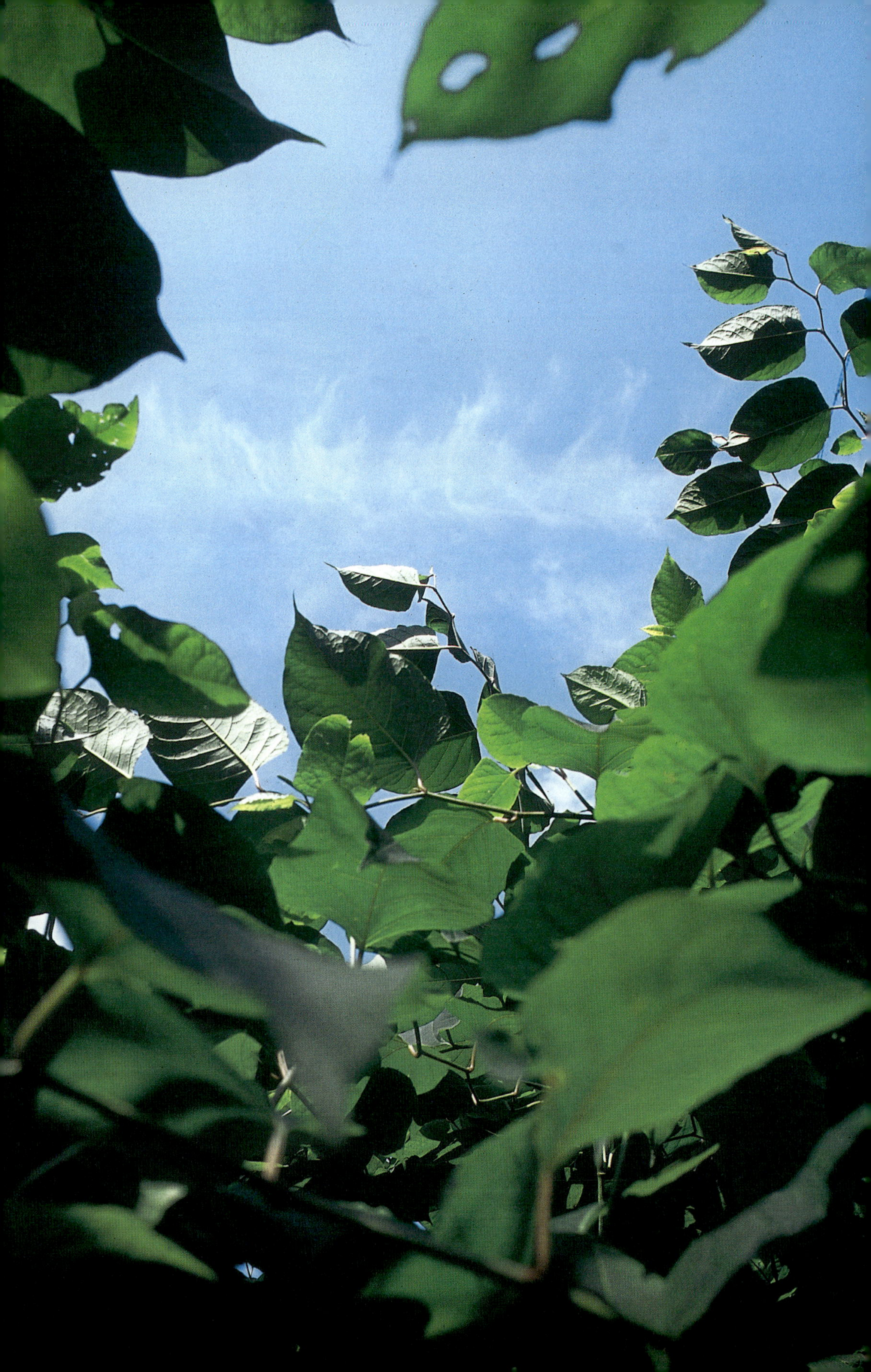

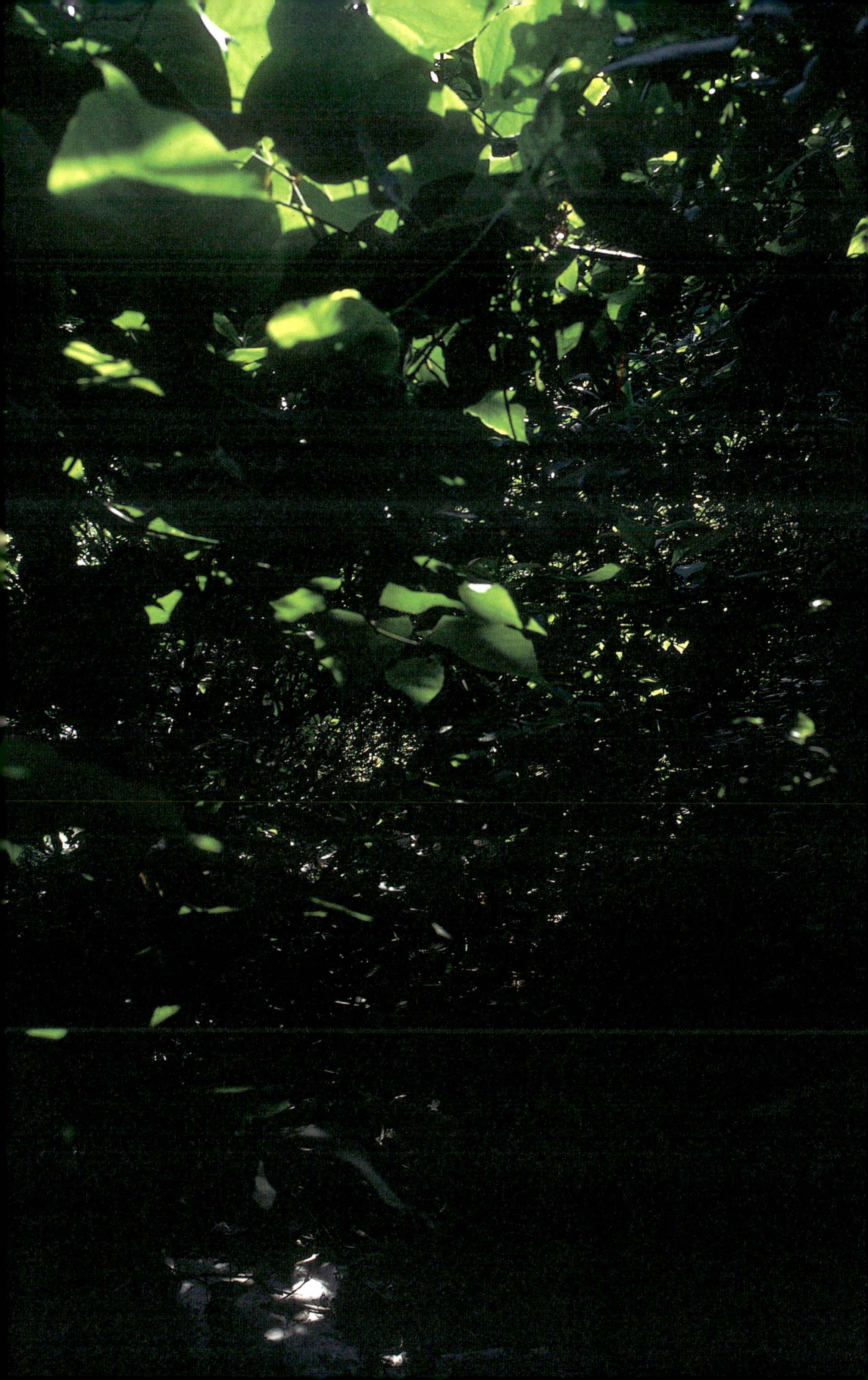

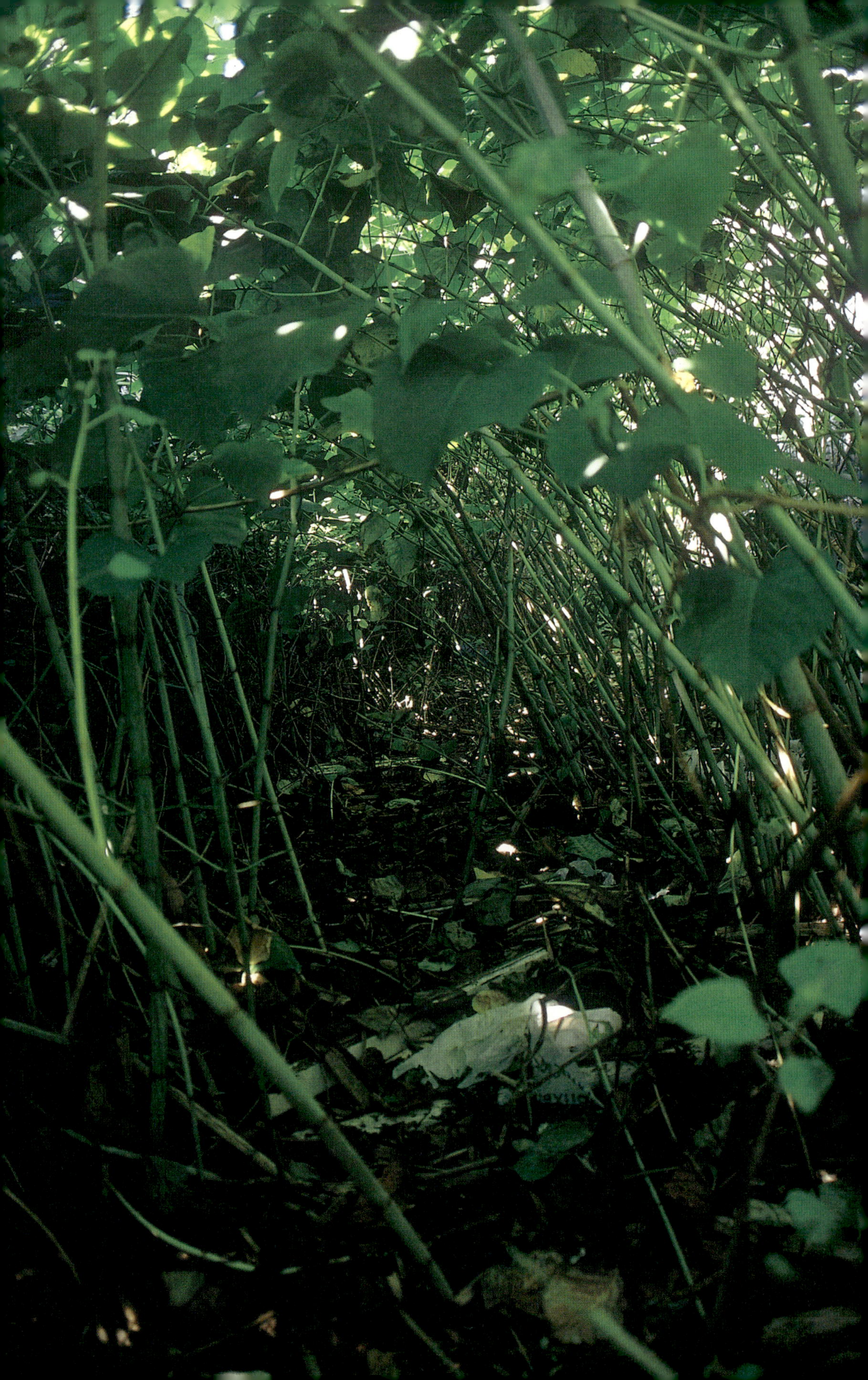

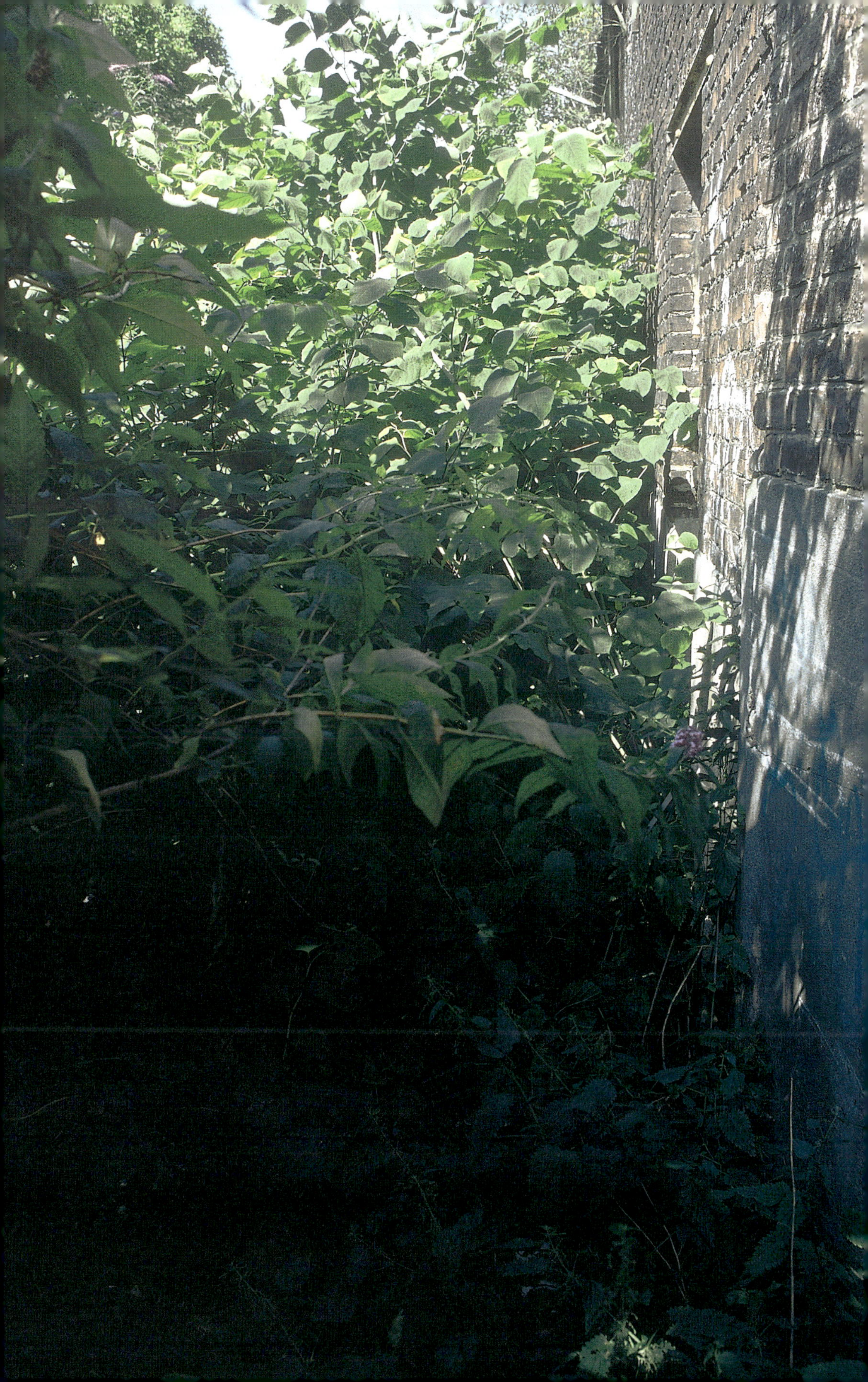

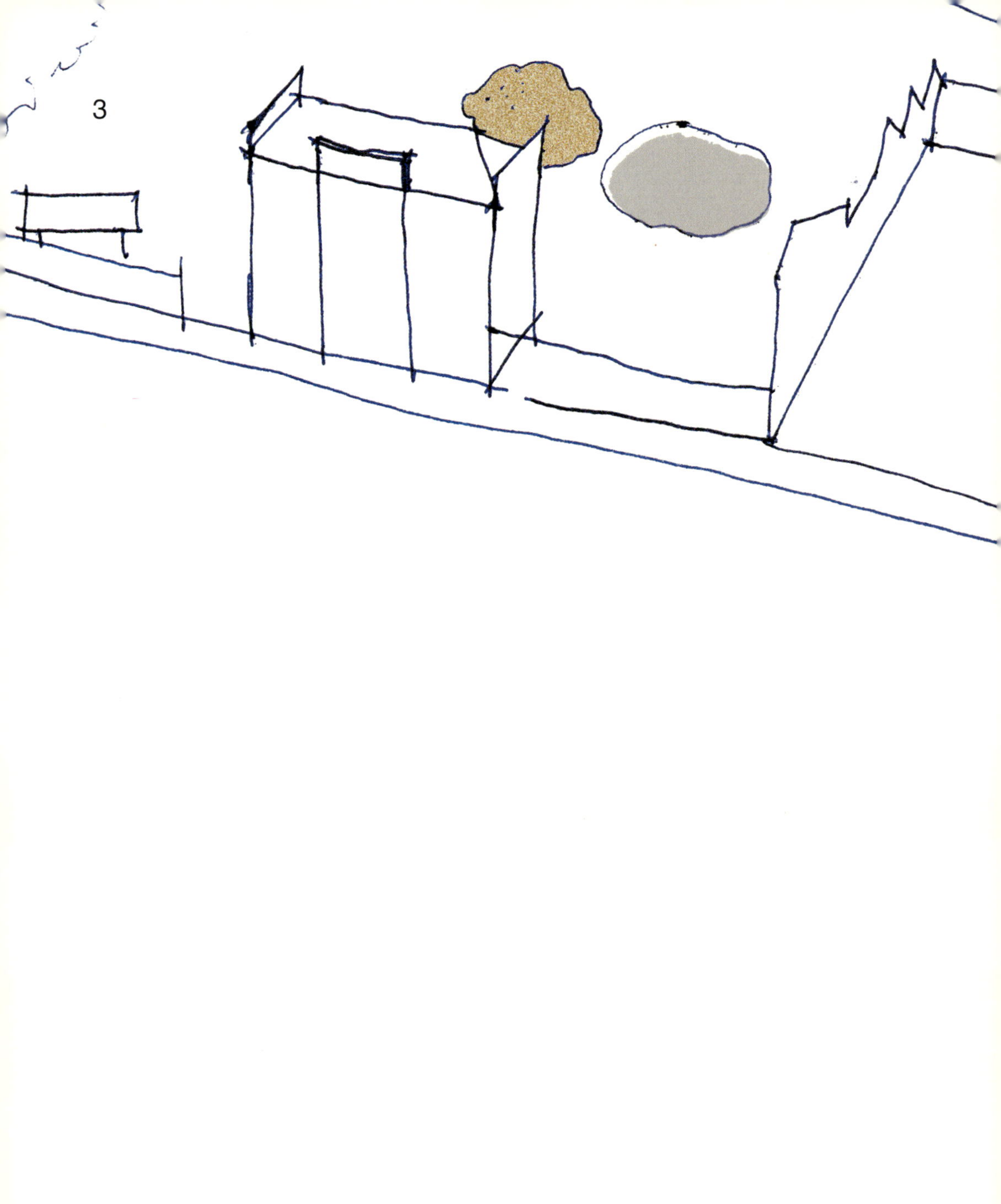

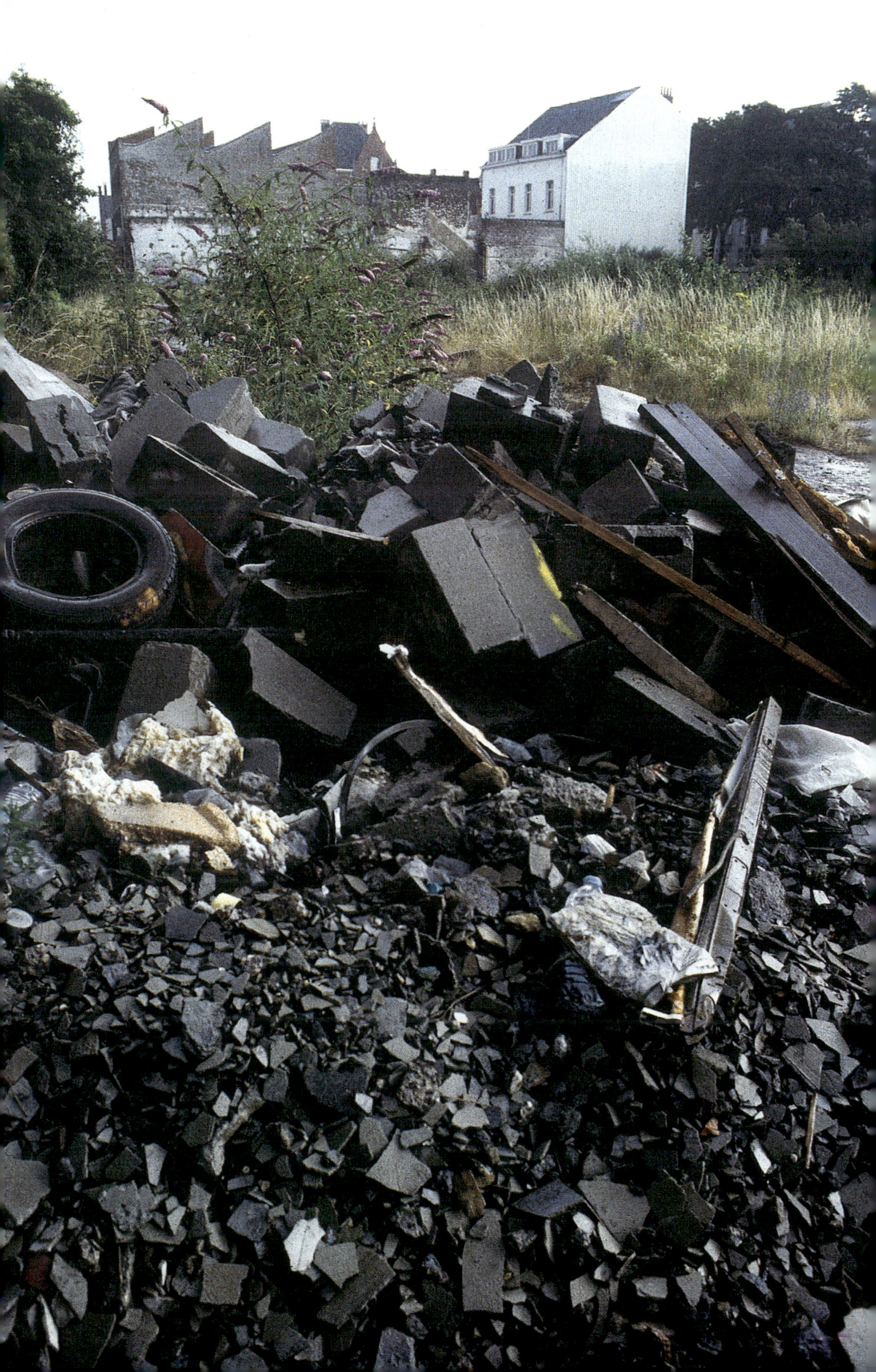

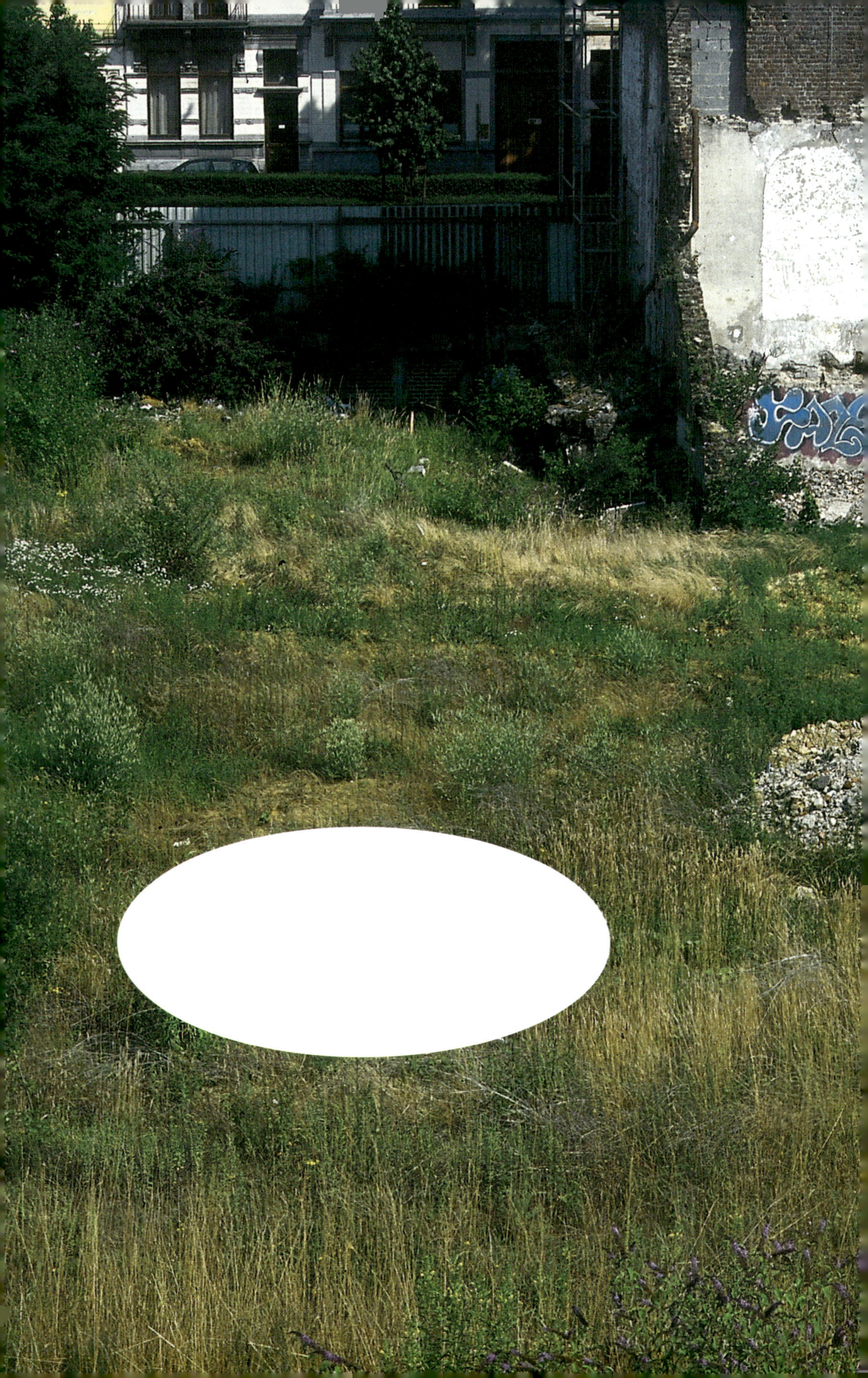

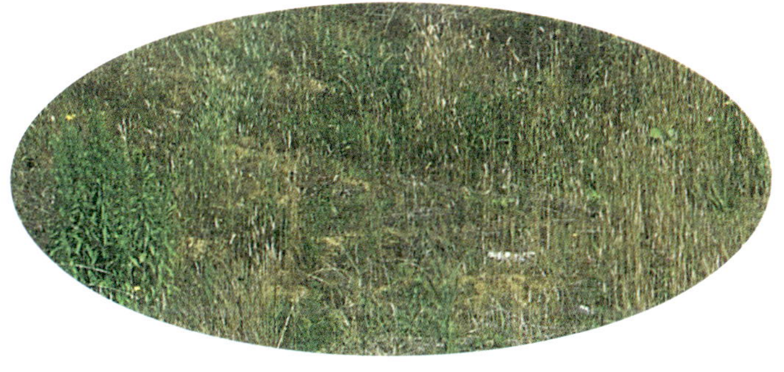

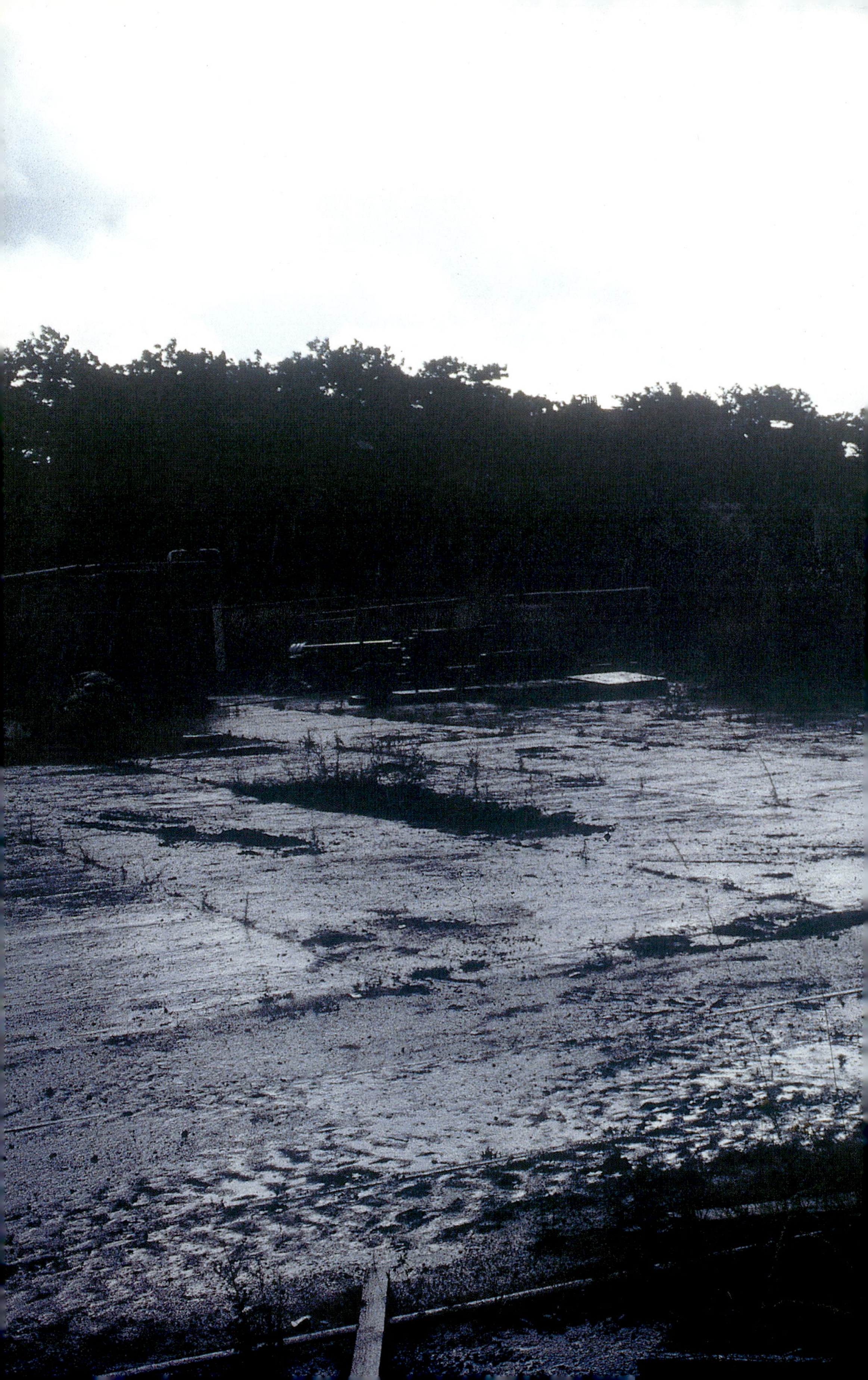

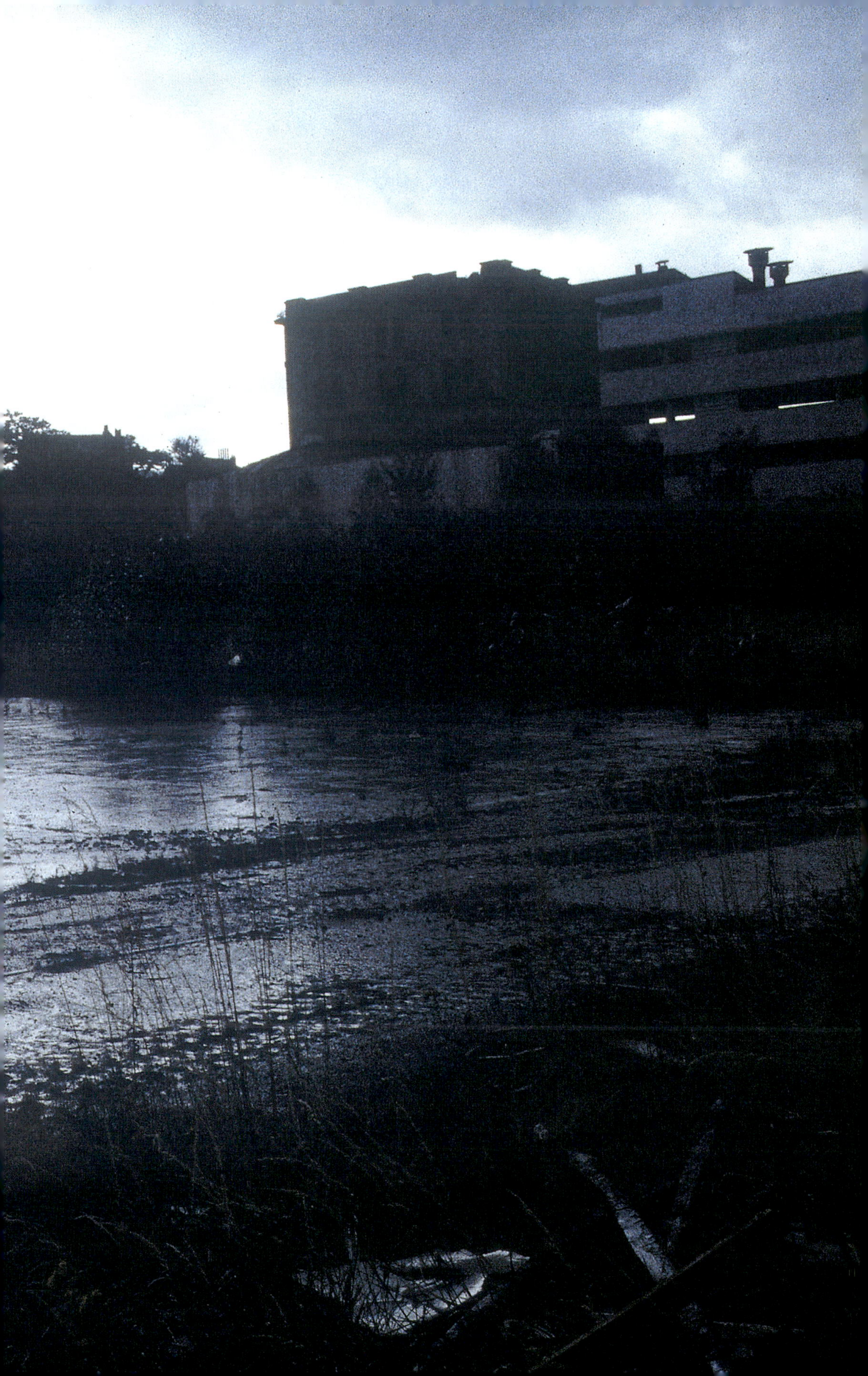

Gisteren gaf een vriend mij een retourbiljet (voor de trein).
Een retourtje enkel.

C.T.

Hier, un ami m'a proposé un billet retour (train) …
un retour simple.

C.T.

Anne Daems

Midori Matsui **Een wereld aan deze en gene zijde: een immanent leven in de foto's van Anne Daems**

Anne Daems neemt foto's die onnoembare momenten uit het leven in de stad en in de buitenwijken vastleggen. Op haar foto's zie je groepen mensen of alleenstaande figuren wandelen, stilstaan of wachten bij een verkeerslicht. Daems focust op de meest eenvoudige handelingen, uit het leven gegrepen, zonder specifieke geografische of sociale referenties. Elk beeld is beladen met een stille spanning, een voorteken van een nakende verandering. Dat voorteken geeft aan doodgewone dingen op een nagenoeg onwaarneembaar niveau een aura van geheimzinnigheid. Waar komt die geheimzinnigheid vandaan? Op welke levenshouding slaat dit gevoel van verschil?

Het is vooral dankzij haar compositie dat je in de foto's van Daems alledaagse taferelen op een andere manier waarneemt. Vaak plaatst ze een alleenstaande figuur of een groepje mensen afzonderlijk in het midden- of achterplan van haar fotografische veld. Omdat haar menselijke figuren tussen een brede strook grond en muren van gebouwen of bomen (het kader binnen het kader) staan, zie je ze als kleine delen van een complex geheel. Op één van de foto's, bijvoorbeeld, zie je een man met witte jas en broek en een vel papier in zijn hand wandelen over het gras; achter hem een kantoorgebouw met glazen wanden waarin de huizen als gebroken beelden worden weerspiegeld. Door de matte kleuren, het gelijkmatige licht en het dubbelzinnige perspectief van het lage en verre camerastandpunt, krijg je de indruk van een globaal ontwerp: de man als deel van de compositie. De weerspiegelingen verwijzen naar de wereld buiten het fotografische kader en suggereren dat de man, of zelfs de foto, deel is van een ruimere wereld. Kortom, in dit beeld vinden twee handelingen tegelijk plaats: het uitvlakken van de menselijke gedaante tot een louter vormelijk element en de suggestie van de levende wereld als een verlengstuk van de fotografische ruimte.

Die twee ogenschijnlijk tegengestelde visuele benaderingen vind je in veel van Daems' foto's terug. Op een andere foto zie je twee mensen afzonderlijk voor een groot overheidsgebouw. Het plein voor hen glanst door de regen; de rechthoekige muren, gerasterde gevels en draagstructuren achter hen vormen een ritmisch geheel van geometrische patronen. Het is een minimalistische compositie met mensen binnen het ontwerp; de weerspiegelingen van gebouwen en auto's op een glazen muur laten sporen van beweging na in de statische ruimte: door de weerkaatsing op de natte grond worden de grillige lijnen van een jachtig leven verdubbeld.

Beide functies, enerzijds het ondermijnen van de strakheid van een minimalistische compositie door signalen van een bewegende wereld, en anderzijds de collage van dingen en mensen die niks met elkaar te maken hebben, dragen bij tot eenzelfde doel. Ze brengen een confrontatie met het andere teweeg want zelfs de meest banale dingen, die op het eerste gezicht vastzitten in hun socio-culturele functies, hebben het vermogen om ook buiten hun traditionele verbanden te bestaan.

Welke bedoeling schuilt er achter de interactie tussen de vormelijke patronen en de levende wereld in de foto's van Daems? Hoe verklaar je dat wanneer mensen en dingen als evenwaardige entiteiten naast elkaar worden gezet, er toch verandering optreedt? Is dit wel consequent?

Daems toont in haar foto's een waaier van activiteiten waarin relatie en beweging centraal staan. In haar fotografische visie zijn menselijke figuren onontbeerlijk. Daems brengt een continue uitwisseling in beeld tussen dingen en mensen en daagt aldus de grenzen van het individueel bewustzijn uit. Dit is wat Gilles Deleuze het immanentievlak noemt:

"[H]et gaat hier niet langer om de bevestiging van een geïsoleerde substantie, maar veeleer om het vormgeven van een gemeenschappelijk immanentievlak met daarop alle lichamen, elke geest en alle individuen. Dit immanentie - of consistentievlak is een plan, maar geen geestelijk plan, geen project, geen programma: het is een plan in de geometrische zin van het woord: een sectie, een intersectie, een diagram."[1]

Deleuze ontwikkelde zijn idee van immanentie in zijn studie over Spinoza. Die maakte geen fundamenteel onderscheid tussen dingen en mensen of tussen "dingen die je natuurlijk en dingen die je artificieel zou kunnen bestempelen".[2] Volgens Spinoza wordt de individualiteit van het lichaam bepaald door de "verhouding tussen beweging en rust, snelheid en traagheid, van de elementaire deeltjes waaruit het lichaam is samengesteld", en "door het vermogen om andere lichamen te beïnvloeden en erdoor te worden beïnvloed". Zo'n lichaam "kan om het even wat zijn: een dier, een klanklichaam, een brein of een idee".[3] De natuur is een samenstelling van lichamen in beweging. In het "immanentievlak is elk ding bepaald door de schikking van beweging en emotie, ongeacht of die schikking kunstmatig of natuurlijk is".[4]

Het beeld van de wereld als een eindeloos proces van interactie tussen lichamen die elkaar wederzijds beïnvloeden, weerspiegelde voor Spinoza de continuïteit tussen God als Schepper van de natuur en de dingen en de mens als geschapen natuur.[5] Deleuze beweert dat in de filosofie van Spinoza de immanentie, namelijk het leven zelf, ook de mogelijkheid van transcendentie inhoudt, omdat de beleving ervan niet door de individuele wil kan worden bepaald.[6] Het is niet noodzakelijk op een bijzonder moment dat je immanentie ervaart. Immanentie ervaar je in "tussen-momenten". Zulke "tussen-momenten" hebben geen bepaald doel. Niettemin, zegt Deleuze, leggen ze de immensiteit van een leeg moment bloot, "een leeg moment waarin je ziet wat zal gebeuren en wat al is gebeurd in het absolute van het onmiddellijke bewustzijn".[7]

Het zijn precies die "tussen-momenten" die Daems vastlegt. Al haar foto's tonen een glimp van geïsoleerde situaties uit het "immanentievlak van het leven". De extensieve en transformatieve ruimte van haar foto's toont de mens als deel van een onpersoonlijk, natuurlijk en oncontroleerbaar proces. Doordat de menselijke figuren van Daems puntjes in een landschap zijn of met hun rug naar het publiek staan, zoals in Chinese inktschilderijen, geeft ze hen de rol van indicatoren die aan het publiek het gevoel teruggeven omringd te zijn door en fysiek verbonden te zijn met de wereld.

Een krachtig beeld van zo'n *leeg moment* is de poster voor de tentoonstelling *Midnight Walkers & City Sleepers* uit 1999. Op de poster staat een vrouw op een tuinpad, haar blik gericht op een zwarte muur. Aan de andere kant van de muur ligt een andere tuin. Er is geen overheersend perspectief: planten en gebouwen zijn vlak verspreid over het fotografische veld; door eenvoudigweg van kader naar kader de beelden op elkaar te plaatsen, creëert Daems een volle ruimte tot voorbij het kader.

De eenzame figuur die binnen een ruimte staat waarvan ze de grens niet kan zien, wijst op de menselijke eindigheid. Het beeld van de vrouw die de intensiteit van een anonieme plek beleeft, drukt in een ondefinieerbaar moment paradoxaal genoeg de mogelijkheid uit van transcendentie. In de fysieke realiteit van het nu is ze maar een schakel in de natuur. Hierdoor doorbreekt ze het beeld dat mensen hebben van moderne schilderkunst en fotografie.

De foto's van Daems zijn seculiere miniaturen. Omdat het om situaties uit specifieke steden gaat, zullen er wel wat culturele referenties inzitten. Die referenties blijven virtueel. Door mensen in beweging te tonen moedigt Daems de kijker aan om de wereld te begrijpen door de onderlinge verbanden tussen dingen en mensen en hoe ze elkaar beïnvloeden.

Ook in haar recent werk is de reconstructie van een wereldbeeld door feitelijke fragmenten (in de plaats van een of ander universeel concept) terug te vinden. Mensen worden door Daems altijd onverwacht gefotografeerd, wanneer ze zichzelf zijn en geen rol spelen. Op die manier vat Daems het meest rudimentaire van het immanentievlak. De portretten van Daems leggen geen bijzonder moment vast, maar tonen hoe mensen in contact komen met hun leefomgeving, ieder op zijn manier. Het is zo dat de foto's van Daems mensen reconstrueren als bewegende en beïnvloedbare lichamen op een moment in hun leven.

Dit differentiatieproces maakt de betekenis van immanentie duidelijk. Het zet de kijker ertoe aan om de dubbele aard van het bestaan te aanvaarden: de gehechtheid aan de fysieke realiteit en het vermogen om te veranderen.

1. Gilles Deleuze, *Spinoza: Practical Philosophy*, trans. Robert Hurley, San Francisco, City Lights Books, p. 122.

2. *Ibid.*, p. 124.

3. *Ibid.*, p. 127.

4. *Ibid.*, p. 123.

5. *Ibid.*, p. 92.

6. Gilles Deleuze, *Pure Immanence: Essays on Life*, trans. Anne Boymen, New York, Zone Books, 2001, p. 26.

7 *Ibid.*, p. 29

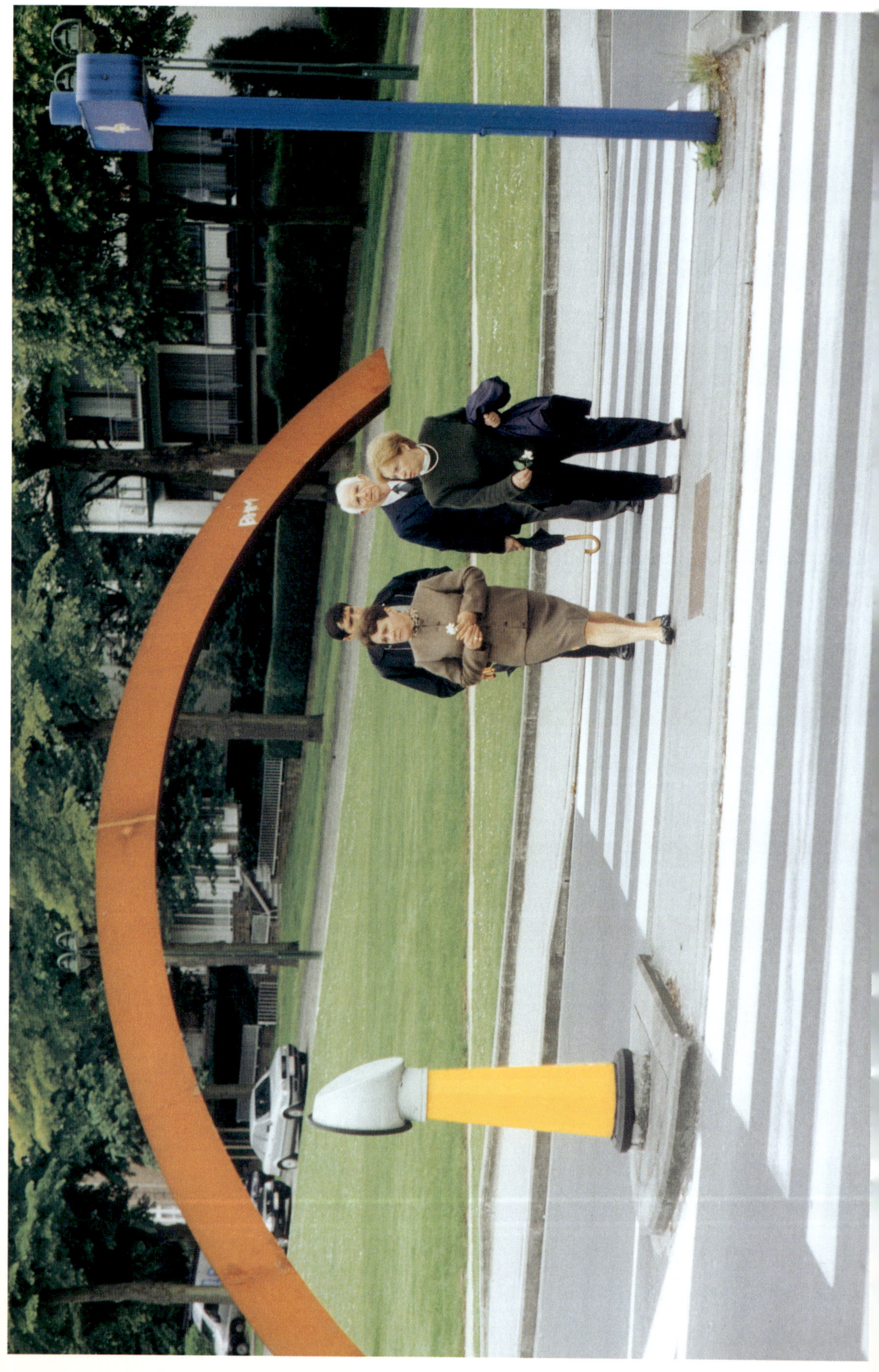

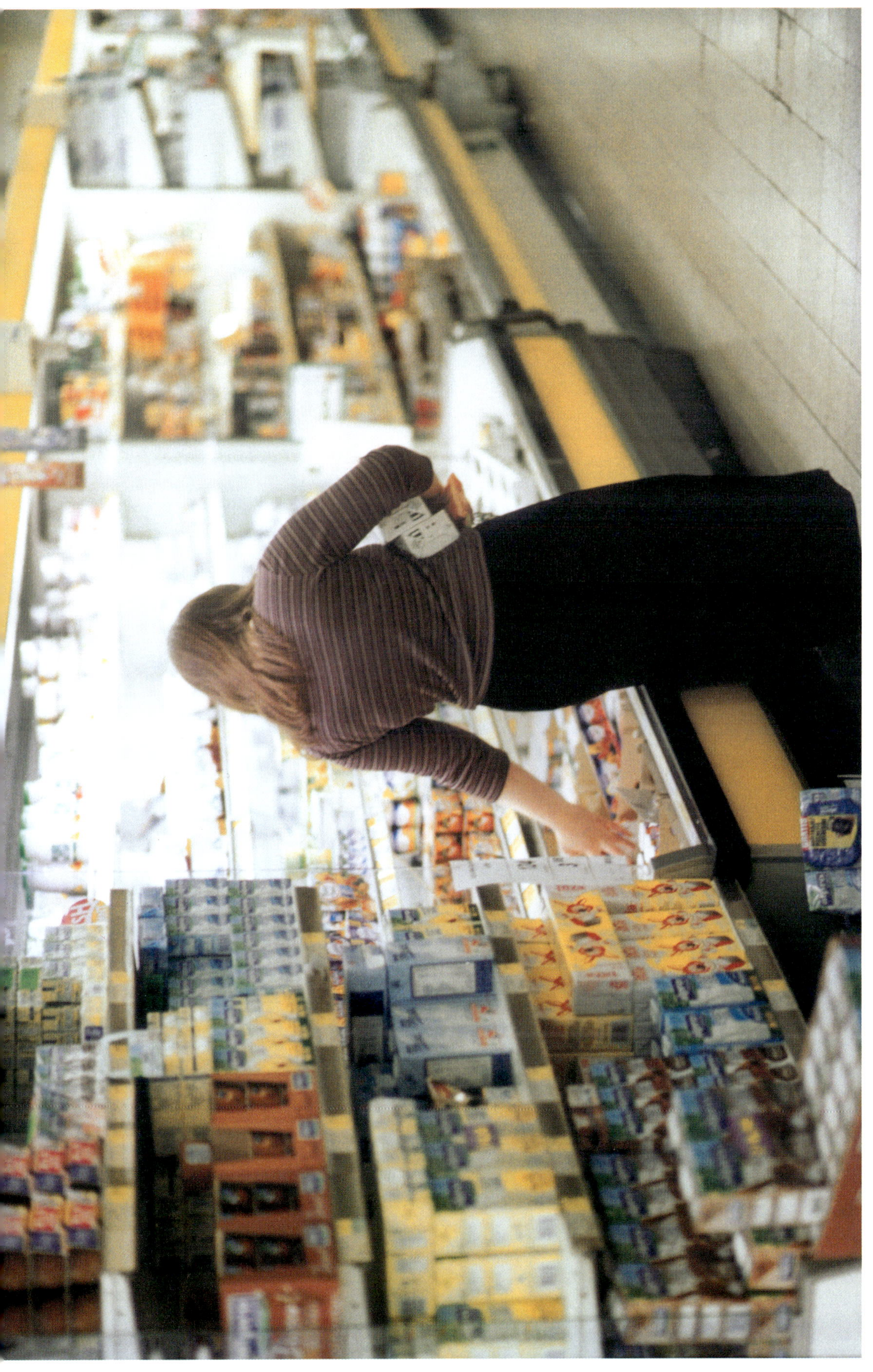

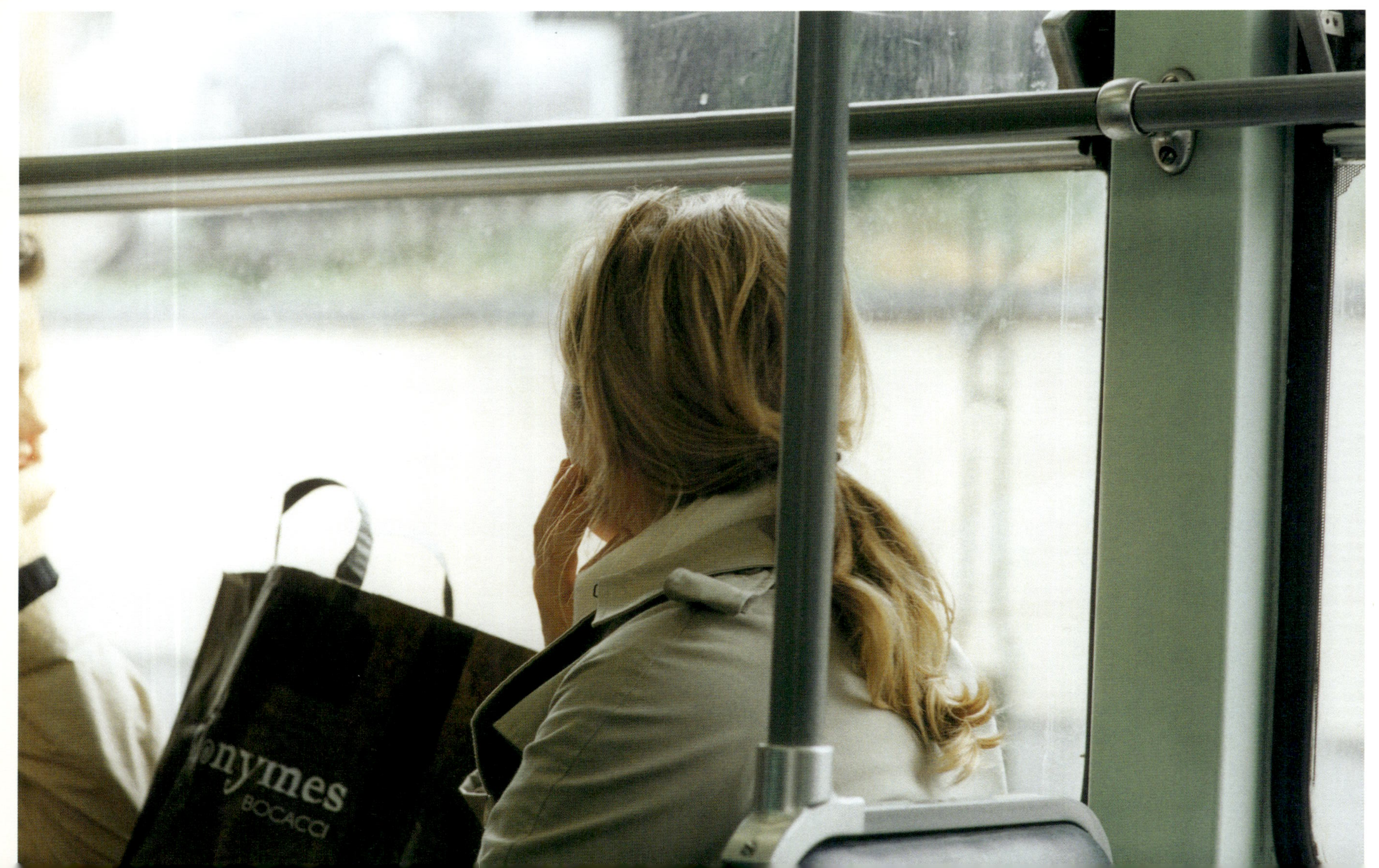
onymes
BOCACCI

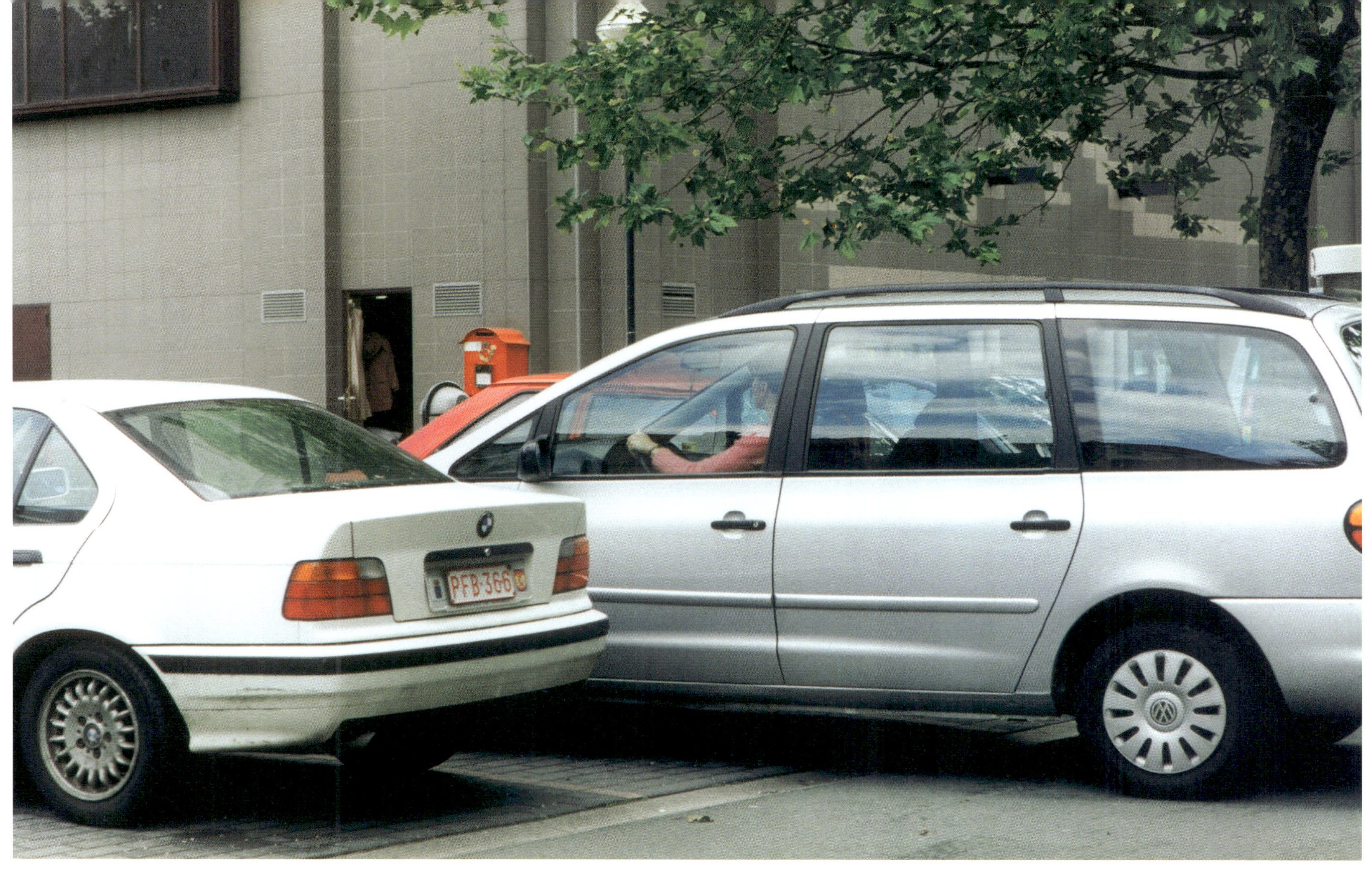

PFB 366

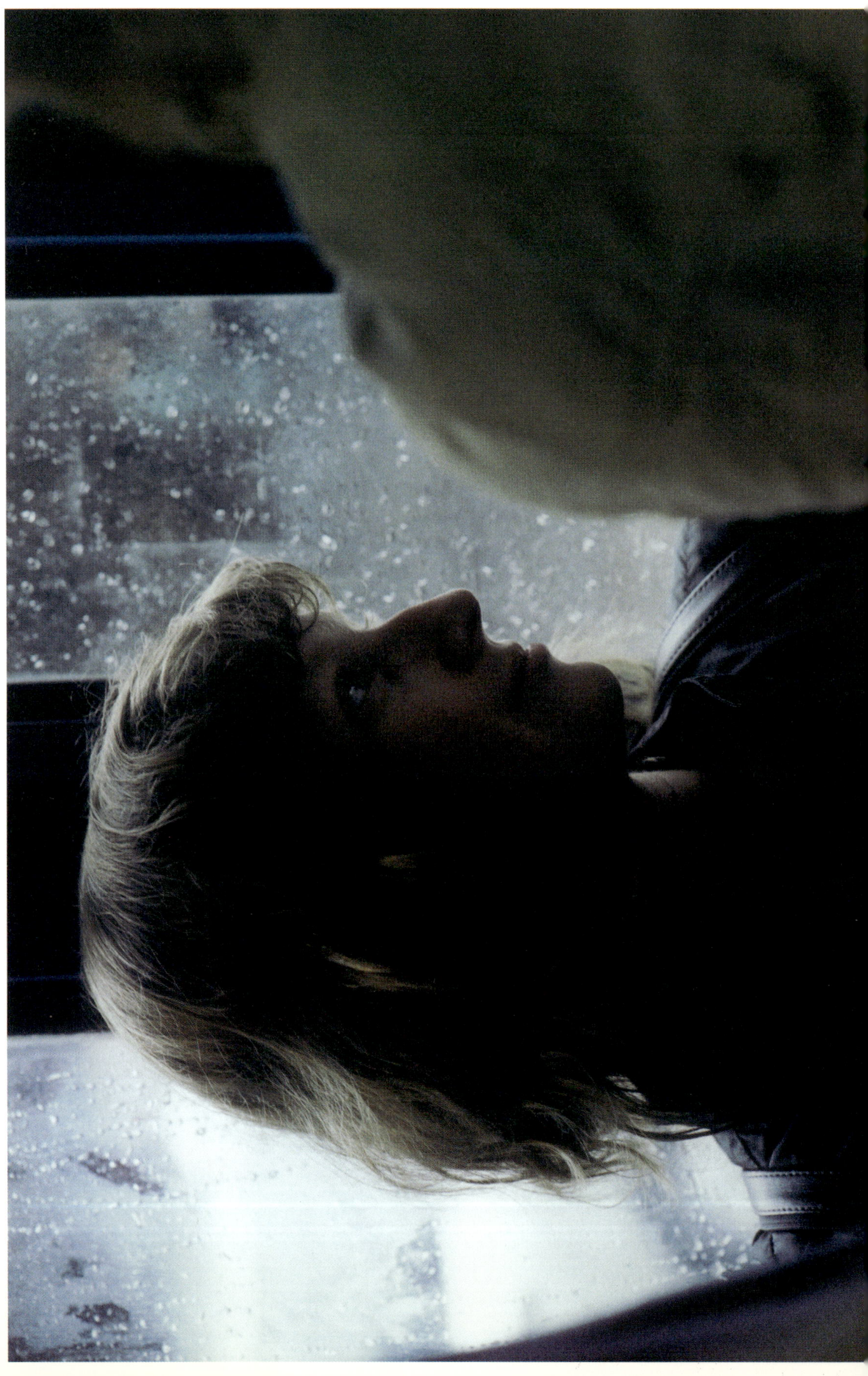

Anne Daems prend des photos qui disent des moments indicibles de la vie urbaine et suburbaine. Captant un groupe de personnes ou un personnage isolé dans des situations aussi ordinaires que debout à un coin de rue, en train de marcher, en train d'attendre à un passage clouté, elle en fait des éléments d'avant-scène de la vie quotidienne sans aucune référence géographique ou sociale particulière. En même temps chaque image est chargée d'une tension discrète, d'une prémonition de changement imminent. Cette prémonition confère aux choses banales, à un niveau presque imperceptible, une aura de mystère. D'où vient ce mystère ? Quel sorte d'attitude à la vie indique cette sensation de décalage ?

La perception décalée des scènes quotidiennes dans les photos de Daems émane essentiellement de ses compositions. Assez fréquemment, elle positionne un seul personnage ou plusieurs personnes séparemment, au milieu ou en arrière plan de son champ photographique. Placés au centre d'un large plan de sol et de murs d'immeubles ou d' arbres qui forment un cadre à l'intérieur du cadre, ses silhouettes humaines apparaissent comme de toutes petites parties d'un ensemble complexe. Par exemple, une photo montre un homme en pantalon et blouse blanche, tenant une feuille de papier à la main et marchant dans l'herbe. Derrière lui se dresse un immeuble aux murs vitrés sur lequel se reflètent des images de chevaux en séquences brisées. Le sens d'un ensemble construit, émanant des couleurs mattes, de la lumière homogène et de la perspective ambiguë crée par une caméra basse et éloignée, font de l'homme un élément d'une composition voulue. Les reflets, eux, indiquent un monde au-delà du cadre de la photo, suggérant que l'homme, ou même cette photo toute entière, font partie d'un plus vaste champ d'activité. En bref, le geste double d'aplatir un personnage pour n'en faire qu'un élément d'une composition formelle et l'indication du monde vivant comme extension de l'espace photographique se produisent simultanément dans cette image.

Ces deux directions visuelles, apparemment contradictoires, coexistent dans beaucoup des photos de Daems. Une photo montre deux personnes debout séparément devant un grand bâtiment public. Devant elles s'ouvre une cour pavée, lumineuse et scintillante de pluie. Derrière elles il y a des murs rectangulaires, des façades grillagées, des structures de soutien, l'ensemble composant un mélange rythmique de formes géométriques. Cette composition minimaliste contient des personnages à l'intérieur du schéma d'ensemble. Les reflets d'immeubles et de voitures sur un mur en verre, qui redoublent l'impression d'une vie foisonnante réfléchie sur le sol brillant, apportent des traces de mouvement dans un espace d'immobilité.

La double fonction de déstabiliser la rigueur d'une composition minimaliste en y introduisant des traces d'un monde en mouvement et l'introduction de personnes et de choses n'ayant aucun rapport entre elles servent le même but. Elles créent une sensation de décalage suggérant que des choses ordinaires, apparemment imbriquées dans leurs fonctions sociales et culturelles, ont la capacité d'exister au delà de leurs relations prédéterminées. Quel est le sens fondamental qui sous-tend l'interaction entre les motifs formels et le monde vivant dans les photos de Daems ? Que signifie cette juxtaposition des personnes et des choses en tant qu'éléments à part égale composant un champ d'expérience qui suscite la mutation d'un objet en tout autre chose? Pourrait-on l'expliquer comme faisant partie d'une attitude cohérente envers le monde ?

Ce que présentent les photos de Daems est un champ d'activité où se croisent relations et mouvements. Contenant des personnages en tant qu'éléments d'un ensemble, sa vision photographique défie de façon subtile les limites de la conscience individuelle, faisant penser à un échange incessant entre personnes et choses. Ca évoque, en effet, ce que Gilles Deleuze appelle le plan d'immanence :

« Ce qui se passe n'est plus l'affirmation d'une substance unique mais bien l'ouverture d'un champ d'immanence commun dans lequel tous les corps, tous les esprits et tous les individus sont situés. Ce plan d'immanence ou de consistance est un plan mais non pas dans le sens d'un dessein, d'un projet, un programme : c'est un plan dans le sens géométrique : une section, une intersection, un schéma.» [1]

L'idée d'immanence chez Deleuze s'est développée à partir de son étude de Spinoza. Spinoza ne faisait pas de différence fondamentale entre les personnes et les choses, ni entre « les choses qu'on pourrait appeler naturelles et celles qu'on pourrait appeler artificielles ».[2] D'après Spinoza l'individualité d'un corps se définit par « les relations de mouvement et de repos, de la lenteur ou de la rapidité des particules dont il est constitué et par sa capacité d'affecter d'autres corps ou d'être affecté par eux ». Constitué de cette manière « un corps peut être n'importe quoi ; ça peut être un animal, un corps sonore, un esprit ou une idée ».[3] La nature est une composition de ces corps en transition et dans sa réalité immanente « chaque chose est définie par l'organisation des mouvements et des effets qu'elle suscite que cette organisation soit naturelle ou artificielle ».[4]

La vision d'un monde comme processus infini d'interactions et de réciprocité qui affecte tous les corps reflétait, pour Spinoza, la continuité entre Dieu en tant que nature nourricière et les personnes et les choses en tant que nature naturée. [5] Deleuze suggère aussi que dans la philosophie spinozienne, l'immanence, qui n'est autre que la vie elle-même, contient en elle la possibilité de la transcendance, puisque son expérience ne peut être déterminée par la volonté individuelle. [6] L'immanence peut être perçue non pas nécessairement dans des moments particuliers mais plutôt dans des " interstices ". Deleuze dit que ces interstices, qui n'ont pas de raison d'être particulière, révèlent quand même « l'immensité du temps vide où l'on voit l'événement à venir en tant que déjà accompli dans l'absolu de la conscience immédiate ».[7]

Les photos de Daems captent précisément ces "interstices". Chacune de ses photos cite subtilement la situation 'unique' qui appartient au "plan de vie immanent". L'espace de ses photos, avec sa capacité d'expansion et de transformation, indique le point de vue que la personne fait partie d'un processus naturel qui ne peut pas être contrôlé par la volonté intentionnelle. Plaçant ses personnages comme des éléments mineurs dans un paysage ou les positionnant le dos tourné au public, comme dans les encres chinoises, Daems les fait fonctionner comme des repères à travers lesquels le public peut se représenter le fait d'être entouré et en corrélation physique constante avec le monde.

L'extase d'exister dans un *temps vide* est transmis avec une force paisible dans son poster de 1999 pour l'exposition *Midnight Walkers & City Sleepers*. Sur ce poster une femme se tient sur un chemin dans un jardin face à un mur noir. De l'autre côté du mur s'ouvre un autre jardin. Des plantes et des maisons sont distribuées de façon plate dans le champ photographique sans qu'en ressorte aucune perspective dominante. Le simple fait de monter une image au-dessus d'une autre, de bout à bout, crée une impression d'un espace plein et continu au-delà du cadre. La forme solitaire à l'intérieur d'un espace dont elle ne peut pas voir les limites symbolise les limites de la condition humaine. En même temps sa façon d'être tranquillement présente dans la dynamique de ce site anonyme, dans ce moment indéfinissable, donne paradoxalement une impression de transcendance possible. Défiant la version humanisée de la peinture et de la photographie contemporaine elle est là, tout simplement, dans la réalité présente du moment, un objet parmi tant d'autres, avec lesquels elle est en rapport de continuité parfaite.

Les photos de Daems sont des illuminations laïques. Situations trouvées dans des villes spécifiques, elles peuvent conserver certaines références culturelles. Mais de telles références restent virtuelles. Montrant une personne dans un mode ou un aspect de transition, Daems encourage le spectateur à voir le monde à travers les interactions des personnes et des choses et la façon dont elles s'affectent.

Cette reconstruction d'une vision du monde à travers des fragments du réel, plutôt qu'à travers un quelconque concept universalisant, se retrouve également dans ses travaux récents. Prenant des photos de personnes dans leurs moments perdus, quand ils sont tout simplement eux-mêmes, sans jouer un rôle quelconque, elle capte le moment le plus élémentaire du plan immanent. Ne représentant aucun moment particulier mais disant tout simplement la façon unique dont les gens entrent en rapport avec leur espace vital, ses portraits positionnent les gens comme des corps vivants et capables d'affecter leur environnement en plein passage par la vie.

Un tel processus de différenciation prête à une révélation du sens de l'immanence, amenant le spectateur à accepter la double nature de l'existence en tant qu'incarnée dans la réalité immanente et capable de changer.

1. Gilles Deleuze, Spinoza : *Practical Philosophy*, trad. Robert Hurley, San Francisco, City Lights Books, p122
2. *Ibid*, p. 124
3. *Ibid*, p. 127
4. *Ibid*, p. 123
5. *Ibid*, p. 92
6. Gilles Deleuze, *Pure Immanence : Essays on Life*, trad. Anne Boymen, New York, Zone Books, 2001, p. 26
7. *Ibid*, p. 29

Jan Kempenaers

Op het gevaar af de fotografische complexiteit van Jan Kempenaers' werk tekort te doen, kan je zijn foto's van de site Wielemans-Ceuppens bekijken als een soort Piranesi-beelden. In hun documentaire nuchterheid brengen ze de brokstukken van een verstedelijkt platteland dat vervallen is tot een industrieel colosseum. Het scherpstellen op het creatieve potentieel van de site Wielemans-Ceuppens en in het bijzonder zijn analytisch-kritische blik op de nieuwe natuur van de hedendaagse stad maken het werk niet alleen visionair: als een visueel *geweten* confronteert het elk middelmatig bouwproject met de levendige gedachte aan een stad van de verbeelding.

Tegen de achtergrond van deze foto's moet een kleine architectuurgeschiedenis van de site Wielemans-Ceuppens worden gelezen.

"Elle a mille ans la ville,
La ville âpre et profonde;
Et sans cesse, malgré l'assaut des jours
Et des peuples minant son orgueil lourd,
Elle résiste à l'usure du monde."
Emile Verhaeren (1855 - 1916), 'L'âme de la ville', *Les Villes tentaculaires*, 1895

Het wild opschietende gras en de ruïnes van Wielemans belichamen vandaag vreemd genoeg zowel het verdonkeremaande platteland als de industriële vooruitgangsdroom van Wielemans.

Onder de restanten van de fabrieksgebouwen van Wielemans-Ceuppens in Vorst gaan akker- en weiland schuil. Wielemans liet hier 120 jaar geleden een industriële brouwerij uit de grond stampen. De site — product van voluntaristisch, negentiende-eeuws ondernemerschap — nam in 1884 ongegeneerd bezit van het platteland door tegen de sporen, de tentakels van de geïndustrialiseerde stad, fabrieksgebouwen aan te schurken. De Duitse Maschinenfabrik Germania leverde een sleutel-op-de-deurgebouw. Uitbreidingen volgden snel aangezien het Wielemans voor de wind ging. In 1893 verwierf hij op het Brouckèreplein het Café Métropole samen met het naastgelegen Caisse d'épargne, dat hij liet slopen voor de bouw van het Hotel Métropole. De toegangspoort, het bronzen fronton en een aantal elementen in blauwe hardsteen van het spaarkasgebouw werden naar Vorst gebracht voor de bouw van de nieuwe burelen van de brouwerij Wielemans-Ceuppens. Brussel leek het oude Rome wel. Volledige gevels verhuisden naar de andere kant van de stad al was het maar om het industriële complex een paleiselijke en burgerlijke glans te geven.

In 1931 onderging de brouwerssite van Wielemans-Ceuppens een modernisering en uitbreiding. Architect Blomme bouwde onder meer een nieuwe brouwerszaal volgens de modernistische principes van die tijd: een deels door art deco geïnspireerd modernisme, — een decoratief, verburgerlijkte vorm van modernisme. Blomme restylede trouwens een deel van de negentiende-eeuwse fabrieksgebouwen zodat zijn brouwerszaal en aanpalende silo's pasten in een sprekender geheel. Het modernisme van Blomme staat ver van de euforische, modernistische avant-garde uit het begin van de jaren 1900. Geen verheerlijking van de trein of de krachtige beeldtaal van machines zoals bij de Italiaanse futurist Sant'Elia. Blomme ontwierp eerder een aannemelijk geproportioneerd gebouw waarin de monumentale silo's galant werden geïntegreerd.

Na de Tweede Wereldoorlog werd de site van Wielemans quasi volledig dichtgebouwd. Eind jaren zeventig ging Wielemans-Ceuppens deel uitmaken van de brouwerij Artois in Leuven, wat meteen de roemloze dood inluidde van een industriële site en patrimonium die aan de basis lagen van de ontwikkeling van een hele woon- en werkwijk in Vorst. In 1988 ging de brouwerij dicht en nog geen jaar later werden belangrijke delen van de site al met de grond gelijkgemaakt. Uiteindelijk beschermde de Commissie voor Monumenten en Landschappen in 1993 het reeds toegetakelde gebouw *Blomme*. Zonder verticale circulatie en grotendeels beroofd van de koperen brouwersinstallaties restte alleen nog een geamputeerd symbool van industrieel vooruitgangsgeloof.

Nu staan *Blomme* en de twee overige gevrijwaarde negentiende-eeuwse gebouwen als verdwaasde zetstukken op het schaakbord van promotoren en speculanten van het stedelijk bedrijf. De Brusselse architecten van Art&Build tekenden op vraag van een promotor een reeks nagenoeg uniforme kantoorblokken. Met hun quasi-identieke morfologie en materialiteit zullen ze de site ongetwijfeld herscheppen tot een vreemde campus. De solitaire positie van zes — misschien acht — kantoorblokken tussen de restanten van de drie Wielemans-gebouwen, die trouwens nooit als alleenstaande gebouwen hebben gefunctioneerd, zal een verbasterde stedelijke ruimte scheppen die schippert tussen suburbaniteit en een naïeve heruitgave van de renaissancistische ideale stad. Tegenover de gladde esthetiek van de opgedirkte minikantoortorens en het politiek correcte maar twijfelachtige discours van ecologisch verantwoorde bouwtechnologie is dit een architectonisch statement van een heel andere orde dan bijvoorbeeld het project van P.A.R.T.S. op een paar honderd meter van deze site. P.A.R.T.S.is een alternatief voorbeeld van hoe een correct geïntegreerde no-nonsense renovatie van een industriële site hedendaagse architectuur kan opleveren die zonder pretentie het karakter van de buurt respecteert en toch de natuurlijke stedelijke dynamiek op gang trekt.

De site Wielemans-Ceuppens mag dan wel in se een veel monumentaler karakter hebben dan de overige fabriekspanden in Vorst, dit neemt niet weg dat programmatisch (louter kantoren en diensten) en morfologisch (6 tot 8 quasi-identieke kantoorgebouwen) de nieuwe ontwikkeling voor deze site een steriele bijdrage dreigt te leveren aan de stad.

Emile Verhaeren heeft mooi zeggen "La ville âpre et profonde; Et sans cesse, malgré l'assaut des jours/ Et des peuples minant son orgueil lourd,/ Elle résiste à l'usure du monde". Elke aanslag op de stad, en zeker wanneer historisch patrimonium door een soort Frankensteins weer tot leven dreigt te worden gewekt, beschaamt het geloof in de authentieke maakbaarheid van de hedendaagse stad.

Het voorontwerp voor de reconversie van het gebouw *Blomme* tot centrum voor hedendaagse kunst zijn wat dat betreft niet bepaald hoopgevend. Manifestaties en tijdelijke tentoonstellingen in allerhande industriële ruïnes en bouwwerven hebben weliswaar het potentieel van die gebouwen als centra of musea voor hedendaagse kunst blootgelegd, maar daarmee is nog niet gezegd dat die gebouwen ook makkelijk converteerbaar zijn tot permanente huizen voor hedendaagse kunst. De architecten van Art&Build camoufleren een reeks dienstruimtes handig onder de begane grond, maar de nieuwe toegangspartij met trappen en liften ter hoogte van de gesloopte achtervleugel en vooral de brandtrappen snijden diep in het vlees van *Blomme*. De architecten hebben bovendien met een nogal doorzichtige verkoperstruc de idee opgevat om de noodtrap tegen de belangrijke noordgevel te laten ontwerpen door een kunstenaar. Meteen is elke mogelijke miskleun vergoelijkt, zonder daarmee het probleem te hebben opgelost van de nieuwe brandtrappen en technische kokers die zich doorheen de verdiepingen van het voorgebouw willen ponsen.

Het probleem met het alsnog (dd. juni 2003) nog voor verandering vatbare voorontwerp van Art&Build is dat hun architectuur zich als een soort virus verspreid in het al flink aangetaste lichaam van *Blomme*. Om kleine ruimtes te creëren ten behoeve van video-installaties worden kleine deuropeningen gemaakt in de wanden van de graansilo's zodat er een labyrintisch parcours ontstaat. Op zich een interessante piste, ware het niet dat de sculpturale architectuur van de nieuwe toegangspartij met kantoren laat vermoeden dat de architecten al te nadrukkelijk hun stempel willen drukken op de architectuur van Blomme.

De virale besmetting die symptomatisch blijkt uit de modieuze inkompartij riskeert de genetische code van de industriële architectuur van Blomme grondig aan te tasten.

Dit soort architectuur lost bijvoorbeeld technische problemen qua conditionering of veiligheid wel op, maar haalt ondertussen de inzet van het project — namelijk het gebouw van Blomme vrijwaren voor de volgende generaties — onderuit. Tussen de lijnen van de plannen kan nog veel worden gelezen. Alarmerend is echter het gebrek aan conceptvorming waarbij de architecten hun attitude kenbaar maken hoe zij willen omgaan met dit historische gebouw, hoe zij de restauratieprincipes interpreteren van de International Commission of Museums (ICOM) waar duidelijk wordt gepleit voor leesbare restauraties en herstelbare toevoegingen.

Blomme mag dan zelf een nogal hybride, modernistisch gebouw hebben ontworpen, dit betekent niet dat het nog meer moet worden overgeleverd aan conceptloze transformaties. *Blomme* is het slachtoffer van de stedenbouwkundige *deal*-politiek die in Brussel wordt gevoerd. De promotor van de Wielemans-site mag zijn stedenbouwkundige lasten spenderen aan de renovatie van het *Blomme*-gebouw tot centrum voor hedendaagse kunst, terwijl de overheid toch de grootste kosten draagt aangezien het de restauratie van een monument per definitie subsidieert.

Ondertussen wil Vorst de restauratie van één van de gebouwen op zich nemen om er een gemeentelijk centrum voor e-government en multimedia in onder te brengen. De voormalige directiebureaus worden — alweer — volgens de plannen van Art&Build vertimmerd tot een eersteklas brasserie.

De merchandising van het historisch patrimonium en de gezellige publiekprivate samenwerking moeten doen vergeten dat de overheid in feite haar *Bildungsrol* verkwanselt. Een centrum voor hedendaagse kunst is een uitdaging. In het kader van Brussel 2000 werden nochtans fundamentele en pregnante discussies gevoerd en visies ontwikkeld omtrent de oprichting van zo'n centrum. Het uit handen geven van een belangrijk project voor de hedendaagse kunst in Brussel zonder een publiek debat of een architectuurwedstrijd legt zonder meer de onverschilligheid bloot van de Brusselse overheden. Hedendaagse kunst is geen entertainment, noch een passe-partout om historisch patrimonium te redden. Bovendien is hedendaagse kunst er zeker niet mee gediend om als glijmiddel te worden gebruikt voor de bouw van een nieuwerwetse kantoorwijk.

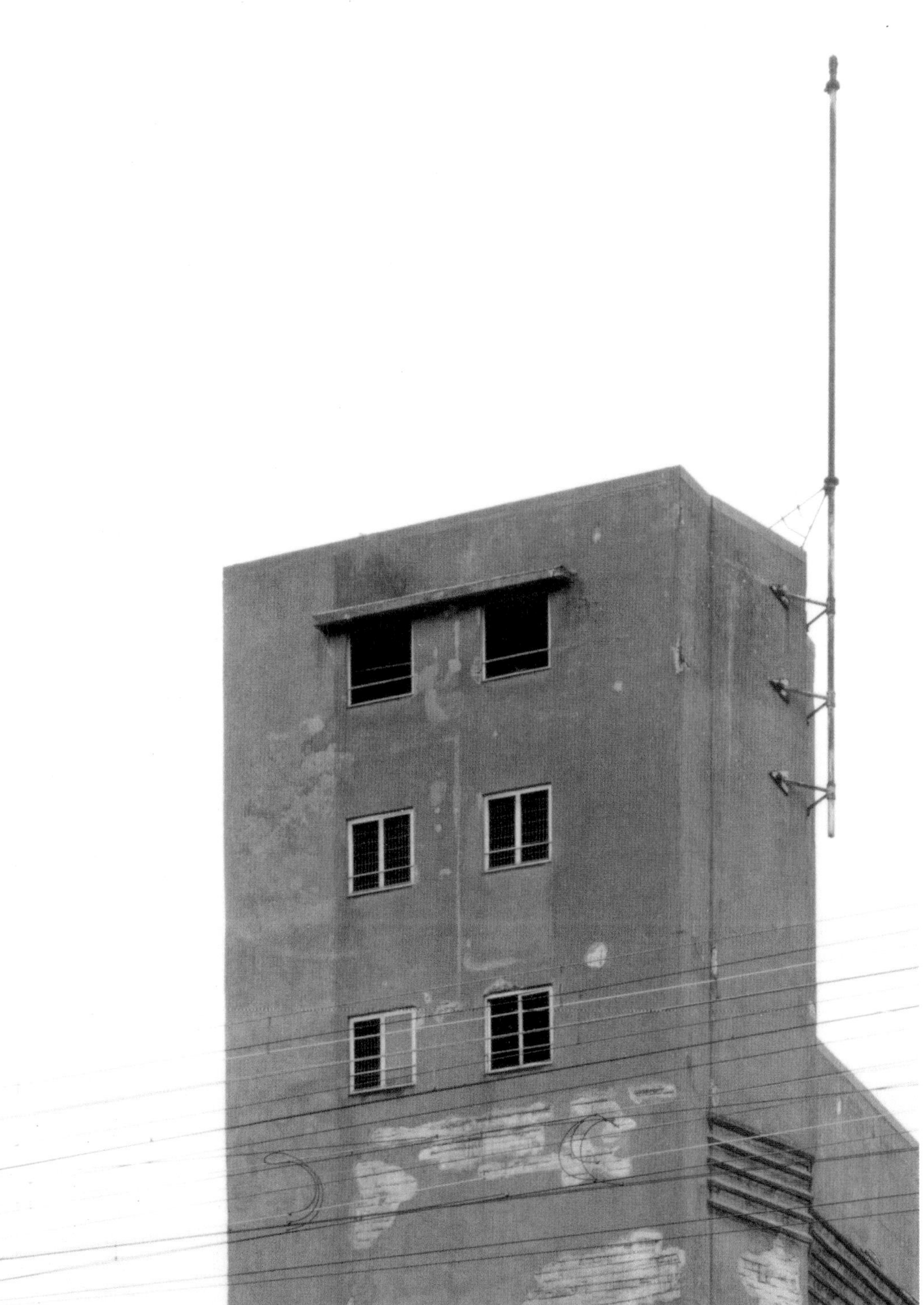

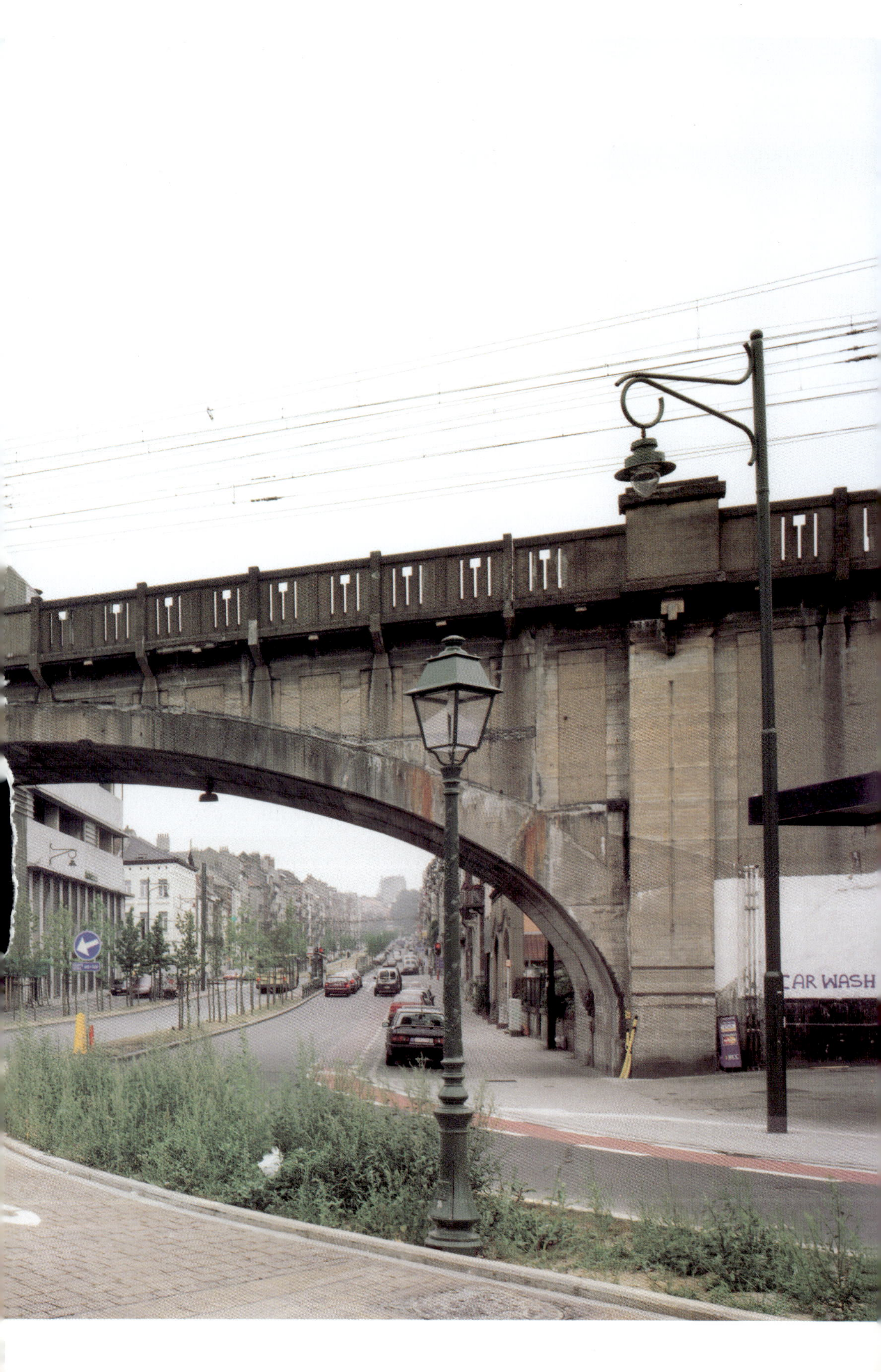
CAR WASH

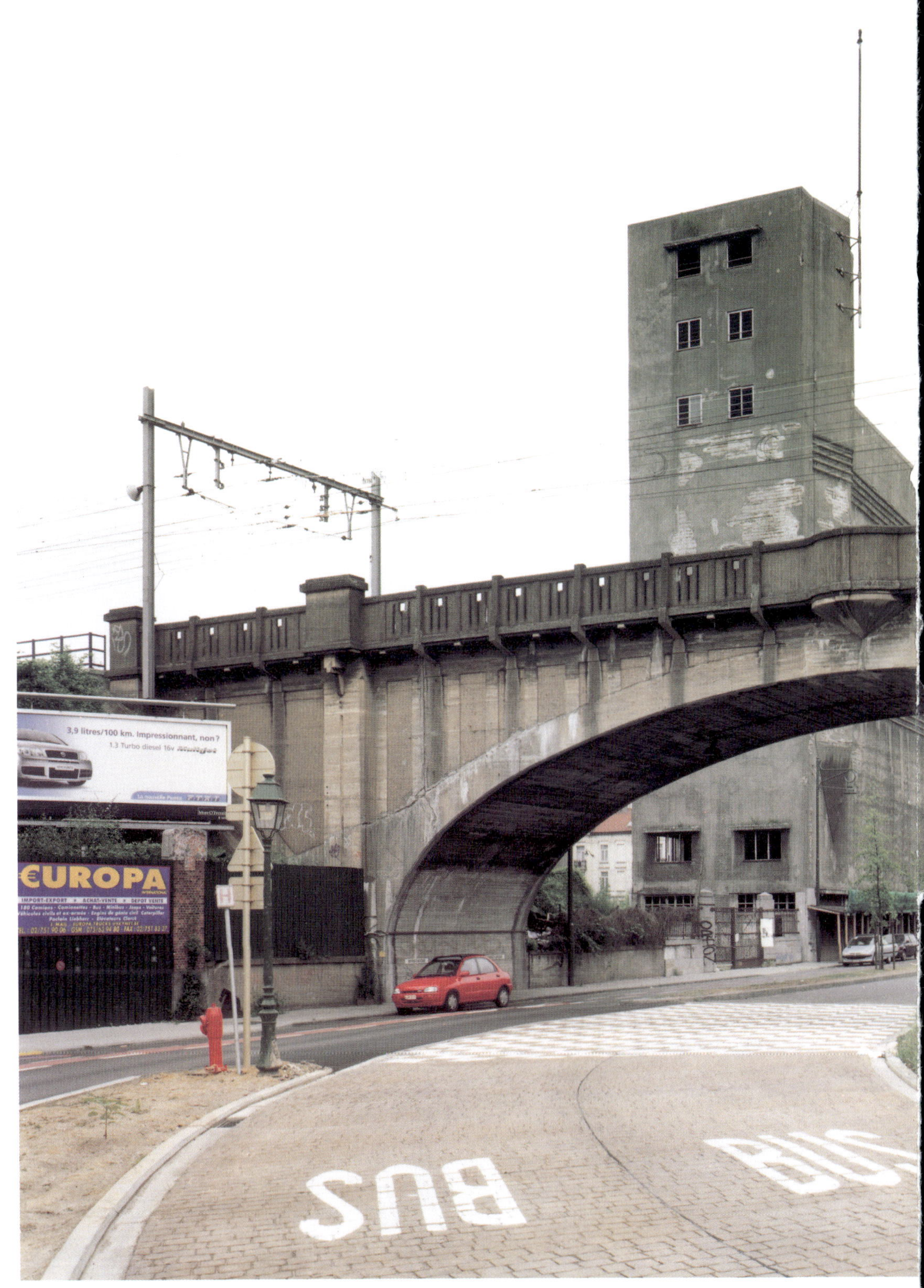

3,9 litres/100 km. Impressionnant, non ?
1.3 Turbo diesel 16v
€UROPA
IMPORT-EXPORT • ACHAT-VENTE • DEPOT VENTE
BUS
BUS

Même en courant le danger de porter préjudice à la complexité photographique de l'oeuvre de Jan Kempenaers, on peut considérer ses photos du site Wielemans-Ceuppens comme un genre d'images piranesiennes. Effectivement, dans leur réalisme documentaire, les photos présentent les débris d'une zone rurale urbanisée devenue un Colisée industriel. La focalisation sur le potentiel créatif du site Wielemans-Ceuppens et en particulier le regard analytique et critique que pose Kempenaers sur la nouvelle nature de la ville contemporaine n'est pas seulement visionnaire. Comme une *conscience* visuelle, il confrontera chaque projet de construction médiocre à la pensée vivante d'une ville de l'imagination.

Il faut lire la petite histoire de l'architecture du site Wielemans-Ceuppens sur la toile de fond de ces photos.

> "Elle a mille ans la ville,
> La ville âpre et profonde;
> Et sans cesse, malgré l'assaut des jours
> Et des peuples minant son orgueil lourd,
> Elle résiste à l'usure du monde."
> EMILE VERHAEREN (1855 - 1916), 'L'âme de la ville', *Les Villes tentaculaires*, 1895

L'herbe qui pousse ça et là à l'état sauvage et les ruines de Wielemans incarnent aujourd'hui étrangement tant la campagne escamotée que le rêve industriel de progrès de Wielemans.

Sous les décombres des bâtiments de l'usine de Ceuppens-Wielemans à Forest se cachent donc des terres arables et des prairies. Wielemans a fait ériger ici il y a 120 ans une brasserie industrielle. Le site, produit de l'esprit d'entreprise volontaire du XIXième siècle, a, sans gêne, pris possession de la zone rurale en 1884, en plaçant contre les rails, tentacules de la ville industrialisée, des corps d'usine. La Maschinenfabrik Germania allemande a livré un bâtiment clé en mains. Des extensions ont rapidement suivi puisque Wielmans faisait de bonnes affaires. En 1893, il acquiert place de Brouckère le café Métropole et la Caisse d'épargne attenante. Il fait abattre cet édifice pour y construire l'Hôtel Métropole, et, la porte d'accès, le fronton de bronze et quelques éléments en pierre de taille de l'immeuble de la Caisse d'Epargne sont transférés à Forest pour la construction des nouveaux bureaux des Brasseries Wielemans-Ceuppens. Pendant un moment Bruxelles ressemblera presque à la Rome antique. Des façades entières sont transférées de l'autre côté de la ville, ne fût-ce que pour conférer à un complexe industriel un éclat de palais et une splendeur bourgeoise.

En 1931 le site de la brasserie Wielemans-Ceuppens fut modernisé et agrandi. L'architecte Blomme construisit entre autres une nouvelle salle de brassage suivant les principes modernistes de l'époque. Son style particulier était assez lourdement inspiré par le style art-déco produisant un modernisme décoratif et embourgeoisé. Blomme remodela par ailleurs une partie des corps d'usine du XIXième siècle afin d'intégrer sa nouvelle salle de brassage et les silos attenants dans un ensemble plus éloquent. Le modernisme de Blomme était bien loin de l'avant-garde euphorique et moderniste du début des années 1900. Point de glorification du train et rien non plus du puissant langage plastique inspiré des machines comme chez le futuriste italien Sant'Elia. Blomme construisit plutôt un bâtiment proportionné de façon acceptable

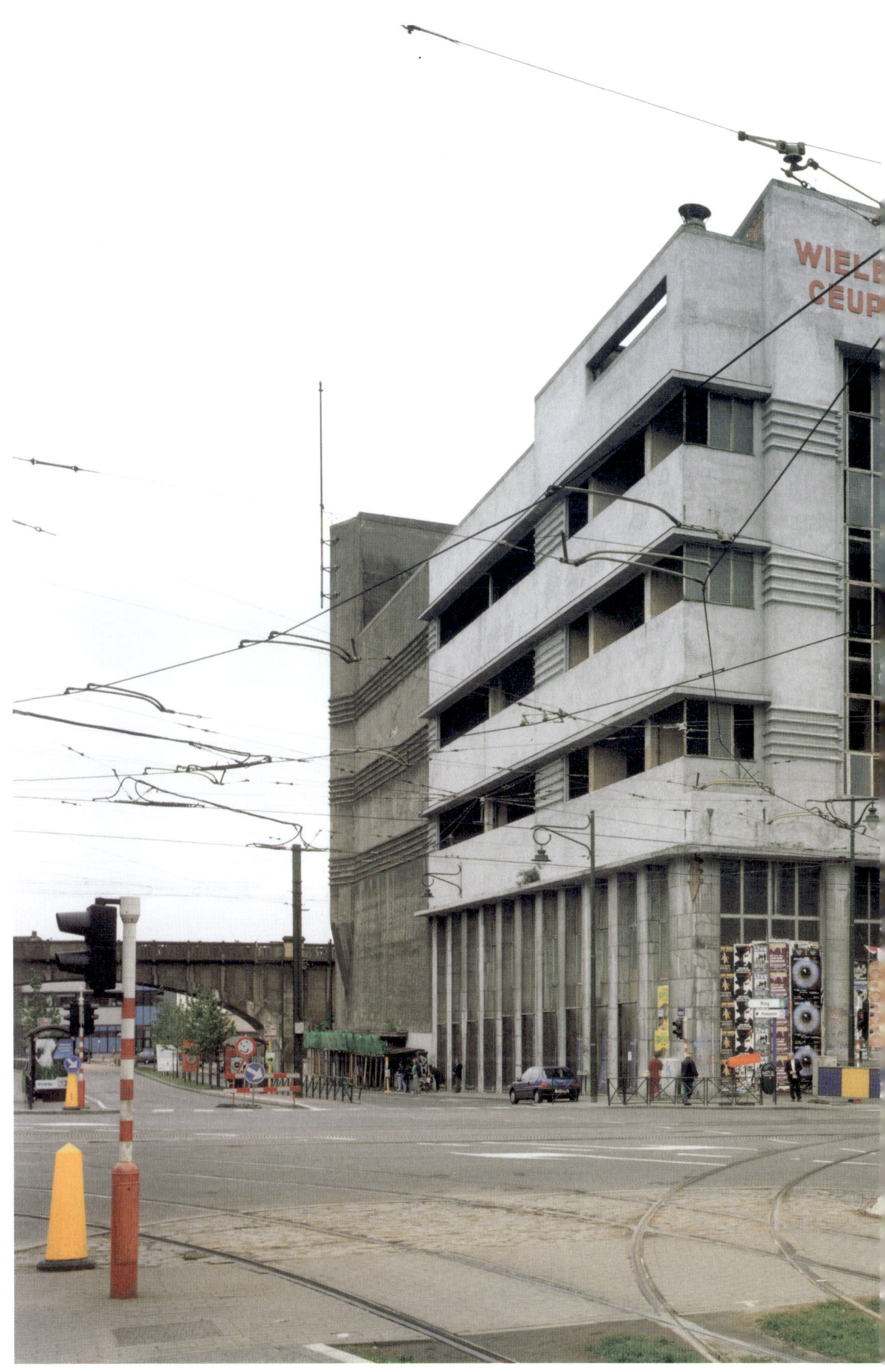

WIEL
CEUP

 auquel les silos monumentaux étaient intégrés avec élégance. Après la Seconde Guerre mondiale quelques campagnes de construction supplémentaires ont conduit à couvrir la quasi-totalité du site de Wielemans de bâtiments. A la fin des années 70, Wielemans-Ceuppens sera incorporé à la brasserie Artois à Louvain, signifiant par la même occasion la mort sans gloire d'un site industriel et d'un patrimoine qui étaient à la base du développement de tout un quartier d'habitation et de travail à Forest. En 1988 la brasserie est fermée et moins d'un an plus tard des parties importantes du site sont rasées. Finalement, en 1993, la Commission des Monuments et Paysages décide de protéger l'édifice *Blomme* déjà fort malmené. A défaut désormais de circulation verticale et en grande partie dépouillé de ses installations en cuivre, ce n'est plus qu'un symbole amputé de la croyance dans le progrès industriel.

Aujourd'hui, *Blomme* et les deux autres édifices du XIXième siècle qui sont préservés sont comme des pions groggy sur l'échiquier des promoteurs et des spéculateurs. Les architectes bruxellois de Art&Build ont dessiné à la demande d'un promoteur une série d'immeubles de bureaux à peu près uniformes. Avec leur morphologie et matériel quasi identiques, ils recréeront sans aucun doute le site pour en faire un campus étrange. Le positionnement solitaire de six - peut-être huit - blocs de bureaux parmi les vestiges des trois édifices Wielemans, qui n'ont par ailleurs jamais fonctionné en tant qu'édifices isolés, créera un espace urbanisé abâtardi, compromis louvoyant entre la banlieue et une réédition naïve de la ville idéale de la Renaissance. Face à l'esthétique lisse des minitours de bureaux enjolivées et le discours politique correct mais douteux de la technologie de construction qui est justifiée du point de vue écologique, ceci est une déclaration architectonique d'un tout autre ordre que par exemple le projet de P.A.R.T.S. à quelques centaines de mètres de ce site. P.A.R.T.S. est un exemple alternatif de la façon dont la rénovation pragmatique et intégrée d'un site industriel peut donner lieu à une architecture contemporaine qui respecte sans prétentions le caractère du quartier tout en stimulant la dynamique urbaine naturelle.

Même si le site Wielemans-Ceuppens est beaucoup plus monumental qu'aucune autre usine de Forest, il n'en demeure pas moins qu'au niveau des programmes (uniquement des bureaux et des services) et au niveau morphologique (6 à 8 immeubles de bureaux presque identiques), le nouveau développement pour le site Wielemans semble fournir une contribution stérile à la ville.

Emile Verhaeren a beau dire « La ville âpre et profonde ; Et sans cesse, malgré l'assaut des jours/ Et des peuples minant son orgueil lourd,/ Elle résiste à l'usure du monde », le fait est que toute atteinte à la ville, d'autant plus lorsque le patrimoine historique est menacé d'être rappelé à la vie par une espèce de Frankenstein, déçoit la foi dans la faisabilité authentique de la ville contemporaine.

Le projet de reconversion de l'édifice *Blomme* en centre d'art contemporain n'inspire pas vraiment confiance à ce niveau. Même si des manifestations et des expositions temporaires dans toutes sortes de ruines industrielles et d'usines désaffectées ont révélé leur potentiel comme centres ou musées d'art contemporain, cela ne signifie pas qu'ils soient facile de les convertir en maisons permanentes pour l'art contemporain. Les architectes d'Art&Build camouflent adroitement une série d'espaces de services sous le niveau du sol, mais les nouveaux espaces d'accès avec des escaliers et des ascenseurs au niveau de l'aile arrière abattue et surtout les escaliers de secours, font des entailles profondes dans *Blomme*. Faisant appel à un argument de vente relati-

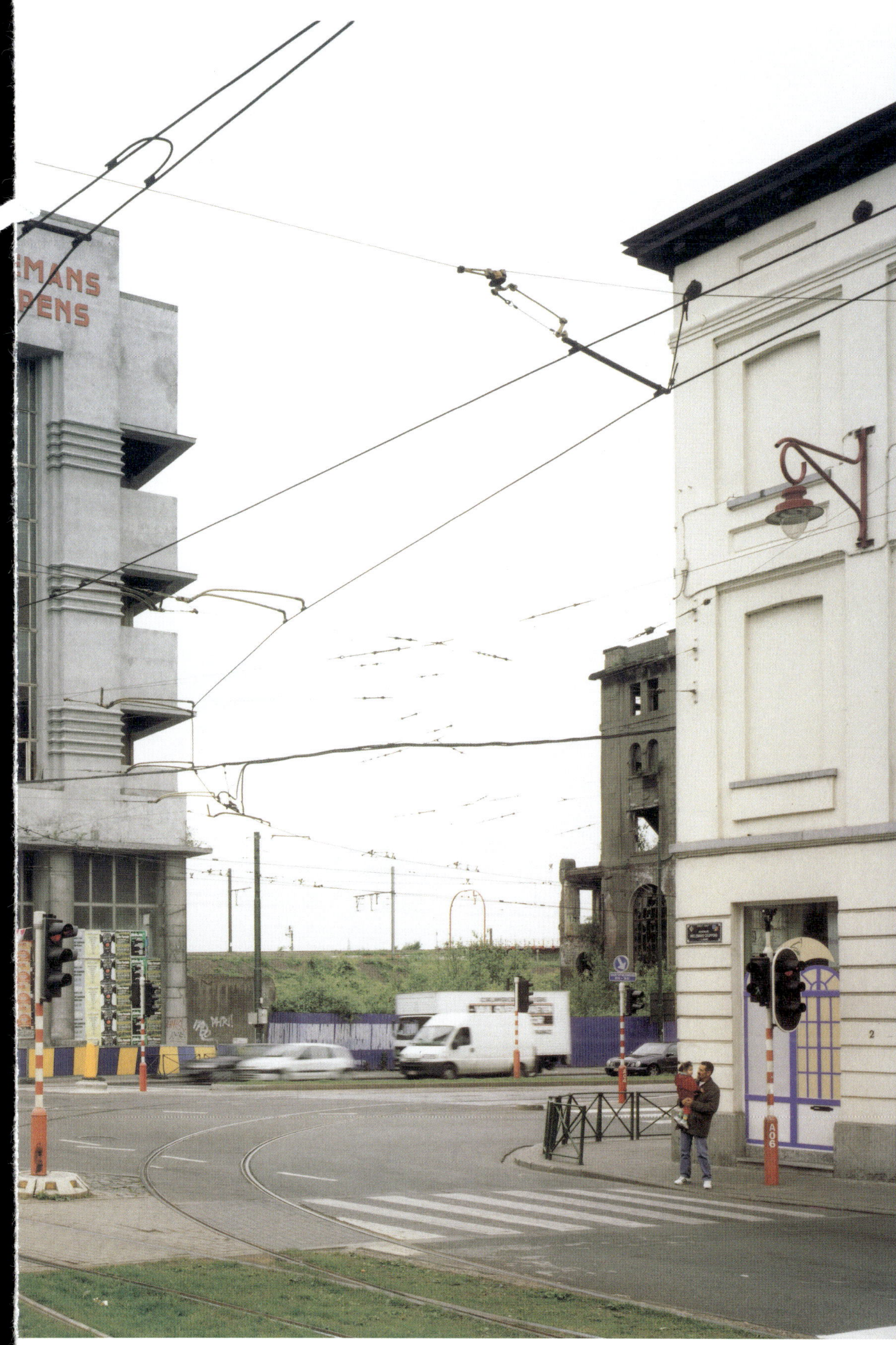

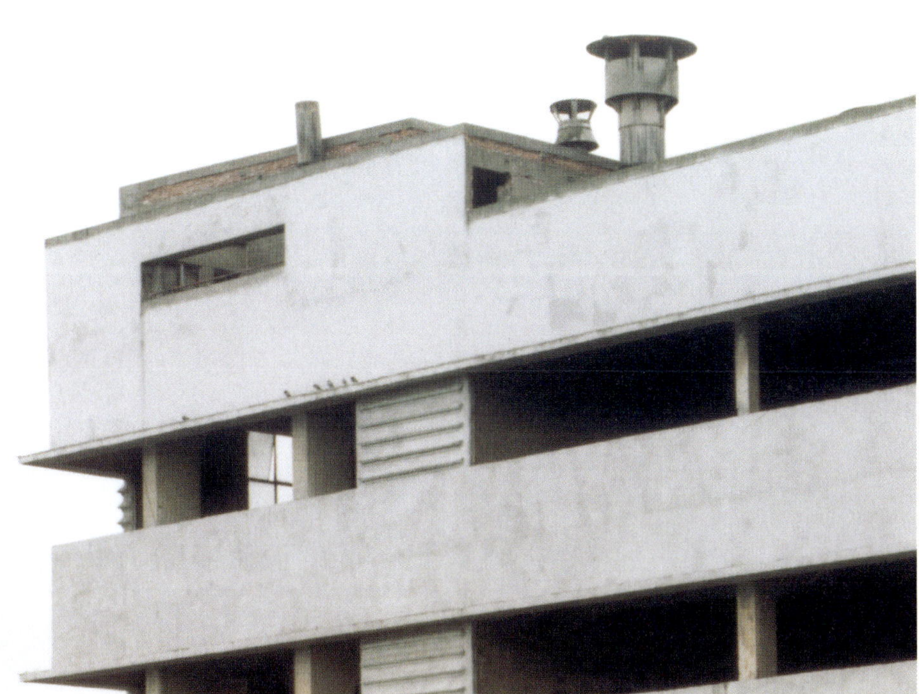

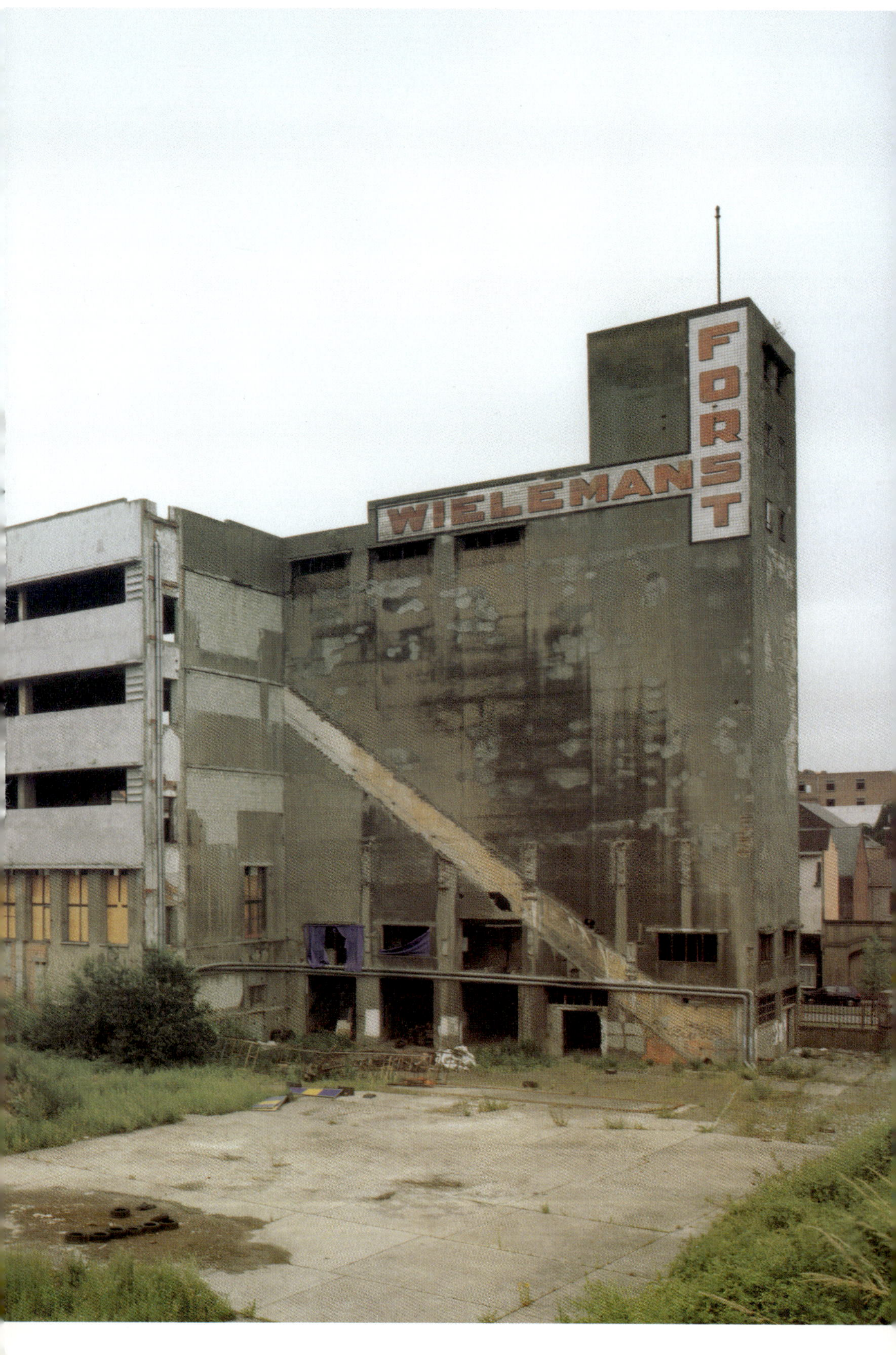
WIELEMANT
FORST

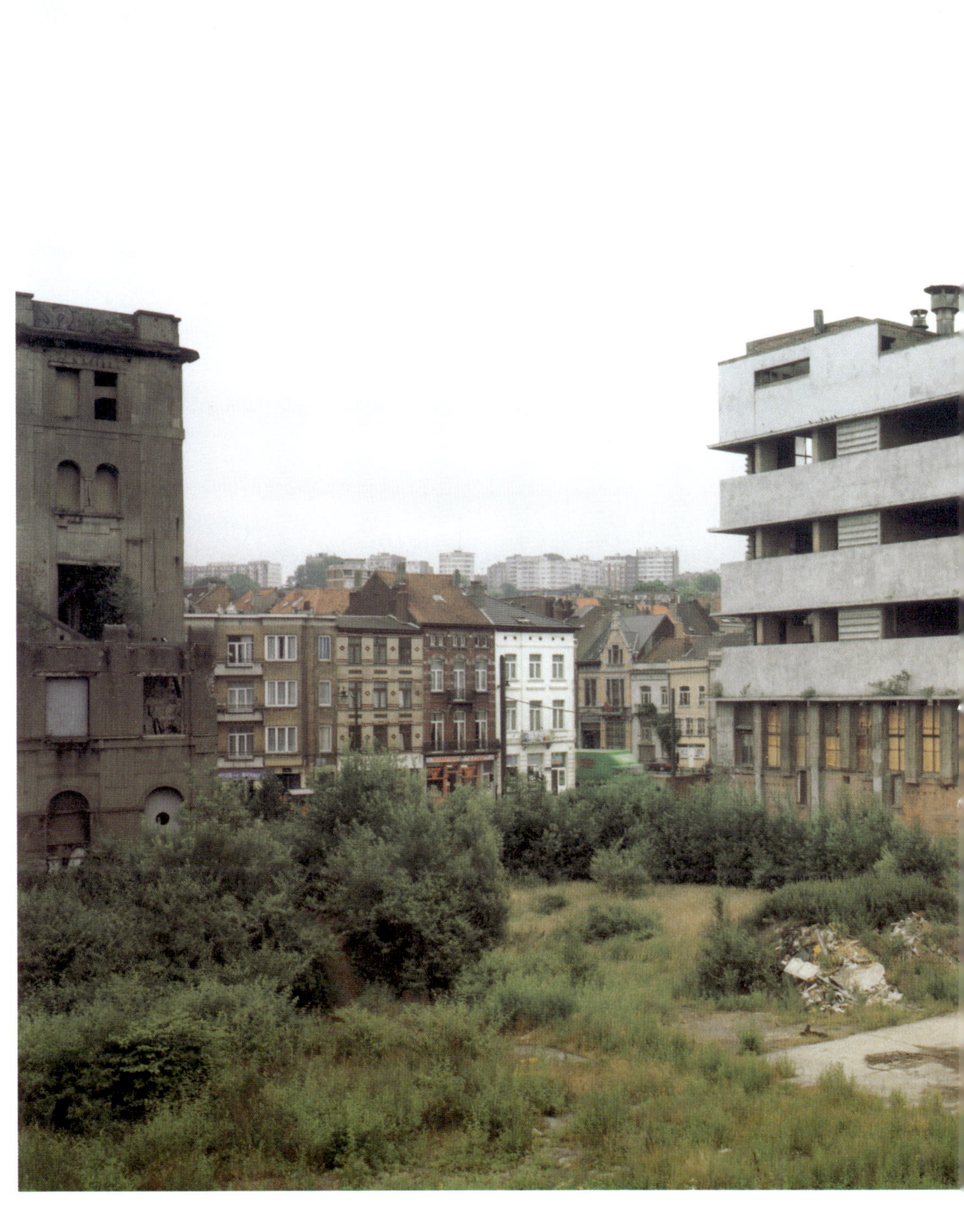

vement transparent, les architectes ont en outre eu l'idée de demander à un artiste de concevoir l'escalier de secours sur l'importante façade nord. Toute risque d'erreur est ainsi évité, sans que soit résolu le problème des nouveaux escaliers de secours et des gaines techniques qui passeraient parmi les étages de l'immeuble de proue.

Le problème de la proposition (juin 2003) de Art&Build est que l'architecture s'y fraie un chemin comme une espèce de virus dans le corps déjà très ébranlé de *Blomme*. Afin de créer de petits espaces au profit d'installations vidéo, ils proposent d'ouvrir des petites portes dans les parois des entrepôts de céréales ce qui donnera lieu à un parcours labyrinthique. Piste intéressante en soi, n'était-ce l'architecture sculpturale du nouvel espace d'accès avec bureaux qui permet de présumer que les architectes veulent marquer trop explicitement l'architecture de Blomme de leur empreinte.

La contamination virale dont l'entrée à la mode est symptomatique menace d'affecter profondément le code génétique de l'architecture industrielle de Blomme.

Nous avons affaire ici à une architecture qui, si elle résoud par exemple les problèmes techniques ou de sécurité, détruit simultanément le propos du projet, notamment sauvegarder le bâtiment de Blomme pour les générations futures. Et nous pouvons encore lire bien d'autres choses entre les lignes des plans. Mais ce qui est alarmant, c'est l'absence de concept sous-jacent au moyen duquel les architectes pourraient exposer leur vision de ce bâtiment historique, et leur interprétation des principes de restauration de l'ICOM (International Commission of Museums) qui plaide ouvertement en faveur de restaurations lisibles et d'ajouts réparables. Même si Blomme a créé un bâtiment relativement hybride, moderniste, cela ne signifie pas que celui-ci doive être livré à des transformations auxquelles tout concept fait défaut. *Blomme* est victime de la politique urbanistique *d'accords* qui est menée à Bruxelles. En effet, le promoteur du site Wielemans peut consacrer ses taxes urbanistiques à la rénovation de l'édifice *Blomme* pour en faire un Centre d'Art Contemporain, alors que les autorités supportent pourtant les plus grands frais puisqu'elles octroient par définition des subsides pour la restauration d'un monument.

Entre-temps, Forest veut prendre en charge la restauration d'un des bâtiments afin d'y héberger un centre communal destiné au e-government et aux multimédia. Les anciens bureaux de la direction seront - eux aussi - transformés d'après les plans d'Art&Build en une brasserie de première classe...

La marchandisation du patrimoine historique et la collaboration copain-copain du secteur public et du secteur privé doivent faire oublier que les autorités galvaudent en fait leurs *responsabilités*. Un centre d'art contemporain constitue un défi. Dans le cadre de Bruxelles 2000 il a pourtant été tenu des discussions fondamentales et prégnantes et des visions ont été développées concernant la constitution d'un Centre d'Art Contemporain. Cependant, l'attribution à des tiers d'un projet important d'art contemporain à Bruxelles, sans débat public ni, concours d'architecture, dévoile tout simplement l'indifférence des pouvoirs publics bruxellois. L'art contemporain n'est pas un amusement, ni un passe-partout pour sauver le patrimoine historique. En outre, le fait d'être utilisé comme lubrifiant pour la construction d'un quartier de bureaux au goût du jour ne constitue en rien un avantage pour l'art contemporain.

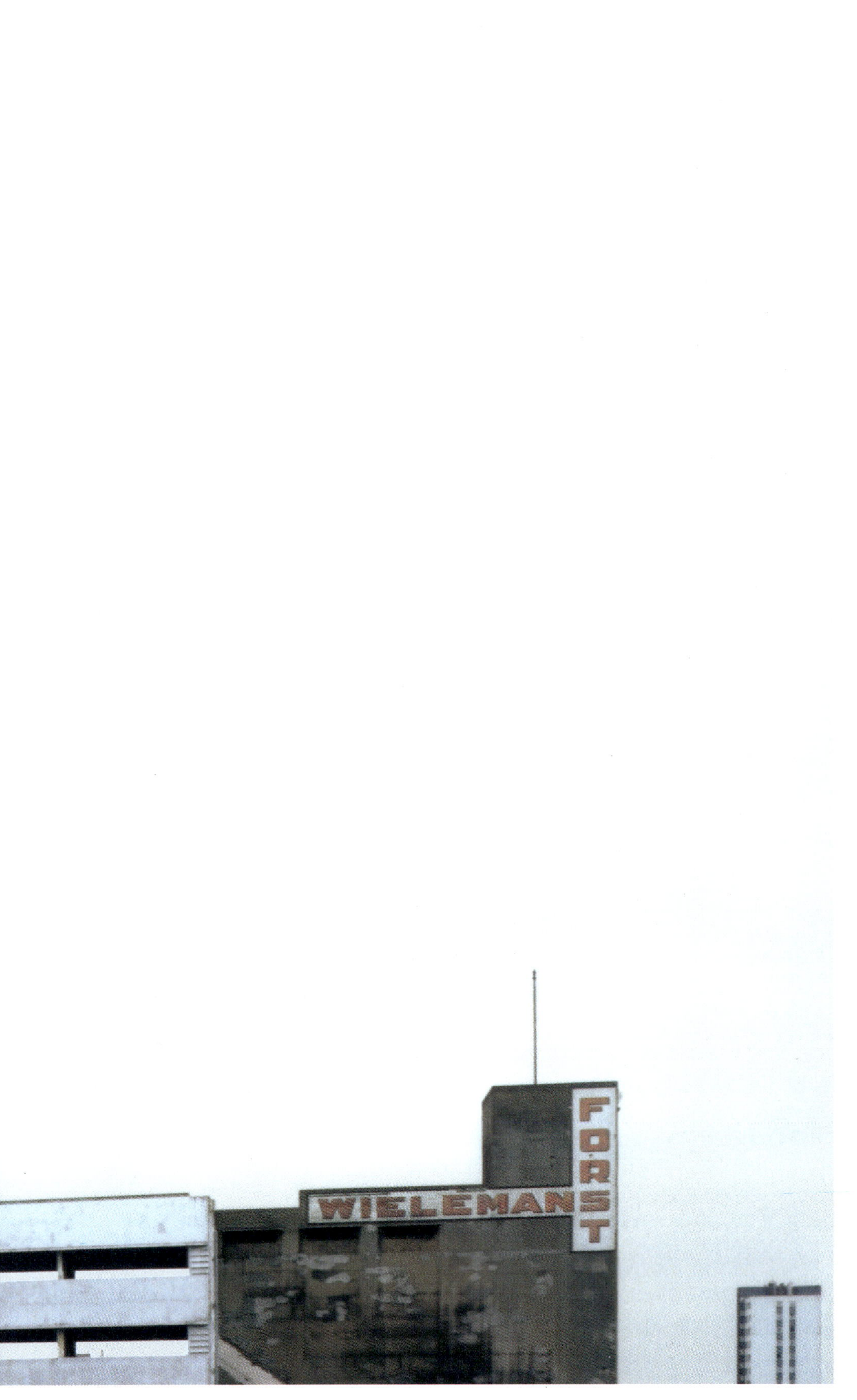
WIELEMANS
FORST

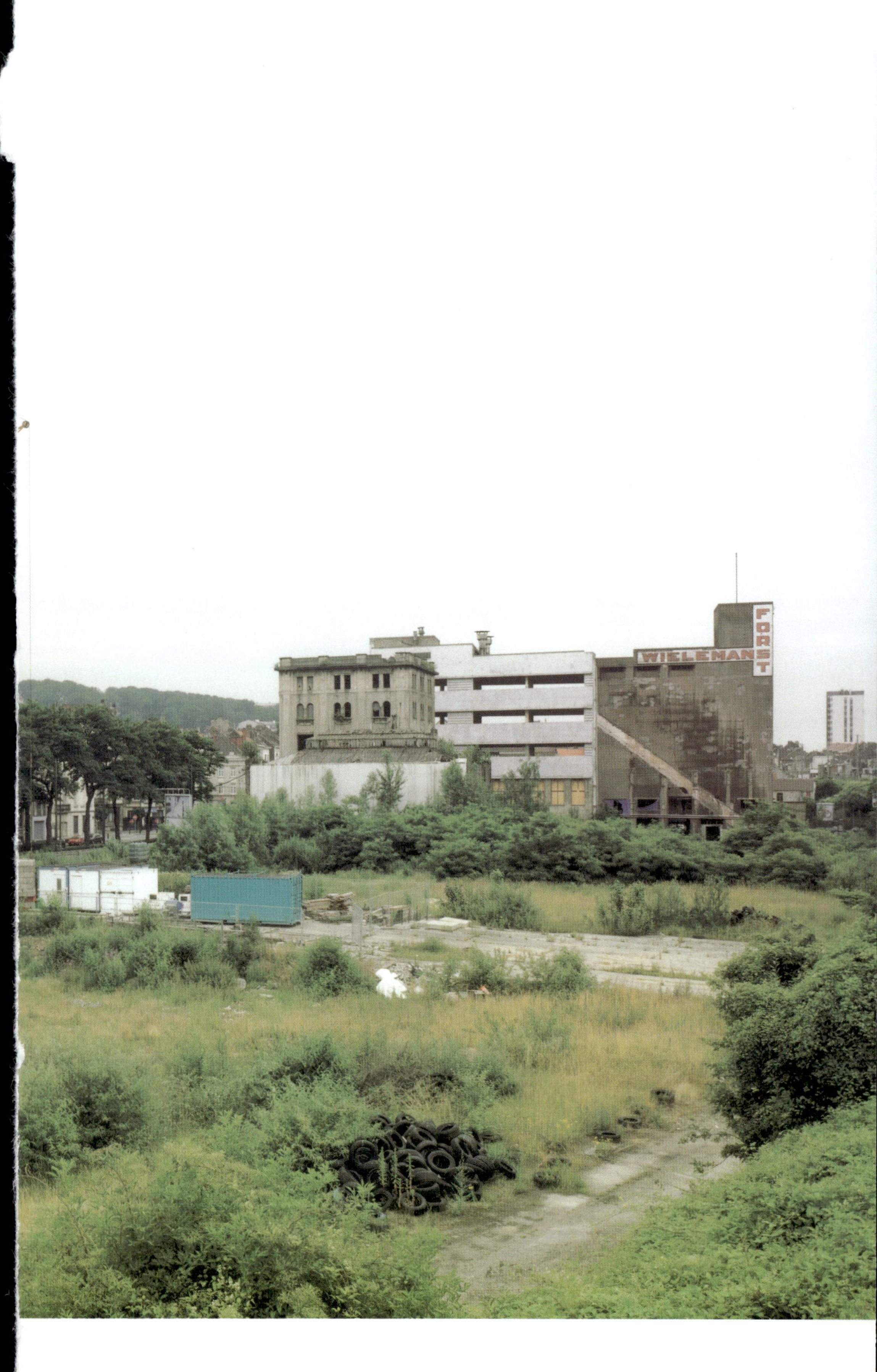

WIELEMANS
FORST

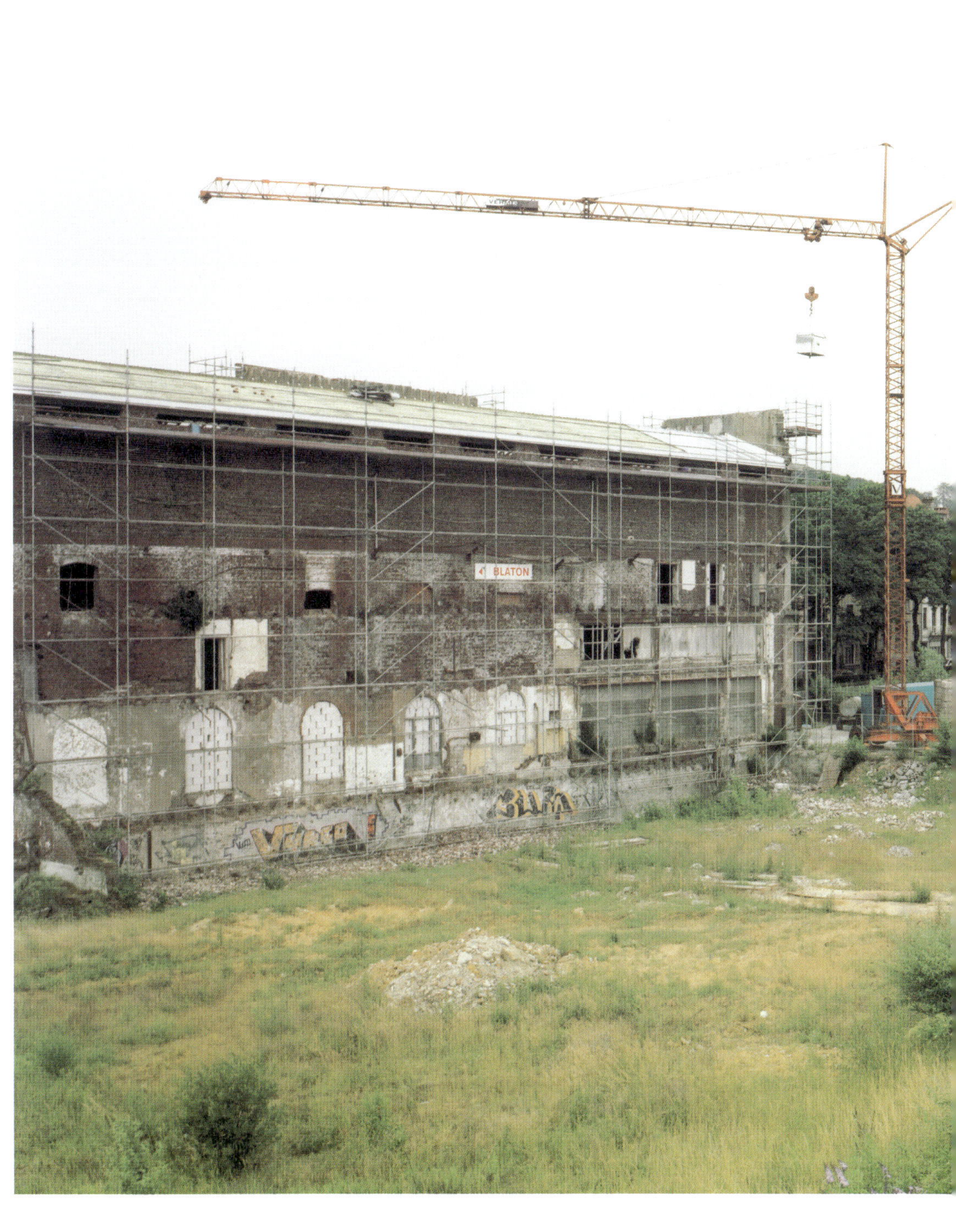
BLATON

GILBERT FASTENAEKENS: MISE A MORT DE L'ESPACE PUBLIC

Ce texte a été remanié et raccourci en vue de la présente publication.

Par Renaud Huberlant « Gilbert Fastenaekens pratique la photographie de terrain d'un genre nommé *paysage urbain* ». Dire cela c'est faire injure à la photographie, à l'œuvre, au photographe. C'est aussi désobligeant que de dire de Cézanne qu'il peint *sur le motif* quand en réalité il peint une définition de la peinture. Peut-on, pour autant, affirmer que Gilbert Fastenaekens photographie une définition de la photographie ? Non, un siècle et trois modernités sont passés par là et d'autres photographes s'en sont chargés, tels Atget par exemple. L'art n'est plus à sa définition mais à sa déconstruction pour certains, à l'agonie pour d'autres. Mais c'est d'une autre mise à mort dont il sera question ici.

IDENTITÉ EN QUÊTE DE TERRITOIRE Si Gilbert Fastenaekens a réalisé des paysages urbains, ils l'ont été dans le cadre de missions photographiques. Missions qu'il a, le plus souvent, détournées à son profit pour payer sa dette envers la photographie. La photographie chez Gilbert Fastenaekens est avant tout constitutive de son identité. C'est objectivée par elle qu'il expérimente sa présence et son inscription face au monde. *Site* (le livre qui a suivi la mission photographique à Bruxelles en 1991 et que Fastenaekens a prolongée jusqu'en 1996) en est l'exemple manifeste. Il y a dans les photographies urbaines de Gilbert Fastenaekens une alocalité indéniable. Le photographe bute sur sa ville et rend compte de l'impossibilité à y circonscrire la typologie de son territoire. Il aborde la ville en étranger, en saisit les contrastes compulsifs, nous restitue une ville **sans altérité** puis en repart tout aussi étranger qu'il y était entré, ayant fait l'expérience de son extraterritorialité.

UN TERRITOIRE DE SUBSTITUTION Les prises de vues actuelles en sont la suite consécutive. Gilbert Fastenaekens nous livre aujourd'hui la *reprise* de la *déprise* antérieure. La couleur fait place au noir et blanc, la valeur descriptive de l'image quitte graduellement l'enjeu apparent des nouvelles photographies. Entre-temps, durant *Site* et depuis, le photographe s'est trouvé, en Forêt de Vauclair, un territoire de substitution provisoire où il expérimente par contemplation sa relation au monde comme à lui-même. Les photographies qu'il y recueille n'en sont pas la restitution, elles en sont l'argument esthétique. Simultanément, durant ces années 90, la prééminence de la photographie plasticienne sur le style documentaire s'est établie. Ces deux facteurs, investigation identitaire et déplacement des enjeux artistiques de la photographie, influent de manière déterminante sur la pratique actuelle de Gilbert Fastenaekens et laissent libre cours au critère constitutif de toute son œuvre : la territorialité mouvante, voire manquée.

DU SUJET À L'OBJET DE LA PHOTOGRAPHIE La ville et sa théâtralité sont désormais au cœur de la scénologie matérielle de Gilbert Fastenaekens. Richard Sennet (1) note que théâtre et ville partagent en commun la problématique du 'public'. De ce qui est rendu public et de ce qui constitue 'le public' *il se crée une géographie publique*. Dans la ville comme au théâtre, le monde situé hors de l'environnement immédiat et hors des rapports personnels est consciemment défini. Il en va de même du rapport champ / hors champ (2) dans la photographie de Gilbert Fastenaekens comme, par exemple, dans celle de Strüth ou Gursky. La modalité spectaculaire et monumentale forme le composant inhérent de la déréalisation théâtralisée qui permet d'affranchir la double contrainte de, tout à la fois, rester conforme à la norme descriptive (l'effet de réel) et d'échapper à la valeur documentaire (le référent n'est pas le sujet mais l'art lui-même (3)). Éviter la classique coupe dans le réel pour mieux déposer sur scène le décor anthropologique de notre déficit identitaire semble être le parti pris de la démarche actuelle de Gilbert Fastenaekens.

UNE VILLE EN QUÊTE D'AUTEUR Plus que de cibler les lieux et les espaces de la surmodernité Gilbert Fastenaekens poursuit le répertoire urbain des confrontations architecturales 'sans qualités'.

Murs aveugles, murs-rideaux… rideaux de verdure, impasses désertes… angles morts, chantiers… ne sont plus, après Site, de simples alocalités en quête d'identité mais sont devenus des structures scéniques de l'endroit et de l'envers de la théâtralité urbaine en quête d'auteur. Une scène sans pièce, une ville sans auteur, un spectacle sans public. Une surprésence du décor qui dit et révèle l'absence ou la perte, en nos villes surmodernes, du projet public.

L'espace public s'est, depuis le XIXe siècle, mué en fonction d'usage et de transaction et crée, en conséquence, de l'isolement. Cet isolement empêche les gens vivant ou travaillant dans une structure urbaine à haute densité d'avoir une relation avec le milieu dans lequel se situe cette structure. *La mort de l'espace public est l'une des raisons les plus concrètes pour lesquelles les gens vont rechercher dans le domaine intime ce qui leur est refusé dans le domaine extérieur.* (4) La césure entre espace public et habitants ou usagers stigmatise l'échec de la place de l'humain dans un monde surencombré, sursaturé, surexploité. Le public semble désormais rejeté de son espace qui est transformé en lieu de théâtralité de son propre spectacle.

DÉCOR DE L'ESPACE INTIME Quand Gilbert Fastenaekens instaure parmi les figures urbaines la figure humaine, il interroge le sens de cette coupure et celle de l'acte photographique. La place de cette figure dans son œuvre 'fait problème'. Elle n'est pas celle de l'acteur de la scène publique mais bien celle du public devant lequel s'effectue le spectacle de la mort de l'espace public. La figure humaine est brusquement livrée à notre regard. Son intimité dévoilée semble surexposée. La mère protège d'un geste l'enfant qu'elle porte dans les bras, la jeune fille aux genoux bandés

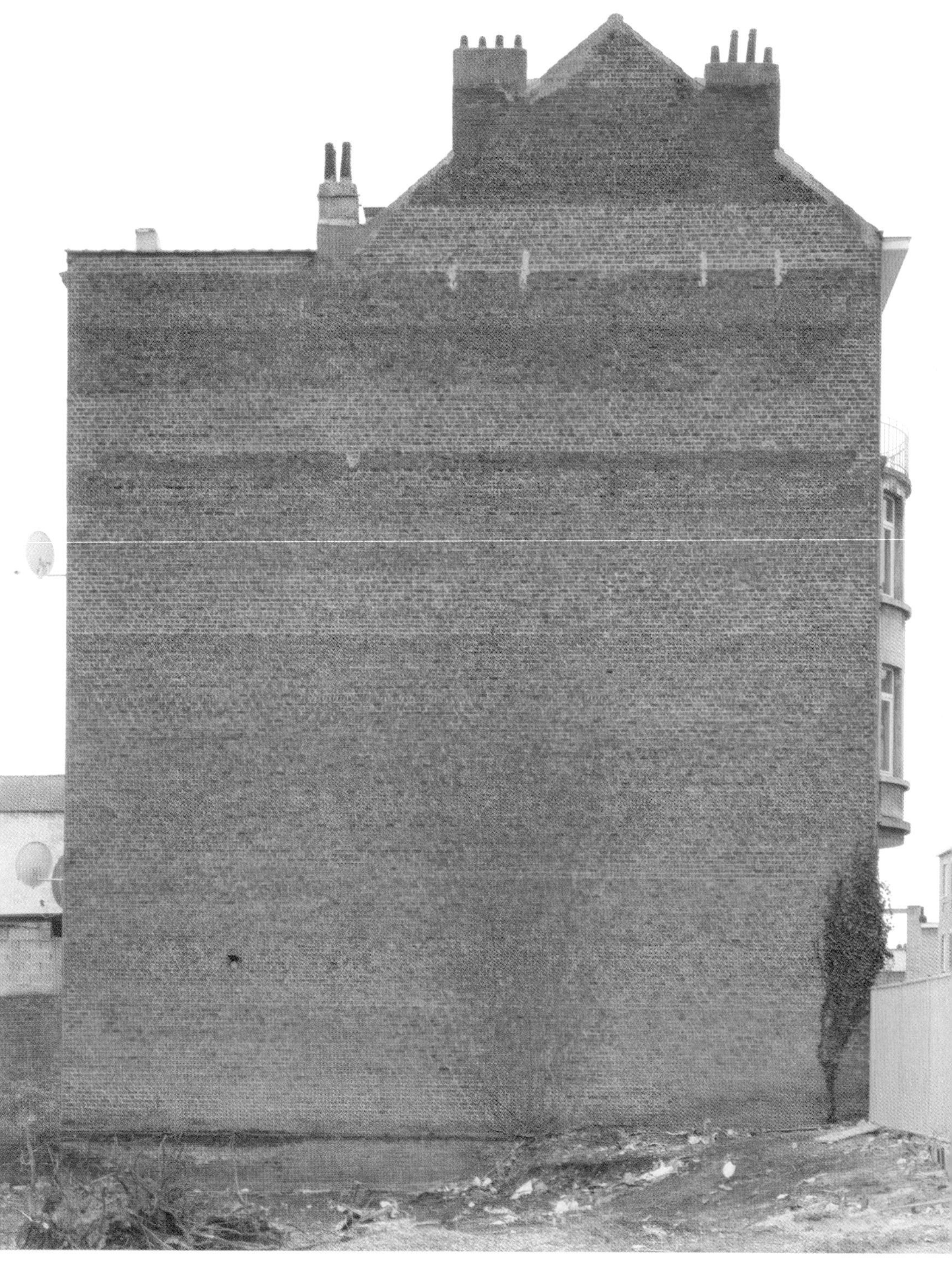

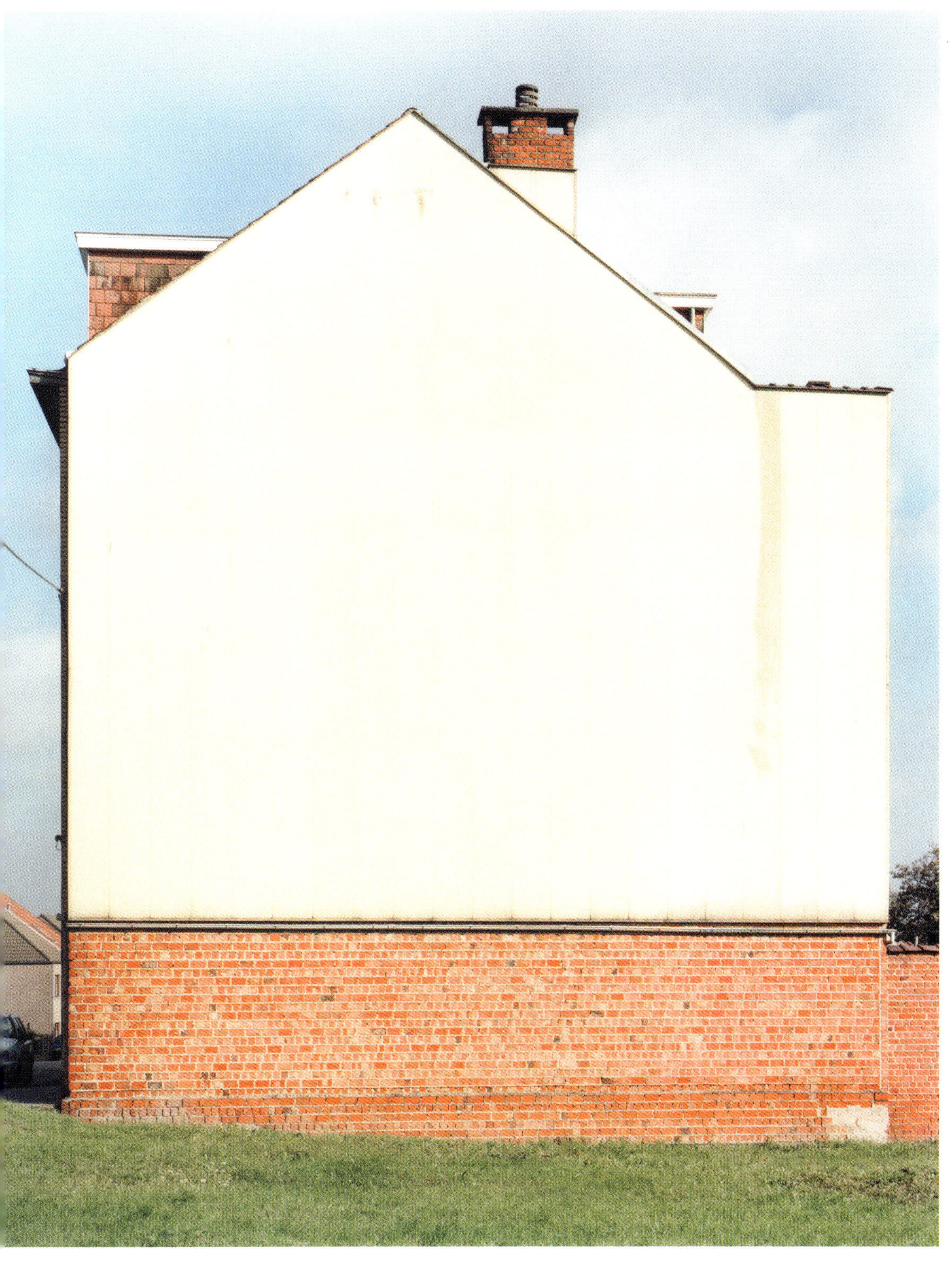

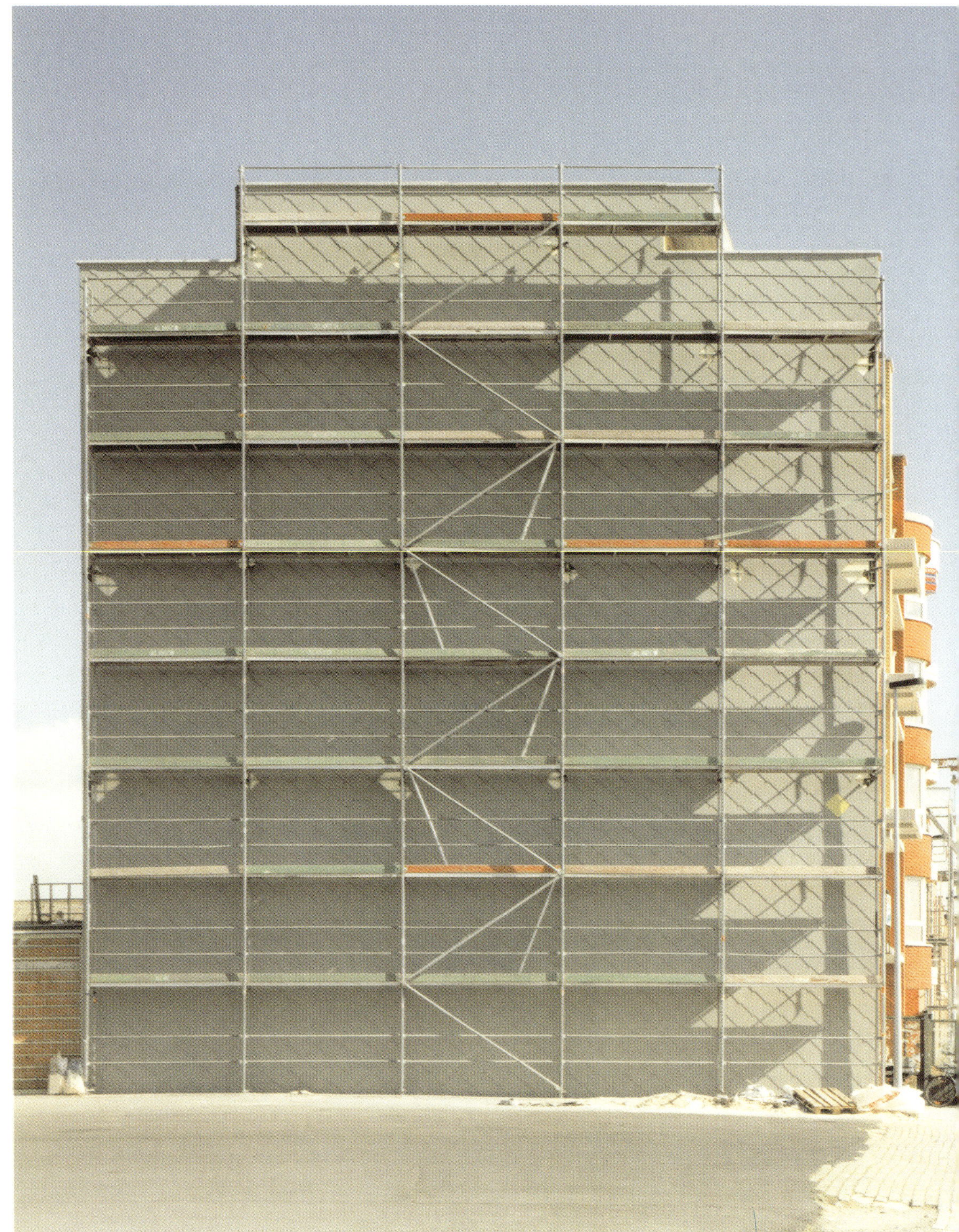

tente une pose maladroite. (5) Adolescente mal dans sa peau face à la rugosité de la peau de bitume d'une façade mitoyenne. La peau comme limite extrême du territoire perméable qu'est le corps nous renvoie au critère constitutif de l'œuvre de Gilbert Fastenaekens mais cette fois par l'altérité, celui de la co-présence et co-inscription face au monde objectivé par la photographie : la précarité territoriale de l'espace public contemporain.

Un déplacement décisif s'est produit entre Site et la pratique actuelle de Gilbert Fastenaekens. Le référent historique de la photographie, en ce qu'elle convoque d'attachement à son courant moderniste, s'en trouve excentré. D'un auteur qui interrogeait d'après son identité celle de la photographie, l'œuvre a pivoté vers une photographie qui questionne l'identité d'après l'expérience de son auteur. Faut-il y voir là une autre mise à mort ?

1. Richard Sennet est philosophe et enseigne au New York Institute for the Humanities.

2. Une photographie de type *objet* requiert un bord cadre étroit ou inexistant pour isoler ou extraire cet objet de son contexte tandis que la photographie de type *sujet* requiert la totalité de la surface photographique pour agir sur le lien entre sujet et contexte.

3. L'art est un lieu en soi.

4. Richard Sennet

5. Selon des figures classiques : madone à l'enfant pour la première, pose à la Ingres pour l'adolescente.

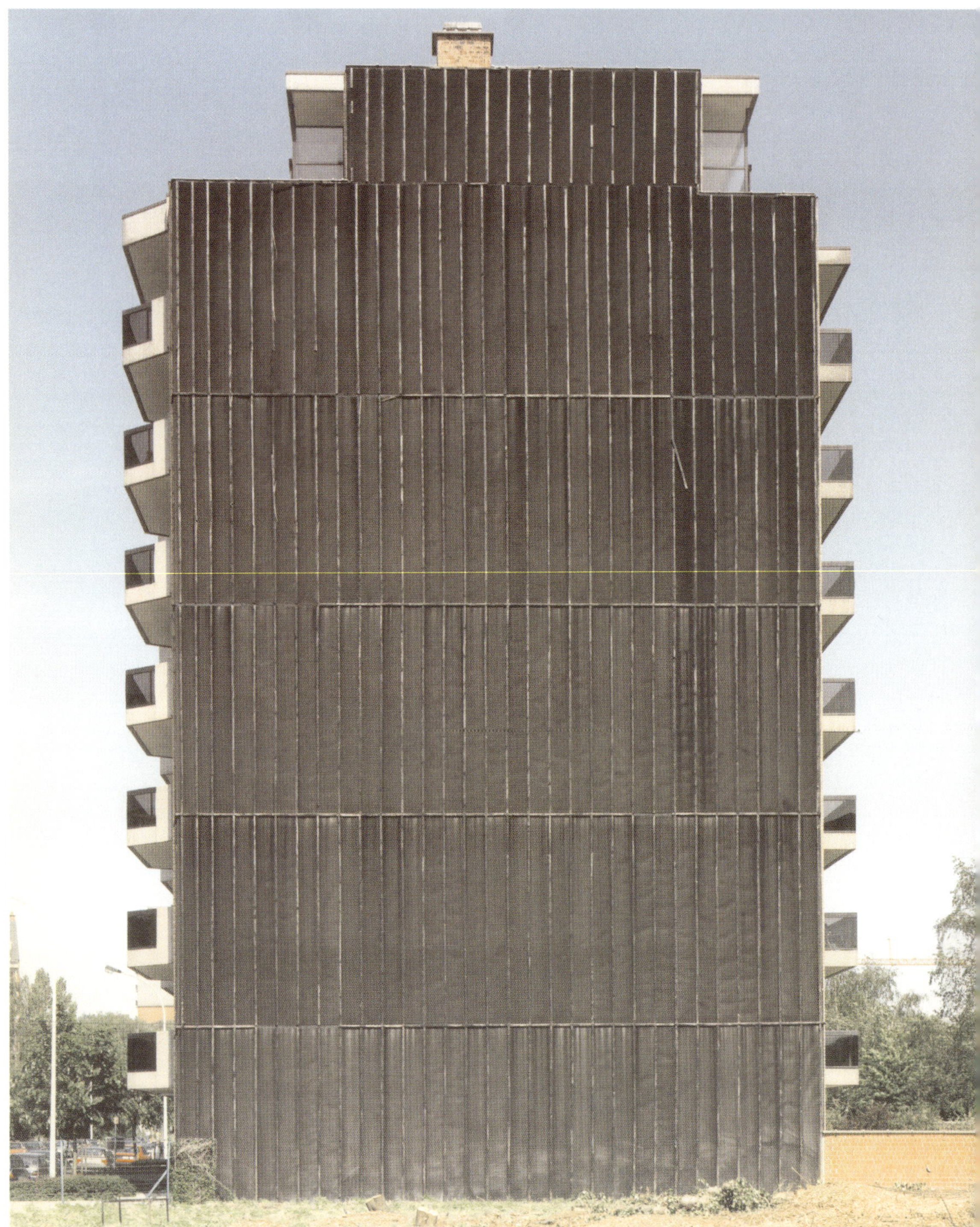

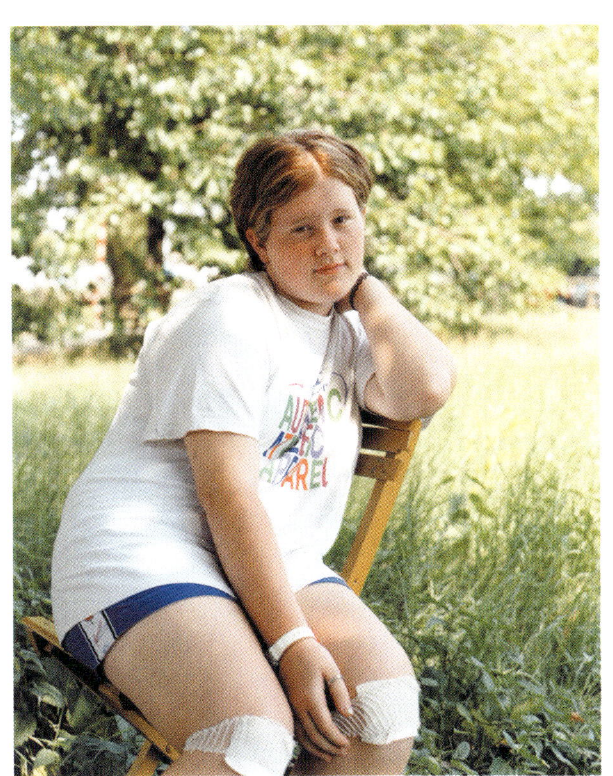

GILBERT FASTENAEKENS: TERECHTSTELLING VAN DE OPENBARE RUIMTE

Deze tekst werd herwerkt en ingekort voor deze publicatie.

Door Renaud Huberlant « 'Gilbert Fastenaekens is een terreinfotograaf in het "stadslandschap"-genre.' Wie zoiets zegt, beledigt de fotografie, de fotograaf en zijn oeuvre. Het is even onheus als zeggen dat Cézanne 'naar de natuur' schildert, terwijl hij eigenlijk een definitie van de schilderkunst schildert. Kunnen we daarom echter beweren dat Gilbert Fastenaekens een definitie van de fotografie fotografeert? Neen, want daar zijn al een eeuw en drie moderniteiten overheen gegaan en andere fotografen – zoals Atget – hebben al iets gedaan dat daar op lijkt. Volgens sommigen is de kunst niet langer toe aan haar definitie, maar aan haar deconstructie. Volgens anderen is ze toe aan haar doodstrijd. Wij zullen het hier hebben over een andere terechtstelling.

IDENTITEIT OP ZOEK NAAR EEN TERRITORIUM Als Gilbert Fastenaekens al stadslandschappen heeft gemaakt, dan was dit in het kader van fotografische opdrachten. Opdrachten die hij vaak naar zijn hand zette om zijn schuld tegenover de fotografie in te lossen. Voor Gilbert Fastenaekens is de fotografie in de eerste plaats de bouwsteen voor zijn identiteit. Ze objectiveert hem en zo ervaart Fastenaekens zijn aanwezigheid en situering *tegenover* de wereld. *Site* (het boek dat volgde op zijn fotografische opdracht in Brussel in 1991, die Fastenaekens heeft voortgezet tot in 1996) is daar een duidelijk voorbeeld van. In de stadsfoto's van Gilbert Fastenaekens is er een onmiskenbare 'niet-plaats'. De fotograaf botst op zijn stad en geeft zich rekenschap van de onmogelijkheid om er de typologie van zijn territorium af te bakenen. Hij benadert de stad als een vreemde en legt er de dwangmatige contrasten van vast. Hij toont ons een stad **zonder anders-zijn** en gaat er vervolgens uit weg, nadat hij er zijn extraterritorialiteit heeft ervaren, zich evenzeer een vreemde voelend als toen hij er aankwam..

EEN VERVANGINGSTERRITORIUM De huidige opnames zijn het logische vervolg. Gilbert Fastenaekens neemt vandaag terug de draad op die hij vroeger had losgelaten. Kleur ruimt baan voor zwart en wit. De beschrijvende waarde van het beeld verlaat geleidelijk het onmiskenbare opzet van de nieuwe foto's. In de periode tijdens en na *Site* vond de fotograaf in Forêt de Vauclair een voorlopig ander territorium waarin hij door contemplatie zijn relatie met de wereld en met zichzelf kon ervaren. De foto's die hij er maakte zijn daar geen weergave maar het esthetische argument van. Tegelijk kreeg de beeldende fotografie tijdens de jaren negentig de bovenhand op de documentaire stijl. Die twee factoren – identiteitsonderzoek en verplaatsing van het artistieke opzet van de fotografie – hebben een doorslaggevende invloed op de huidige werkwijze van Gilbert Fastenaekens en laten de vrije loop aan het basiscriterium van zijn hele oeuvre: de veranderlijke of zelfs misgelopen territorialiteit.

VAN HET SUBJECT NAAR HET OBJECT VAN DE FOTOGRAFIE De stad en haar theatraliteit staan voortaan centraal in de materiële scenografie van Gilbert Fastenaekens. Richard Sennet (1) merkt op dat het theater en de stad de problematiek van het 'openbare' met elkaar gemeen hebben. Uit wat openbaar wordt gemaakt en wat 'het openbare' vormt, ontstaat een 'openbare geografie'. Zowel in de stad als in het theater wordt de wereld die zich buiten de onmiddellijke omgeving en de persoonlijke verhoudingen bevindt, bewust gedefinieerd. Hetzelfde geldt in de fotografie van Gilbert Fastenaekens voor de verhouding binnen/buiten het bereik van de camera (2). Dit is ook zo bij Strüth of Gursky. De spectaculaire en monumentale vorm is de inherente component van de getheatraliseerde onwerkelijkheid, die de mogelijkheid biedt om zich los te maken van de dubbele verplichting om tegelijk te beantwoorden aan de descriptieve norm (het werkelijkheidseffect) en te ontsnappen aan de documentaire waarde (niet de referent is het subject, maar de kunst zelf (3)). Om het antropologische decor van ons identiteitsgemis beter te ensceneren wordt de klassieke breuk met de werkelijkheid vermeden. Dat lijkt het uitgangspunt van de huidige werkwijze van Gilbert Fastenaekens.

EEN STAD OP ZOEK NAAR EEN AUTEUR Veeleer dan op zoek te gaan naar de plaatsen en de ruimtes van de overmoderniteit is Gilbert Fastenaekens uit op het stadsrepertorium van architecturale confrontaties 'zonder eigenschappen'. Blinde muren, gordijnwanden … plantengordijnen, verlaten doodlopende straten … dode hoeken, werven … zijn na *Site* niet langer gewone 'niet-plaatsen' op zoek naar een identiteit, maar zijn verworden tot toneelmatige structuren van de plek en van de achterkant van de stedelijke theatraliteit op zoek naar een auteur. Een podium zonder stuk, een stad zonder auteur, een schouwspel zonder publiek. Een overaanwezigheid van het decor die de afwezigheid of het verlies van het openbaar project in onze overmoderne steden uitdrukt en toont.

De openbare ruimte is sedert de negentiende eeuw veranderd in een gebruiks- en transactiefunctie en veroorzaakt bijgevolg isolement. Dit isolement verhindert de mensen die in een stadsstructuur met hoge densiteit leven en werken om een band te hebben met het milieu waarin de structuur zich bevindt. *'De dood van de openbare ruimte is één van de meest concrete redenen waarom de mensen in de intieme sfeer zoeken naar wat hen erbuiten wordt geweigerd'.* (4)

De kloof tussen de openbare ruimte en de bewoners of gebruikers stigmatiseert het falen van de plaats van de mens in een overvolle, oververzadigde en overbelaste wereld. Het publiek lijkt voortaan verstoten uit zijn ruimte die werd omgevormd tot het toneel van zijn eigen schouwspel.

DECOR VAN DE INTIEME RUIMTE Als Gilbert Fastenaekens de menselijke figuur in de stadsfiguren voegt, bevraagt hij de betekenis van deze kloof en die van de fotografische handeling. De plaats van deze figuur in zijn oeuvre is

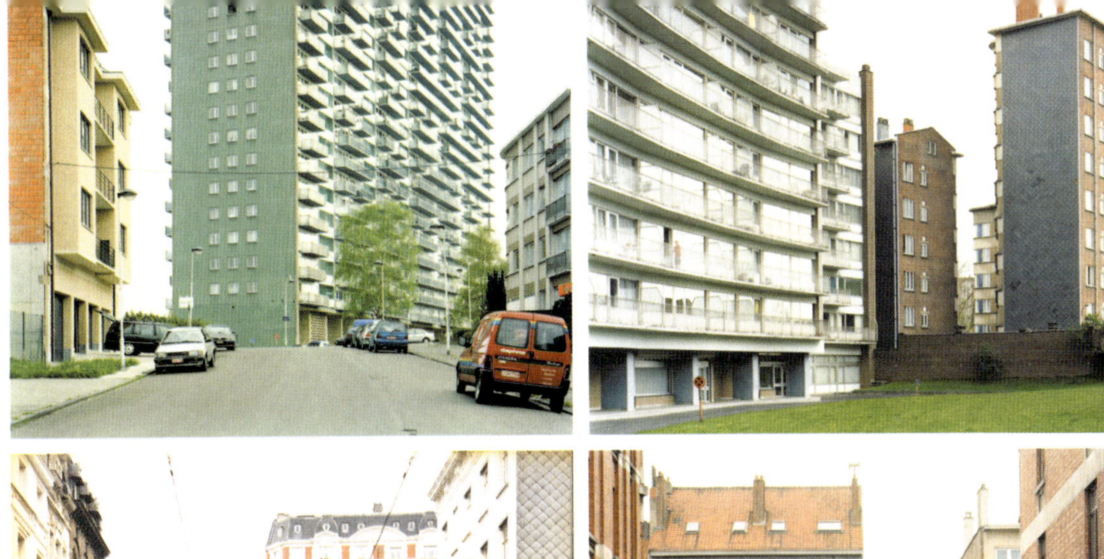

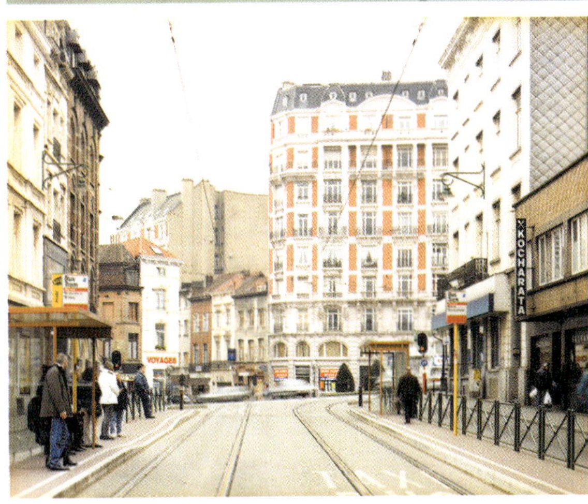

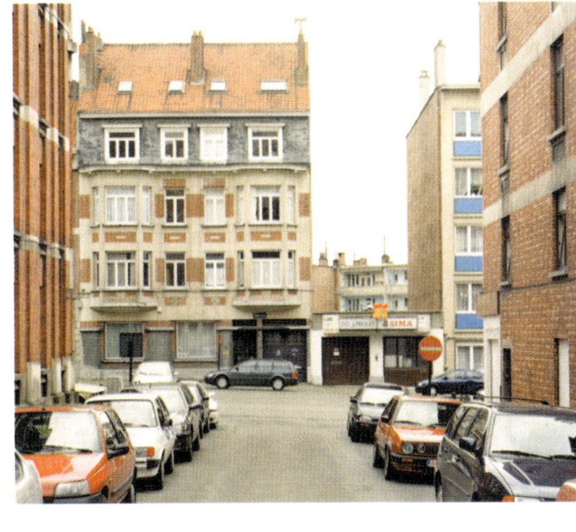

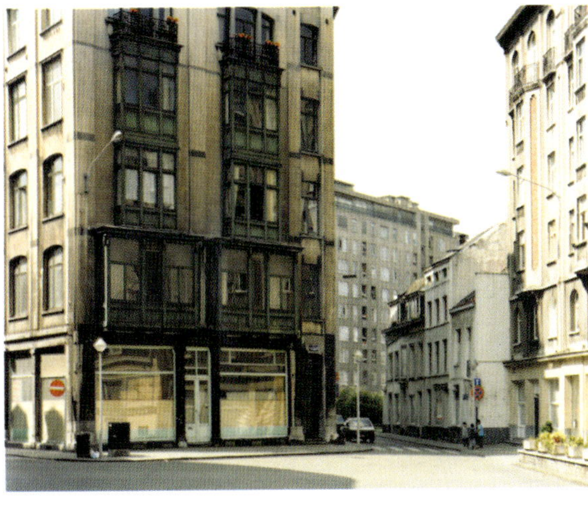

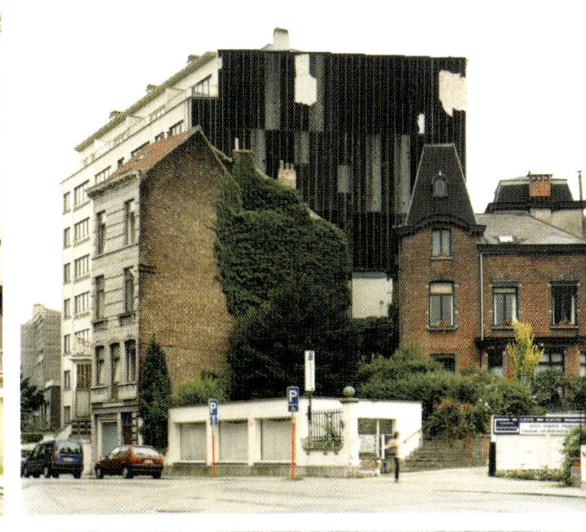

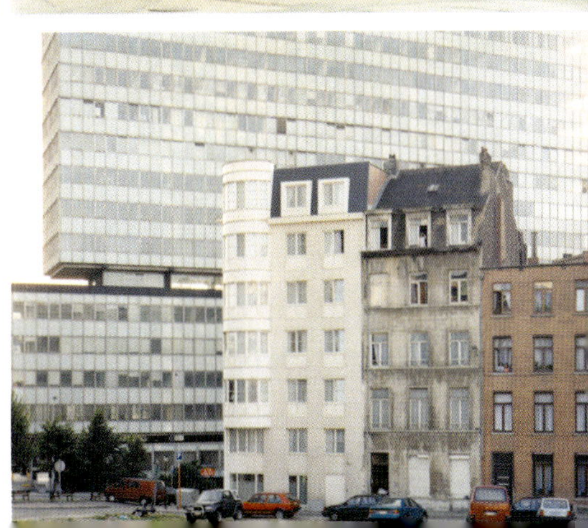

problematisch. Ze is niet die van de acteur van de openbare scene, maar wel die van het publiek waarvoor het schouwspel van de dood van de openbare ruimte wordt opgevoerd. De menselijke figuur is plots aan onze blik overgeleverd. Zijn openbaar gemaakte intimiteit lijkt overbelicht. De moeder beschermt met een gebaar het kind dat ze in de armen draagt, het jonge meisje met gezwachtelde knieën neemt een onhandige pose aan. (5) Een adolescente die zich onbehaaglijk voelt bij het zien van de ruwheid van de bitumen huid van een zijgevel. De huid als uiterste grens van het doorlatende territorium dat het lichaam is, verwijst naar het basiscriterium van het werk van Gilbert Fastenaekens. Maar deze keer **door het anders-zijn**, dat van de co-aanwezigheid en co-inscriptie tegenover de door de fotografie geobjectiveerde wereld: de territoriale hachelijkheid van de hedendaagse openbare ruimte.

Tussen *Site* en het huidige werk van Gilbert Fastenaekens heeft zich een beslissende verschuiving voorgedaan. De historische referent van de fotografie, voor zover hij zich verbonden toont met zijn modernistische stroming, wordt uit het middelpunt gelicht. Van een auteur die vanuit zijn identiteit de identiteit van de fotografie bevroeg, is het werk geëvolueerd naar een fotografie die de identiteit bevraagt vanuit de beleving van zijn auteur. Is dit een andere terechtstelling?

1. Richard Sennet is filosoof en geeft les aan het New York Institute for the Humanities.

2. Een foto van het objectmatige type vereist een smalle of onbestaande lijst om dit object af te zonderen van of te lichten uit zijn context. De foto van het subjectmatige type eist het hele fotografische oppervlak op om in te werken op de band tussen subject en context.

3. De kunst is een plaats op zichzelf.

4. Richard Sennet.

5. Volgens klassieke figuren: Maria met kind voor de eerste, pose à la Ingres voor de adolescente.

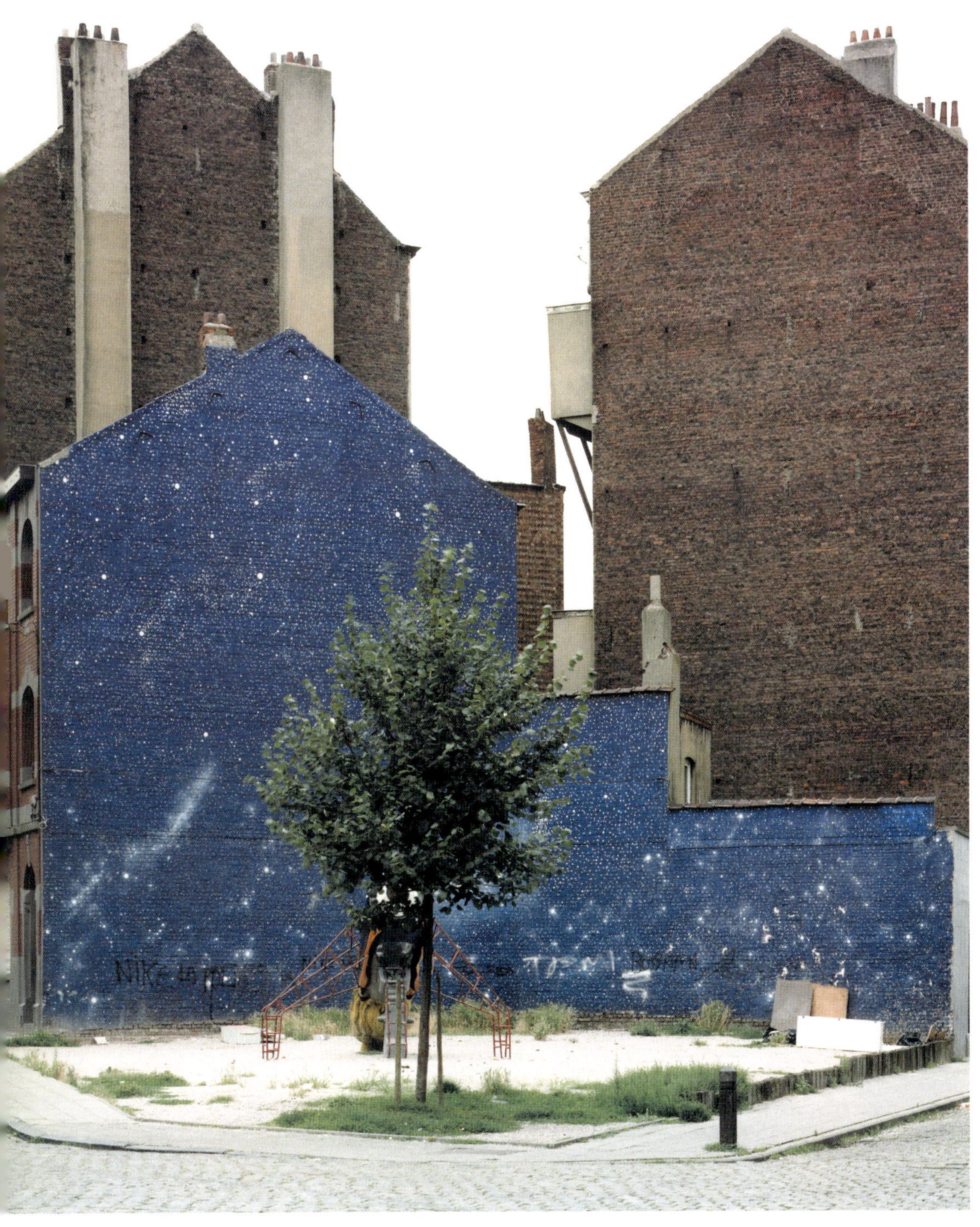

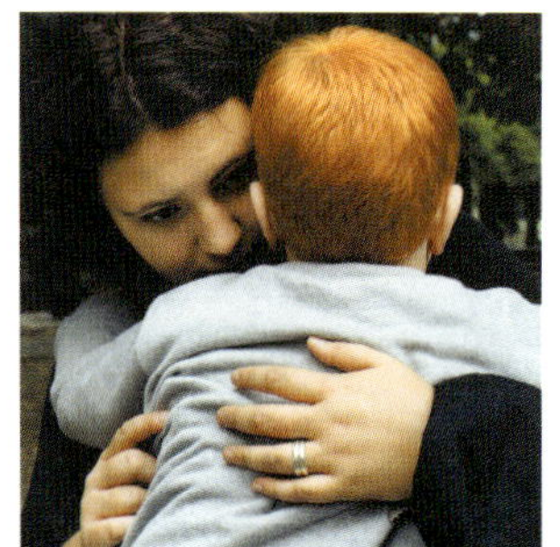

Sven Augustijnen

MICHAEL TARANTINO

DE WAARHEIDSINDEX

i. Finalement

15 juni 2050. Vandaag opende het nieuwe Brussels Museum voor Hedendaagse Kunst (BMvHK) op de Grote Markt zijn deuren. Het gebouw is een ontwerp van I.M Pei en kwam er na ongeveer vijfenveertig jaar aanslepende onderhandelingen en bouwwerken. Het is volledig opgetrokken in glas en staat pal in het midden van de Grote Markt. Op het dak van het gebouw zit de legendarische halfleeuw-halfhaan, die de samenwerking tussen de Vlaamse en Waalse Gemeenschap in dit historische opzet symboliseert. Als onderdeel van de openingsceremonie werd de Grote Markt opnieuw opengesteld voor het verkeer en werd ook een nieuwe ondergrondse parkeergarage ingehuldigd.

Curator van de openingstentoonstelling 'Negentigjarige Belgische Kunstenaars' is Flor Bex. De tentoonstelling reist vervolgens naar Slovenië, Peru en Bagdad. Tezelfdertijd zal een aantal tentoonstellingen die Bex in die landen organiseerde (met werken van negentigjarige Sloveense, Peruviaanse en Amerikaans-Iraakse kunstenaars) uiteindelijk naar Brussel reizen. De catalogus wordt gesponsord door Dexia.

Tijdens de opening van het museum was er ook een inleidende toespraak door Jan Hoet, die hiervoor 5.000 euro en een weekend in het Amigo Hotel opstreek. Hoet zal in de adviesraad van het museum zetelen. Naar een directeur is men nog steeds op zoek. Tot op heden werden al meer dan 3.000 sollicitaties ontvangen (en afgewezen). Zolang er geen nieuwe directeur is benoemd, zal het programma bepaald worden door een drieledige commissie, bestaande uit Marie-Puck Broodthaers, Albert Baronian en Jan Mot. Plannen voor een retrospectieve van Angel Vergera liggen momenteel op tafel.

ii. Marriage de raison

Op een bepaald moment in 'Le Guide du Parc' van Sven Augustijnen ontmoet de verteller/gids een bruidspaar dat zich laat fotograferen tegen de welige achtergrond van het Koninklijk Park. De confrontatie van de verteller van een film, die zich halfweg tussen film en fictie lijkt te bevinden, en een gebeurtenis die, per definitie, een geënsceneerde versie is van een erkende staatsceremonie (of van een georganiseerde kerk) ... de kledij, de geloften, de feestelijke sfeer, de veronderstelde maagdelijkheid, enz ... is verontrustend en verwarrend.

'Le Guide du Parc', gefilmd in de schaduw van het Paleis voor Schone Kunsten, was Sven Augustijnens inzending voor de 'Prijs Jonge Belgische Schilderkunst/Prix de la Jeune Peinture Belge'. Deze prijs, met zijn wel heel ontoepasselijke benaming, is een Belgische vaste waarde. Augustijnens subtiele verkenning van wat er zich naast de deur afspeelt, — het park als een ontmoetingsplek voor homo's —, doorprikt de sfeer van officiële schijnheiligheid die over het park en zijn 'historische' omgeving hangt. Volgens de kunstenaar doet de openbare 'nutstuin' even goed dienst als 'lusthof'.

iii. Dagdromen

The Guardian publiceert een dagelijkse rubriek, 'Notes and Queries', waarin de lezer allerlei vragen, van uiterst intelligent tot onzinnig, kan stellen. Een recente vraag luidde als volgt:

'Waarom ervaren we verrassing in droomscènes? De geest die de droom ervaart, is toch dezelfde geest die de verhaallijn heeft bedacht.'

Bij een eerste lezing dacht ik aan het 'dromen' dat we in onze slaap verrichten. Daarna besefte ik dat dit even goed kon slaan op droomscènes in films, die gebruikt worden als een soort onderbreking in het verhaal en die de kijker vaak verkeerdelijk het gevoel geven dat het NIET om een droom gaat, maar om het vervolg van de werkelijkheid in de film. Een geslaagde droomscène zorgt ervoor dat we verrast zijn als alles terug bij het 'normale' is, d.w.z. als we terugkeren naar het eigenlijke verhaal. Als de scène mislukt, is er geen verrassing, maar wel het walgelijke besef dat dit een truc was, waar we niet voor gevallen zijn. In die zin is verrassing de barometer voor mislukking of succes.

In de slaap ligt dit anders. Om te beginnen is de droom daar een onbewuste constructie, in tegenstelling tot de nauwgezette planning van een film. Hij is gebaseerd op 'echte' gebeurtenissen of gevoelens, maar lijkt, althans voor de dromer, een lukrake opeenvolging van gebeurtenissen. Dus wat de lezer van *The Guardian* in feite vraagt, is waarom we niet dezelfde controle over ons onbewuste hebben die de filmregisseur over zijn film heeft. Tijdens de slaap heeft 'de geest die de verhaallijn bedenkt' verre van de controle die hij denkt te hebben. Een huwelijk of een moord of een verliefd stelletje achter een boom kunnen zijn 'verhaal' op elk moment komen verstoren. Zijn verrassing is niet zozeer een gevolg van die gebeurtenissen, maar veeleer van de onvoorspelbaarheid van dit ogenschijnlijk tijdloze, grenzeloze verhaal. Zoals wanneer je op een feestje aan een ongenode gast zegt: 'Het verrast me je hier te zien.'

iv. Ik begrijp het niet

'Ik begrijp niet wat dit met film te maken heeft. Is het een documentaire of is het fictie? Het kan geen documentaire zijn. Ik geloof niet dat die dingen zomaar kunnen gebeuren, in het midden van de stad. Als het fictie is, dan is het een echte schande. Men mag mensen niet voorhouden dat dergelijke dingen gebeuren. En die camerabewegingen. Waarvoor zijn die bedoeld? Het lijkt wel die Russische film waarin de camera doorheen de kamers van de

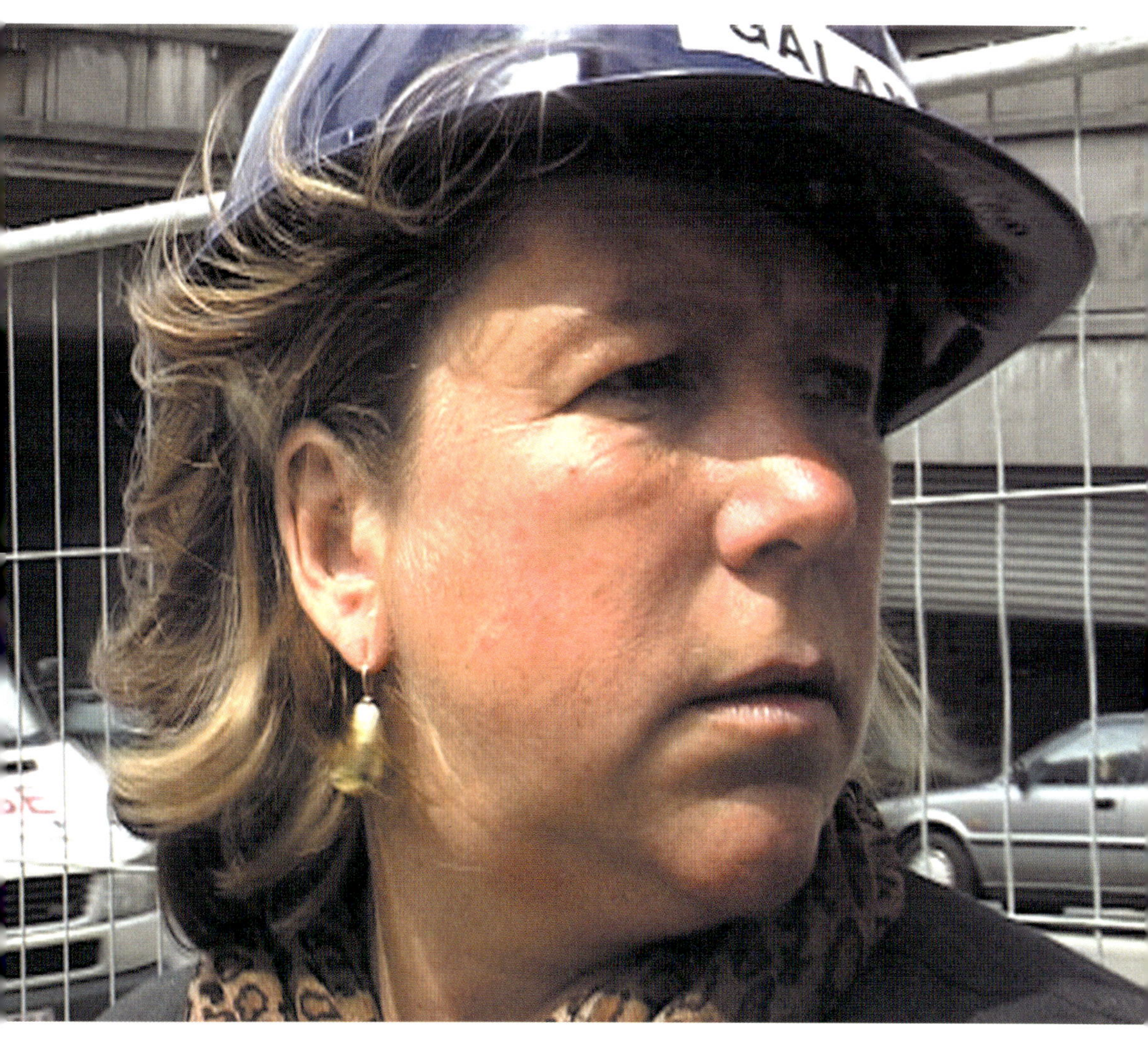
GALA

Hermitage dwaalt met een cast van honderden mensen. Waarom niet wat meer camera's huren en een redacteur inschakelen, in godsnaam? En die betweter van een gids, wie denkt hij wel dat hij is? Wat een rotzooi. En dan te bedenken dat vrienden van mij erbij betrokken raakten. Ze huwden die dag, niet te geloven toch?'

'OK, OK, maar kunnen we nu stemmen over dit stuk of niet? Al diegenen voor het toekennen van een prijs, hand omhoog. Goed, nog altijd drie stemmen tegen drie. Zullen we de bespreking dan maar voortzetten?'

'Welke bespreking? Wat valt er te bespreken? Die film houdt geen steek. Is het één grote, bij elkaar geharkte fictie? Of wat? Ik kan niet geloven dat die dingen echt gebeuren in dat park. Wat als de koningin haar gordijnen zou opentrekken en een dergelijk tafereel te zien kreeg? Dat is ondenkbaar, sorry. En het is totaal onverantwoord om te laten uitschijnen dat het kan. Maar, ach wat, als niemand zijn mening wil herzien, zal ik voor stemmen. Hij is deze lange bespreking gewoon niet waard, volgend onderwerp graag.'

v. De filmmaker als zakkenroller

'Voor (Robert) Bresson, is de echte film "écriture", en niet een "schouwspel", bijgevolg is stijl de waarheidsindex en is een strak realisme de enig mogelijke stijl. (Hopelijk verschillen definities van realisme minder dan die van realiteit.)'(...) "In "Pickpocket", treffen we dezelfde nadruk op onbeweeglijke, beheerste gezichten en beweeglijke, vaardige handen die zich oefenen en handelingen uitvoeren; de strakke, sobere schoonheid van functioneel in elkaar gezette fotografie met de textuur van een journaal ...' Daniel Millar, *The Films of Robert Bresson*, Praeger Books, Londen, 1969.

Bressons 'Pickpocket' (1959) combineert een eenvoudig verhaal met elementen van de documentaire en de abstractie. Wat mij van die film, die ik in geen jaren meer heb gezien, vooral is bijgebleven, zijn de close-ups van handen die portefeuilles afhandig maken van achteloze slachtoffers en de relatie, die het midden houdt tussen vader en zoon en priester en biechteling, van de held, Michel, met Kassagi, de zakkenroller die hem de knepen van het vak leert. Paul Schrader omschrijft Bressons films als 'transcendent', wat duidelijk blijkt uit de blik van zijn personages, het gebruik van muziek, het gebruik van off-screen en ruimte en het oog voor detail. Als het scherm gevuld wordt met niets anders dan lichaamloze handen en vormen, bevinden we ons in een ruimte tussen voyeurisme en medeplichtigheid.

Er is een ander aspect van de zakkenroller waarnaar verwezen wordt in Bressons film: de seksuele aantrekkingskracht niet alleen tussen leermeester en leerling, maar ook tussen dief en doelwit. Want wat het duidelijkst naar voren treedt in de abstracte opnames van handen en lichamen is het fysieke contact dat tussen het ene lichaam en het andere bestaat. Ondanks de inspanningen van de zakkenroller om zijn handeling 'onzichtbaar' te maken, om de effecten van zijn aanraking uit te wissen, blijft het toch een seksuele daad, een schending van het lichaam van een ander. De onwettige overgang van een object van de ene naar de andere persoon wekt, ondanks een gevoel van schending, onze bewondering op vanwege de handigheid ervan en vanwege de 'strakke, sobere schoonheid' waarmee dit in beeld wordt gebracht. (In een hedendaags voorbeeld, de roman *Fingersmith* — een woord uit de negentiende eeuw voor kruimeldief — toont Sarah Waters het verband tussen de uitwisseling van identiteiten, persoonlijkheden en verhalen en de dagelijkse 'uitwisseling' van objecten en geld. Haar 'vingersmeden' zijn bovenal acteurs in een zelf gekozen komedie.

Sven Augustijnens 'L'Ecole des Pickpockets' beschrijft de 'kunst' van het zakkenrollen zoals

elke andere kunst. De verteller lijkt een personage weggelopen uit een roman van Paul Auster
of een film van David Mamet, zoals 'House of Games'. Hij tracht in de gunst te komen bij de
kijker, ons vertrouwen te winnen, onze bewondering op te wekken voor zijn vaardigheid. Net
als de gids in het park gebruikt hij de kracht van zijn persoonlijkheid om de kijker te
charmeren, om zich door onze kritische geest te laten innemen. We laten onze waakzaamheid
varen, volgen de stappen in de school voor zakkenrollers en proberen misschien zelfs thuis een
paar trucs uit. Net zoals we de premisse van 'Le Guide du Parc' aanvaarden en doelloos en
toch vastberaden rondwandelen in het Koninklijk Park met een camera als surrogaat voor onze
bewegingen. We aanvaarden de rol van leerling, van toeschouwer en vertrouwen erop dat de
leermeester, de regisseur, de camera ons de weg zullen wijzen.

Het belangrijkste aspect uit het discours van de zakkenroller tegenover zijn leerlingen is de
opbouw van het spel zelf. Het is van belang dat ze een verhaal weven dat een gunstige context
schept voor de diefstal die ze op het punt staan te begaan. Dit is een andere vorm van
verleiding, een andere manier om de wil en de handelingen van je slachtoffer af te stemmen
op de handeling die je tot een goed einde wil brengen. De 'School voor zakkenrollers' is een
documentaire over de kunst van de fictie.

vi. 'Rear Window'

Om nog een voorbeeld van dit vrijwillige loslaten van controle te geven, kan een omschrijving
van de premisse van 'Iets op Bach' misschien volstaan (1998). Het betreft een samenwerking
tussen Augustijnen en de choreograaf Alain Platel. Een aantal performers nemen een pauze
tussen de repetities in. Ze lachen, flirten, vechten, tonen hun gevoelens. Ze doen me denken
aan Warhols 'Factory girls and boys', een erotische nachtmerrie vol fantasie, fictie en realiteit.
Maar hoe zijn wij betrokken bij wat zich afspeelt? Een camera, ogenschijnlijk opgesteld in een
kamer aan de andere kant van de straat of de gang, filmt de performers doorheen een raam.
De toeschouwer wordt de voyeur, de vervanger van de onbekende cameraman. En net als de
scène in Hitchcocks 'Rear Window', — de ultieme voyeuristische Hollywood-fantasie (samen
-met Michael Powells 'Peeping Tom') — , waarin Raymond Burr, als de moordenaar, recht in de
camera kijkt naar Jimmy Stewart en, bij uitbreiding, naar het filmpubliek, zijn er gelijkaardige
scènes van herkenning in 'Iets op Bach': de 'acteurs' gaan de confrontatie met de camera aan
en tarten zijn aanwezigheid door voor zijn oog hun gevoelens de vrije loop te laten. Ook hier
is de grens tussen fictie en werkelijkheid hopeloos vervaagd. En toch dankt de film zijn
strakheid aan de afwezigheid van bakens en grenslijnen. Ons gebrek aan evenwicht doet ons
helemaal opgaan in het verhaal.

vii. Rondleidingen

Elke film is als een rondleiding. Door binnen te komen op het gestelde uur, plaats te nemen
in de fauteuils en onze gsm's af te zetten, aanvaarden we het pact tussen filmmaker en kijker,
een pact gebaseerd op onderdanigheid en dominantie. En of de film nu 'Dogville' of 'Austin
Powers' is, we houden vast aan het verhaal als onze gids en aanvaarden wat het ons wel of niet
vertelt. We aanvaarden dit om helemaal op te kunnen gaan in wat er zich op het scherm
afspeelt. We vrijen niet echt met Nicole Kidman, maar we bekleden wel een geprivilegieerde
plaats. We spelen niet mee in Powers' persiflage van James Bond, maar onze positie als
toeschouwer verleent ons cynisme het voordeel van de macht. Dus aanvaarden we gewillig het
tempo, het ritme, de context die de film ons biedt. Als we dat niet doen, hebben we maar twee
mogelijkheden: in slaap vallen (en film is één van de sterkste slaapmiddelen) of de filmzaal

verlaten. Dit is evenwel een radicale zet. Ik ben zelden in de verleiding gekomen om dit te doen. Ik kan me een aantal keren herinneren - één of ander pathetisch flamencodrama van Carlos Saura en recenter nog, Ulrich Seidls 'Dog Days'. Ik ging weg in het geval van Saura, maar zat 'Dog Days' helemaal uit. Op het einde vond ik de film nog steeds slecht, maar had ik het gevoel dat het nog erger was geweest als ik de rondleiding voortijdig had verlaten. Want dan sta je er wel helemaal alleen voor, of niet soms?

viii. Ik wil weten

Een man spreekt tot de camera. Zijn naam is Johan. We kunnen opmaken dat hij zich in een of andere instelling bevindt, maar wat voor een instelling wordt in het ongewisse gelaten: een gevangenis of een ziekenhuis. En gesteld dat het om een ziekenhuis gaat, lijdt hij dan aan één of andere dodelijke ziekte of bevindt hij zich in een psychiatrisch ziekenhuis? Naarmate hij de vragen van de filmmaker en een dokter in de kamer beantwoordt, wordt het langzaam duidelijk dat hij lijdt aan afasie, een aandoening die bij Prins & Bastiaanse gedefinieerd wordt als 'een stoornis in het produceren en begrijpen van gesproken en geschreven taal als gevolg van een meestal eenzijdig gelokaliseerde hersenlaesie bij personen die een normale taalontwikkeling hebben gehad'. Op een gegeven ogenblik blijft Johan de therapeut antwoorden met 'Ik wil weten', 'Ik wil weten'… Ze kan hem er niet toe brengen te zeggen 'wat' hij nu precies wil weten.

Lijkt dit niet op de positie van de toeschouwer die deze 'documentaire' van Sven Augustijnen bekijkt? We willen weten wat er gaande is, we willen meer weten over dit 'onderwerp', we willen weten dat de filmmaker zijn machtspositie niet zal misbruiken. En we kunnen dit alleen te weten komen door de filmmaker te vertrouwen, door de camera te vertrouwen, door erop te vertrouwen dat wij (en Johan) niet zullen worden gemanipuleerd. Maar dat is natuurlijk een contradictio in terminis. We kunnen de manipulatie maar beter aanvaarden en ons van daar laten meevoeren.

ix. Ce n'est pas evident

Op een bepaald ogenblik in Sven Augustijnens 'Mission Mont des Arts' lopen twee toeristen uit Doornik hopeloos verloren in het doolhof rond de Grote Markt van Brussel. Door een gelukkig toeval botsen ze op twee behulpzame gidsen van de Koning Boudewijnstichting. Vervolgens krijgen ze een rondleiding in de hele omgeving, van het dak van het Instrumentenmuseum tot de toiletten van het Paleis voor Schone Kunsten (met gastcommentaren van de directeur van het Paleis, Paul Dujardin), van de ingewanden van het Centraal station, waarin de geest van Victor Horta rondwaart, tot de protestantse kerk van Brussel. En toch staat de rondleiding in het teken van gesloten deuren, doodlopende paden en zich verontschuldigende, maar niet wijkende portiers. Net als in 'Le Guide du Parc' krijgen we hier de meest ongrijpbare kant van Brussel te zien. Brussel is een stad die zichzelf op het eerste gezicht niet blootgeeft. Er bevindt zich altijd iets achter de deur, om de hoek, achter een boom. Augustijnens 'videotours' helpen ons geenzins het raadsel te 'ontsluieren'. In feite vinden ze het fijn om ons de verscheidenheid te tonen achter bepaalde bezienswaardigheden, de constante conclusie dat de dingen niet zijn wat ze lijken.

x. De museumdirecteur, de criticus, de kunstenaar en de krant

Het gesprek heeft plaats in de vip-ruimte van de Brusselse Kunstbeurs, 2002. De champagne vloeit er rijkelijk.

'Heb je die belachelijke krant gezien die bij de ingang van de beurs wordt uitgedeeld?'

'Ja, wat is ervan? Het is toch gewoon het zoveelste plan voor een Brussels Museum voor Hedendaagse Kunst. Het zal er wel nooit van komen.'

'Maar het is bedrog!'

'Wel, dat is het toch altijd, nee?'

'Nee, ik bedoel dat de krant ons voor de gek houdt. Er bestaan geen plannen voor dat stomme Laatste Nieuw Centrum voor Hedendaagse Kunst van Brussel (LNCHKB). Het bestaat niet.'

'Bedaar toch. Hoe meer de dingen veranderen, hoe meer ze hetzelfde blijven. Wat maakt het uit?'

'Wat maakt het uit? Dit is schandalig. Een stom project van een kunstenaar die denkt dat hij iedereen in de maling kan nemen.'

'Wie is de kunstenaar?'

'O, een of andere Zweed die in Brussel woont. Zal ik je wat vertellen - hij kan zijn carrière wel laten varen als de mensen eenmaal door hebben wat hij gedaan heeft.'

'Ik begrijp nog altijd niet waarom dit je zo schokt.'

'Jezus nog aan toe, je bent wel traag van begrip. Zie je dan niet dat stunts als deze de boel verpesten voor echte projecten in Brussel?'

'Welke 'echte' projecten?'

'Laat maar. Ik moet naar een afspraak met iemand van een brouwerij. Weet je hoe ik van hieruit het makkelijkst in Vorst kom?'

POSTSCRIPT
De nieuwe film van Sven Augustijnen heet 'Une femme entreprenante'.
Zonet zag u een foto van Sophie Le Clercq, het hoofdpersonage. Ze draagt een helm, die niet alleen verwijst naar haar rol als hoofd van Blaton, het bouwbedrijf, maar ook naar haar rol in het nieuwe Wielemans-Ceuppens-project. Op het eerste gezicht staat er 'salad' op de helm.
Als je nog eens kijkt, lees je echter 'galaxy'. (Of, om nog juster te zijn, 'galax'.) Wat heeft dat te maken met 'Blaton' of 'Wiels'? Ze draagt kennelijk een sjaal met luipaardmotief. Is dit de ondernemers-look? Geeft ze een rondleiding op het bouwterrein? Zit er iemand in de wagen achter het hek? Waar kijkt Sophie naar?
Zo veel vragen. Zo weinig antwoorden.
Wordt vervolgd...

MICHAEL TARANTINO

LE CATALOGUE DE VÉRITÉ

i. Finalement

15 Juin 2050. Aujourd'hui, sur la Grande Place, a été inauguré le nouveau Musée d'art contemporain de Bruxelles (MACB). Après près de quarante cinq ans de négociations et de travaux de construction, le bâtiment, entièrement de verre, conçu par I.M. Pei, se situe en plein centre de la Grande Place. Au sommet de l'édifice siège le légendaire mi-lion, mi-coq, symbolisant la coopération des peuples flamands et wallons dans cette entreprise historique. Partie intégrante des cérémonies d'ouverture, la circulation a été rétablie sur la Grande Place et un nouveau parking souterrain a été inauguré.

L'exposition inaugurale, 'Les artistes belges nonagénaires', a été conçue par le conservateur Flor Bex. Cette exposition voyagera en Slovénie, au Pérou et à Bagdad, alors que des expositions organisées par M. Bex dans ces pays (consistant d'œuvres d' artistes nonagénaires slovènes, péruviens et américains d'origine iraquienne) viendront un jour à Bruxelles. Le catalogue est sponsorisé par Dexia.

L'ouverture du musée a aussi été l'occasion d'un discours inaugural de Jan Hoet, pour lequel il a reçu des honoraires de 5000 Euros et un week-end à L'hôtel Amigo. Hoet fera partie du comité consultatif du musée, qui cherche toujours son directeur. A ce jour plus de 3000 candidatures ont été reçues (et rejetées). Jusqu'à la nomination du nouveau directeur, le programme sera organisé par une commission tripartite consistant de Marie-Puck Broodthaers, Albert Baronian et Jan Mot. Une rétrospective de Angel Vergera est projetée.

ii. Un mariage de raison

A un moment dans le 'Guide du parc' de Sven Augustijnen, le narrateur/guide, tombe sur deux jeunes mariés en train d'être photographiés dans le décor verdoyant du Parc Royal. Ce face à face du narrateur d'un film qui semble se situer à mi-chemin entre réalité et fiction avec un événement qui, par sa définition, est une mise en scène d'un rituel institutionalisé par l'Etat (ainsi que par toutes les religions organisées)... les costumes, les serments, l'ambiance festive, la présomption de virginité, etc... est étrange et dérangeant.

Tourné à l'ombre du Palais des Beaux Arts, 'Le Guide du Parc' avait été présenté par Sven Augustijnen au concours du 'Prix de la jeune Peinture Belge'. Ce prix, qui porte si mal son nom, est en fait une institution belge. L'observation subtile que fait Augustijnen de ce qui se passe tout à côté, c'est à dire dans ce parc qui est utilisé comme lieu de drague homosexuelle, écorne sérieusement l'air de moralité officielle qui flotte autour de ce lieu et de son environnement 'historique'. D'après l'artiste le 'jardin de la raison bourgeoise' fonctionne tout aussi bien que le 'jardin de la concupiscence'.

iii. Rêver en plein jour

'The Guardian' à une rubrique quotidienne nommée 'Notes and Querries' dans laquelle toutes sortes de questions, du sublime au grotesque, sont posées par les lecteurs. En voici une récente :

« Pourquoi faisons-nous l'expérience de la surprise quand nous rêvons ? L'esprit qui éprouve la surprise est le même que celui qui a conçu l'histoire ».

En le lisant j'ai tout d'abord pensé qu'il s'agissait des rêves que l'on fait en dormant. Puis, je me suis rendu compte qu'il pourrait tout aussi bien s'agir des séquences de rêve dans les films qui fonctionnent comme des sortes d'interruptions dans le récit et pourraient induire le spectateur à penser qu'il ne s'agit PAS d'un rêve mais d'une continuation de la réalité du film. Quand la séquence de rêve fonctionne bien nous sommes surpris de retourner à la réalité 'normale', à l'histoire centrale. Quand elle ne fonctionne pas bien il n'y a pas de surprise, il y a simplement un constat désabusé qu'il s'agit là d'un piège dans lequel nous ne sommes pas tombés. Ainsi la surprise est un baromètre du succès ou de l'échec.

En dormant c'est différent. Pour commencer, le rêve est une construction inconsciente, par opposition à un film qui est minutieusement construit. Le rêve est basé sur des événements ou des sensations 'réels' mais ressemble, pour le rêveur au moins, à un amas arbitraire de faits. Alors, ce que demande vraiment le lecteur du Guardian, est pourquoi nous n'avons pas le même contrôle sur notre inconscient qu'un réalisateur a sur son film. Pendant le sommeil 'l'esprit qui a conçu l'histoire' est bien loin d'avoir le contrôle que le lecteur voudrait lui attribuer. Un mariage, un assassinat ou un couple d'amoureux derrière un arbre peuvent surgir à tout moment dans son histoire. Sa surprise n'est pas tant causée par ces incidents que par la part d'imprévisible dans une histoire apparemment hors des frontières de l'espace et du temps. C'est comme si l'on avait organisé une soirée et qu'on s'exclamait en apercevant un convive qui n'avait pas été invité : « Je suis surpris de vous voir là ».

iv. Je ne comprends pas

« Je ne comprends pas ce que cela a à voir avec le cinéma. C'est un documentaire ou c'est un faux ? Ca ne peut pas être un documentaire. Je ne peux pas croire que des choses pareilles puissent se passer, en plein milieu de la ville. Si c'est un faux c'est un scandale. On ne devrait pas faire croire aux gens que des choses pareilles se passent vraiment. Et ces mouvements de caméra. Ca sert à quoi, ça ? C'est comme ce film russe où la caméra serpente à travers les salles de l'Hermitage avec des centaines de figurants. Pourquoi ne pas simplement louer quelques caméras de plus et embaucher un monteur, bon sang ? Et ce guide imbu de son savoir, pour qui se prend-il ? Quel bordel. Et à penser que j'ai des amis qui s'y sont fait prendre. Ils se mariaient ce jour là figurez-vous. »

« OK, OK, mais pourrait-on passer au vote sur cette pièce, oui ou non? Tous ceux favorables à l'attribution d'un prix, levez la main. Bon, c'est encore trois votes contre trois. On continue la discussion ? »

« Quelle discussion ? Ca sert à quoi. Ce film n'a aucun sens. C'est une grosse fiction inventée de toutes pièces ? Ou quoi ? Je ne peux pas croire qu'il se passe vraiment des choses pareilles dans ce parc. Et si la reine ouvrait ses rideaux et voyait ce genre de trucs ? Ce n'est pas possible. Je suis désolé. Et c'est totalement irresponsable de proposer que ça pourrait être possible. Mais que diable. Si personne n'est prêt à changer d'avis je vais voter pour. Ca ne mérite pas cette discussion interminable, alors on passe à autre chose. »

v. Le réalisateur en pickpocket

« Pour (Robert) Bresson le vrai cinéma est 'écriture' et non pas 'spectacle' alors le style est un catalogue de vérité et un réalisme rigoureux le seul style possible. (On espère que les définitions du réalisme diffèrent moins que les définitions de la réalité.) » ... Dans 'Pickpocket' on trouve « le même accent sur des visages figés, circonspects et des mains habiles en mouvement, s'exerçant et travaillant; la beauté sobre et dépouillée des compositions fonctionnelles et des textures de photo de presse »... Daniel Millar, *Les films de Robert Bresson*, Praeger Books, Londres , 1969.

Le 'Pickpocket' de Bresson (1959), allie un récit linéaire avec des éléments documentaires et abstraits. Ce dont je me rappelle dans ce film, que je n'ai pas revu depuis des années, ce sont les zooms sur des mains dérobant des portefeuilles sur des cibles ingénues et le rapport, quelque part entre père et fils, prêtre et fidèle du protagoniste principal, Michael, et de Kassagi, le pickpocket qui lui apprend son métier. Paul Schrader décrit le film de Bresson comme 'transcendant', et nous voyons cela aux expressions du visage des protagonistes, à l'usage fait de la musique, de la voix off et de l'espace et à l'attention portée aux détails. Quand l'écran n' est occupé par rien d'autre que des mains et des formes désincarnées, nous nous trouvons dans un espace entre voyeurisme et complicité.

Il y a un autre élément du pickpocket auquel fait référence le film de Bresson : l'attraction sexuelle non seulement entre maître et élève mais aussi entre voleur et cible. Car ce qui saute aux yeux dans ces images de corps et de mains est le contact physique établi entre un corps et un autre. Car malgré les efforts du pickpocket pour rendre son acte 'invisible', pour effacer toute trace du contact, cela reste un acte sexuel, une violation du corps de l'autre. Le passage illicite d'un objet d'une personne à une autre, malgré la sensation de viol, suscite un sentiment d'admiration pour l'habilité avec laquelle il est exécuté et pour 'la beauté sobre et dépouillée' avec laquelle il est filmé. (Pour prendre un exemple contemporain le roman de Sarah Walters, 'Fingersmith', qui est un terme du dix-neuvième siècle pour les perpétreurs de menus larcins, montre comment ces 'échanges' quotidiens d'objets et de monnaies entraînent des échanges d'identité et d'histoires personnelles. Ses 'fingersmiths' sont, avant tout, des acteurs dans un mélodrame dont les auteurs ne sont autres qu'eux-mêmes.)

'L'école des pickpockets' de Sven Augustijnen décrit 'l'art' de détrousser comme si c'était n'importe quel autre art. Son protagoniste ressemble aux personnages qu'on pourrait trouver dans les films de Paul Auster ou les romans de David Mamet comme 'La maison des jeux'. Il s'octroie la sympathie du spectateur, gagnant notre confiance, nous faisant admirer la technique dont il dispose. Tout comme le guide dans le parc il utilise la force de sa personnalité pour nous charmer, pour s'immiscer dans notre esprit critique. Nous baissons notre garde, emboîtons le pas des pickpockets de l'école, essayant même peut-être quelques-unes des passes chez nous. Tout comme nous acceptons la proposition du 'Guide du Parc' et nous promenons par le parc Royal, la caméra remplaçant nos mouvements, errants et décidés. Nous acceptons la place de l'élève, du spectateur, faisant confiance au maître, au metteur en scène, à la caméra pour nous indiquer le chemin.

L'aspect le plus important du propos du pickpocket à ses élèves est comment construire le jeu lui-même. Il est indispensable qu'ils se construisent une histoire afin de créer un contexte favorable pour le vol qu'ils vont commettre. C'est une autre forme de séduction, une façon de plier la volonté et les actes de sa cible pour les faire coïncider avec les actes qu'on s'apprête à commettre. 'L'école des pickpockets' est un documentaire sur l'art de la fiction.

vi. Rear Window

Pour citer un exemple de plus de cet abandon volontaire de tout contrôle on n'a qu'a décrire les prémisses de 'lets op Bach' (1998), une collaboration entre Augustijnen et le chorégraphe Alain Platel. Un groupe d'artistes fait une pause entre les répétitions. Ils rient, ils flirtent, ils se battent, ils miment des scènes. Ils me font penser aux garçons et aux filles de la Factory de Wharol, un cauchemar érotique de fantasme, de fiction et de réalité. Mais comment se fait-il que nous soyons témoins de ces événements ? La caméra, apparemment positionnée dans une pièce de l'autre côté du couloir ou de la rue, filme les artistes par la fenêtre. Le spectateur devient un voyeur, le substitut du caméraman invisible. Et comme dans ce moment de 'Rear Window' de

Hitchcock, le summum du fantasme voyeuriste hollywoodien, (avec, bien sûr le 'Peeping Tom' de Michael Powell), où Raymond Burr, l'assassin, regarde directement dans la caméra Jimmy Stewart et, par extension les spectateurs, il y a des scènes d'identification semblables dans 'lets op Bach' où les 'acteurs' affrontent la caméra et se moquent de sa présence en mimant des scènes face à elle. Encore une fois la frontière entre fiction et réalité est totalement brouillée. Et pourtant c'est l'absence de frontières ou de repères qui donne au film sa rigueur. Notre manque d'équilibre nous maintient plongés dans le récit.

vii. Les tours guidés

Chaque film est un tour guidé. En arrivant à l'heure convenue, nous asseyant dans notre siège, nous taisant, éteignant nos portables, nous acceptons la contiguïté entre réalisateur et spectateur : une relation basée sur le principe de subordination et de domination. Et qu'il s'agisse de 'Dogville' ou de 'Austin Powers' nous nous attachons à la narration comme à un guide, acceptant ce qu'elle dit et ce qu'elle omet. Nous acceptons afin de nous faire absorber par l'écran. Nous ne sommes pas vraiment engagés dans un acte sexuel avec Nicole Kidman, mais nous occupons une place privilégiée. Nous ne sommes pas partie prenante du coup que fait Powers à James Bond mais nous, cyniques spectateurs, gardons l'avantage de notre position de pouvoir. Alors nous acceptons, de bon cœur, le rythme, la cadence, le contexte proposé par le film. Si nous ne le faisions pas il ne nous resterait que deux alternatives : nous endormir (et il n'y a rien d'aussi soporifique qu'un film) ou sortir de la salle. Mais ce dernier geste reste radical. J'ai rarement été tenté de le faire. Je me rappelle une ou deux fois… un mélodrame flamenco pathétique de Carlos Saura ou, plus récemment, le 'Dog Days' de Ulrich Sedl. Je suis effectivement sorti du Saura mais suis resté jusqu'à la fin de 'Dog days'. A la fin je détestais le film tout autant mais je pense que ça aurait été pire d'abandonner prématurément ce tour guidé. Parce qu'alors, on se retrouve tout seul, n'est-ce pas ?

viii. Je veux savoir

Un homme parle à la caméra. Il s'appelle Johan. Nous devinons qu'il se trouve dans une sorte d'institution, mais ce n'est pas clair de quel type il s'agit: d'une prison ou d'un hôpital. Si c'est le dernier, de quoi souffre-t-il ? D'une maladie fatale ? Ou se trouverait-t-il dans un hôpital psychiatrique ? A fur et à mesure qu'il répond aux questions du réalisateur et d'un médecin qui est avec lui dans la pièce, il devient évident qu'il souffre 'd'aphasie', défini par le dictionnaire Collin's de langue anglaise comme 'un dérèglement du système nerveux central, caractérisé par une perte totale ou partielle de la capacité de communiquer tout particulièrement par la parole ou par l'écrit'. A un moment, Johan répond à une question du thérapeute en répétant « Je veux savoir », « Je veux savoir ». Elle n'arrive pas à lui faire dire ce qu'il veut savoir.

Ne s'agit-il pas de la position du spectateur quand il regarde ce documentaire de Sven Augustijnen ? Nous voulons savoir ce qui se passe, nous voulons en savoir plus sur ce « sujet », nous voulons nous assurer que le cinéaste ne va pas abuser de sa position de pouvoir. Et nous ne pouvons savoir qu'en faisant confiance au cinéaste, en faisant confiance à la caméra, en prenant le pari que ni nous ni Johan ne serons manipulés. Mais cela, bien sur, est une contradiction dans les termes. Il vaudrait mieux accepter la manipulation et avancer à partir de là.

ix. Ce n'est pas évident

Il y a un moment dans la 'Mission Mont des arts' de Sven Augustijnen où deux touristes de Tournai, totalement perdus dans les méandres de la Place Royale de Bruxelles, rencontrent deux guides très obligeants de la Fondation Roi Baudoin. Ils se voient alors offrir un tour intégral du quartier, à partir des toits du Musée des Instruments de Musique jusqu'aux toilettes du Palais des Beaux-Arts (avec en prime un commentaire du directeur du Palais, Paul Dujardin), du fin fonds de la gare centrale hantée par le spectre de Victor Horta jusqu'à l'église protestante de Bruxelles. Et pourtant c'est une visite marquée par des portails verrouillés, des impasses et des gardiens désolés mais impassibles. Comme le 'Guide du parc', il montre le côté le plus élusif de Bruxelles. Bruxelles est une ville qui ne se livre pas de prime abord. Il y a toujours quelque chose derrière les portes, au coin des rues, derrière un arbre. Les 'visites vidéo' d'Augustijnen ne nous aident pas à résoudre l'énigme. En fait, elles prennent un malin plaisir à révéler la vie cachée de certains lieux publics, à nous forcer à constater à chaque instant que les choses ne sont pas ce qu'elles semblent.

x. Le directeur du musée, le critique, l'artiste et le journal

La conversation se déroule dans la salle des VIP du Salon d'art de Bruxelles, 2002. Le champagne est offert.

« Vous avez vu ce journal ridicule qu'on est en train de distribuer à l'entrée du Salon ? »

« Ouen. Qu'est-ce que ça peut faire ? Ce n'est qu'un projet de plus pour un Musée d'art contemporain de Bruxelles. Ca ne marchera jamais. »

« Mais c'est un attrape nigaud ! »

« Mais c'en a toujours été un, non ? »

« Non, je veux dire ce journal, c'est un attrape nigaud. Il n'y a aucun projet pour ce fameux Dernier Nouveau Centre d'Art Contemporain de Bruxelles (DCNCACB). Ca n'existe pas. »

« Calme-toi. Plus ça change plus c'est pareil. On s'en fout. »

« On s'en fout ? Mais c'est un scandale. Un projet idiotpar un artiste qui pense pouvoir nous berner. »

« C'est qui l'artiste ? »

« Un suédois qui vit à Bruxelles. Je vais te dire une chose, quand on se rendra compte de son manège ça va foutre sa carrière en l'air. »

« Je ne comprends toujours pas pourquoi ça t'énerve tellement. »

« Mais bon dieu ! Tu ne vois pas que des projets pareils vont foutre en l'air les vrais projets à Bruxelles. »

« Quels 'vrais' projets ? »

« Laisse tomber. J'ai rendez-vous avec un type dans une brasserie. Tu sais comment aller à Forest d'ici ? »

POSTSCRIPTUM

Le nouveau film de Sven Augustijnen s'intitule 'Une femme entreprenante'. Les pages qui précèdent vous ont montré une photo de Sophie Le Clercq, l'héroïne du film. Elle porte un casque, symbole non seulement de son rôle de chef de Blaton, entreprise de construction de bâtiments, mais aussi de son rôle dans le Projet Wielemans-Ceuppens. A première vue, on lit sur le casque: «salad(e?) ».
Si on y regarde de plus près, on y peut lire « galaxy » (ou, plutôt, « galax ».) Quel est le rapport avec Blaton ou Wiels ? Autour du cou: un motif léopard. Look de femme entrepreneuse? Joue-t-elle le rôle d'une guide de chantier? Y-a-t-il quelqu'un dans la voiture au fond, derrière la grille ? Que, qui regarde-t-elle?
Tant de questions. Y aura-t-il des réponses ?
A suivre...

Translations

First Steps

All those interested in contemporary art who now know the new Art Centre to be located in the Wielemans-Ceuppens Breweries ... are quite rightly wondering what will happen there.

From the start two strategies have been adopted in setting up this centre. On the one hand we want to give priority to the visual arts, while on the other hand we wish to allow the artists their own initiatives, supported and coordinated by curators and experts in art presentation.

To mark this event artists of the Brussels area have been asked to present a work appropriate to the new site. They have agreed to show solidarity with our undertaking by joining us, coordinating their work with the assistance of a curator orchestrating the event.

This first exhibition aims to be innovating and is also the herald of future activities.

In the name of the Board of Directors and the Members of the General Assembly, I must thank and congratulate our inaugural team. It has taken the risk of writing a prologue to this new adventure - one that is bound to remodel the Brussels art scene. We will be given a taste of things to come, our gaze directed towards what we hope will spark the interest and commitment of an ever wider audience. We are happy to have been able to establish a first contact with this audience which will hopefully become 'our audience', towards whom we feel responsible and are indebted to.

With all my gratitude and the assurance of my entire commitment,

Herman J. DALED
Chairman

A Fruitful Partnership ...

Just as it has been the case with the NIR in Ixelles, the future design of the Wielemans-Ceuppens Breweries site will be the result of a productive collaboration between the authorities and the private sector.

Developing partnerships for the restoration, reassessment and promotion of our remarkable patrimony, is one of the top priorities of my policy in this field.

In this context, we have been able to put an end to the "patrimonial soap" of decaying breweries.

This juridical and financial fencing was stopped on May 26th, 2003 by the conclusion of a lease for the duration of 27 years between the Region and the non-profit institution "Centre for Contemporary Arts".

Because of their historical and scientific value, the entirety of the brewery's buildings was protected in 1993.

Yesterday's patrimonial scandal is thus succeeded by a new ambitious cultural project.

This would have been impossible without the intervention of the Monuments' Watch Cell, competent for each protected and deserted building. This Cell has to offer assistance to owners of remarkable patrimonial estates.

The cell is composed of members of my cabinet, staff members of the Department of Monuments and Landscapes, a real-estate expert, and depending on the dossier, staff members of the Departments of Land Management and Urban Development, and acts in a proactive way.

The cell's members fraternally draw a list of buildings eligible for investigation. The dossier is composed and the cell then looks for several possibilities to give the building a new destination and also assesses its financial feasibility.

Every time a feasible and credible solution has been found, it is presented to the owner. The Region may subsidise up to 80% of the works to be realised.

If no agreement is reached, or if there is a manifest refusal to collaborate, the Region may proceed to "official workings" or even expropriation. This was the case with the Brewery, a unique witness of the industrial architecture in the Region of Brussels-Capital.

The cell had very rapidly seen through the defaulting owner's intentions, by which the brewery became slowly but surely an industrial cancer.

In order to prevent such patrimonial disasters in the future, it is very important to establish synergies between the authorities and the decisions taken by owners and private investors.

It goes without saying that the Region has to raise sufficient financial means to undertake concrete steps in this kind of dossiers.

Today, the Region yearly disposes of more than 10 million Euro for the restoration of protected private properties.

The Region covers 80 percent of the costs to restore the site's buildings, in which a shop window for contemporary arts is now housed.

Willem DRAPS
Secretary of State charged with the Housing and Spatial Development of the Region of Brussels-Capital

an exemplary reaction to an urban context in a specific zone deprived of public comfort

'*Sometimes you walk the streets idly, led by your feet.*' — PETER VERHELST

The *Wiels!* show is a rather risky affair, because this very first project *operates* from a building with a view on the future contemporary arts centre that still lacks a properly defined concept. Brussels clearly needs an arts centre from where other visions can engage in a dialogue with both Brussels-based and like-minded international centres of contemporary art. A metropolis such as Brussels absolutely needs a multiform debate on art and culture. Such a debate can only encourage the discourse and the exchange of views. After the many recent analyses of the unsatisfactory Belgian art and museum policy, it is time to ask ourselves what a new contemporary art centre might have to add to the cultural tissue of Brussels. In other words, how does one set up a new centre in an age when the pressure on attendance figures is enormous, without bowing to more of the same, such as safely copying a successful formula, organising similar exhibitions, making an international tour of the trend-setting art centres. It is a challenge to maintain the link with the multicultural city and in particular with a district that has been ravaged by demolition and dilapidation for several decades now.

In the case of Wielemans-Ceuppens, the appearance of an engaged player from the property sector is a unique event. In the past, property speculation has caused Brussels to become a blank and dreary reserve containing a collection of substandard architecture, pieced together on the grey desks of architect-bureaucrats whose only concern was to house the economic machinery in the cheapest possible buildings. Brussels has never had the courage to invite the visions and dreams of the best architects or town planners. The dismal result is that since the Second World War, Belgium has been almost devoid of good, internationally appreciated architecture. One dreary demolition after another is the sum of the shorn skyline of present-day Brussels. The plans for the large-scale Wielemans-Ceuppens site, near Midi train station, a major European TGV node, have the potential to grow into a project where the best architecture becomes the gate and the signpost to a new Brussels, combining all manner of functions in a harmonious plan that demonstrates the possibility of sustainable and worthwhile living in Brussels. All these intentions and reflections are topmost in the minds of the selected artists. An artist can only, and at most, present a visual assessment, indicate where things are going wrong, and thereby perhaps contribute to eliciting something *better* for the city. The gap between politics, divergent speculative interests and the intentions of committed individuals who consider the quality of the city their first priority can be very wide and deep. It is the responsibility of the politicians to ensure openness in the debate on the quality of the city, and to make sure that architecture and town planning primarily serve liveability and take a relevant and forward-looking view on building.

The *Wiels!* exhibition displays a great and committed concern with the forthcoming debate on the programmatic basis of a new contemporary arts centre in this neglected district. Eight artists familiar with the Brussels cultural context who roamed the neighbourhood are now presenting their *picture* of the state of affairs in this part of Forêt. It is obvious in this crucial embryonic period of the Wielemans-Ceuppens project that they have grasped at this opportunity to exhibit art as a *mirror*, reflecting smouldering questions and reflections on how to link the *art project in progress* to the highest standards of the concept of quality in a radical way. Most museums and art centres are seeing their numbers of visitors dwindle. If a museum does not play along with the programming and presenting of mediagenic exhibitions, it places itself in the public margin. The gap between the contemporary visual arts and the general public remains wide. One of the challenges facing museums and art centres lies precisely in building bridges, however narrow, to restore the relations between art and the public, which were once perceived as organic. It is clear that a contemporary art centre cannot exist solely for artists. Rather its role is to be an operating base for artists, a space where they can engage in a search for some form of dialogue with an interested public, with the aid of public funds. The question arises as to how a centre can live up to its claim of being a place where a *broader* public can identify itself with the art on show. Simply putting up a spectacle has nothing to do with art. Spectacles affirm the clichés and shibboleths of capitalist ideology, which typically wants more and *more*, though with increasingly less *depth*. Bart De Baere, member of the board, justifies his commitment to the Wielemans-Ceuppens site with the statement that 'the visual arts can be important for a city'. Chairman Herman Daled joined the project because "from the start, this project seemed to meet the expectations of all actors of the Brussels artistic community, i.e., the presence in the city of a major institution that is completely and specifically devoted to contemporary art".

The many well-formulated intentions and plans float on an eschatological dream of doing the city a favour via art. Art is perceived as the beneficial balm on the sorely wounded social tissue of the metropolis. Multicultural and multilingual Brussels is a creative powder keg on the dividing lines between Germanic and Romanic cultures. Here, these different cultures and mentalities rub shoulders, sending flashes through the city like sparks struck from flint. Brussels is an incredible *melting pot* or a field full of cross-fertilising sensitivities and ideas.

The eight artists selected for *Wiels!* reflect the idea of bringing together *diversity. The Wiels!* exhibition will neither give centre stage to vacuous aesthetics nor pretend to present purely conceptual art. The attraction of the visual arts is still their *visuality* - the way in which artists today continue to be capable of translating well-considered content into a formal idiom that strikes a free and imaginative balance between the eye and the mind.

Originally, *the Wiels!* show was conceived as a photography show and was supposed to present a concentrated view on the current alienating *qualities* of the site. But as time went by, the initial invitation of the non-profit association gradually grew broader and came to encompass a concept involving more different media, in which artists would be invited to conceptualise and highlight the site and its cultural and architectural future.

Photography has remained a major aspect of *Wiels!* , though it has clearly now become a medium for four entirely dissimilar ways of seeing and sensing the site and the neighbourhood. Anne Daems, Jan Kempenaers, Gilbert Fastenaekens and Peter Downsbrough each take a very different angle on this subject and each present a wholly personal view on reality in striking pictures. Richard Venlet, Michel François, Sven Augustijnen, and Christophe Terlinden have created work in which a critical questioning of the site and its possibilities and impossibilities results in powerful installations and interventions that bring this almost illusory environment in the *centre* of Brussels and along the busy TGV railroads into sharper focus.

Wiels! is a project in which the provision of information remains of great importance. The short essays on the participating artists are wholly unlike the kind of gratuitous and uncritical artist promotion spawned by art-gallery ideology and were inspired by the profound awareness that the need for contextualising and critical information is greater than ever. I repeat that I am convinced that contemporary art is not elitist in itself, but is made elitist because the channels that break or unlock its codes rarely escape from the expensive limited-edition publications which are aimed at keeping this insider knowledge about good visual arts safely within the small art-minded circle.

For all of us the *Wiels!* show presents a challenge, an opportunity to take part in the first attempt at what may possibly become a well-oiled machine in the midst of Brussels, a driving force for presenting national and international art, seasoned with *beautiful* and mind-broadening concepts that might make living together in this city just that bit easier.

Wiels!

'Work stops at sunset. Darkness falls over the building site. The sky is filled with stars. There is the blueprint, *they say.'* — Italo Calvino, *The Invisible Cities*, from the passage 'Tecla, Cities and The Sky. 3.'

Caroline David **Finally - An International Contemporary Art Centre in Brussels!**

It has been talked about constantly! Setting up such a space is often discussed, in spite of the existence of Brussels institutions that try hard, with their limited means, to compensate for the lack of contemporary exhibitions. But none of these spaces has been able to attain a coveted international stature. Whether it is for visual arts or for architecture, the assessment is the same. Establishing such a centre in Brussels will undoubtedly overturn this peculiar deficiency.

The situation in Brussels is unique. A true cosmopolitan megapolis, a real blend of north-western European populations exists where, oddly enough, multilingualism and the coexistence of communities are a rich terrain for creativity. Brussels has played and still plays a major role in the area of modern and contemporary creativity. Witness the number of artists of international stature working in Brussels, the vitality of galleries and the Contemporary Art Fair - w ith a growing reputation each year - as well as the quality and richness of private collections. These famous collectors and collections are so often cited as examples and are envied by the majority of European countries ...

There is also this fabulous dynamism developed by Belgians, the ease with which they adapt the most avant-garde creative practices in music, graphic design, architecture, photography ...

Belgium is used to paradoxes, which is hardly surprising! In many countries, it is primarily the capital city which brings together the driving forces of distribution and the powerful people that represent them. In Belgium, it is in Antwerp, Charleroi, Ghent and Liège that these institutions have been built.

In many countries, the role of the State is decisive. Take France, for example, where the vast majority of structures, especially experimental ones, could not exist without the genuine political and financial support of the public sector. An example of this is the FRAC project (Regional Funds for Contemporary Art). These strange institutions were created in 1982 as 'combat struc-

154

tures', co-financed by the State, the Ministry of Culture/Visual Arts Department and the Regional Councils who shared the functions as well as the funds for acquisition and exhibition, based on a principle close to parity.

The FRACs are twenty years old now and there is talk about a second generation. They have proven that it was possible with very moderate means to reshape the flagging position of France in the seventies on the international contemporary art scene. The gamble has paid off almost without help from the private sector. The idea here is not to make a comparison between the Belgian situation and that of other countries, but to remind us that in Belgium the investments made by different public institutions into contemporary creativity have been too often and too frequently superficial and not enough of an incentive. This is certainly due in part to a lack of funds, but also in particular to a cautiousness and an absence of risk-taking in an area like the avant-garde which requires long-term investment. However, the richness of a future heritage stems from the will of personalities who do not weaken in the face of conservative attacks. It would seem that everything is coming together so that this new Wielemans-Ceuppens venture gets off the ground under good auspices. The first exhibition, curated by Luk Lambrecht, gives a idea of things to come, while the steering committee will define the concepts which will give this space the dimensions that are expected of it.

But just what are we waiting for? Perhaps for a space/manifesto which turns the paradoxes, the contradictions and the contrasts inside out to use them to its benefit: the meeting of two sectors - public and private - the confrontation of an industrial memory of exemplary architecture with the most contemporary creativity, union of the strengths of both language communities which all too often are in opposition. This already constitutes a space/manifesto. This space/laboratory only has meaning if it connects to and integrates with the international scene. If it has to model itself on the umpteenth space showing top artists, as exists in all the capitals of the world, the gamble is not very original and its status will hardly be unique.

These days a contemporary art centre has a duty to function as a laboratory, reinventing new forms of presentation, reciprocating certain resources with other institutions in Belgium and in the world.

Positioning itself above language community rivalries and national divisions, but also being attentive to minorities and the local scene.

A place which invents and which invents itself, going so far as to estrange its audience, and, as Bart De Baere emphasises, to be 'an institution which considers itself as temporary and likely to change'.

From such a Centre we should expect a veritable originality of function, perhaps inspired by such notable initiatives already in existence:

The Palais de Tokyo with its noon to midnight visiting hours, its fast turnaround of exhibits and its events which attract another audience than that of contemporary art.

The Museum of Contemporary Art in Naoshima, built by Tadao Ando, with its built-in hotel.

The Spiral Hall, a veritable show room dedicated to new images, with its café/meeting place.

The Pistoletto Foundation and its University of Ideas.

The Folie Houses — new cultural practice spaces and a new art of living where a hammam can be located next to a recording studio or an exhibition space.

This space/manifesto and laboratory should be able to navigate between macro and micro, between local and global. It should be able to identify, to protest and to find answers to lacunae and dysfunctions linked to creativity, exhibition and marketing. It should be able to change the relationship of the audience to the work and to integrate changes generated by creativity itself — these changes which logically influence the spaces which show them.

Jos Vandenbreeden **Why One Should be a Modernist**

In 1933, architect Adrien Blomme (1878-1940) explained why to the readers of the architecture periodical *Bâtir* in an article which he illustrated with his own modernist realisations[1]. Each and every one of them was a prime example of good modernist building: the Gosset factories (1930) (St. Michel cigarettes) in Molenbeek, the villa Gosset (1929) in Woluwe-Saint-Pierre, the brew hall of brewery Wielemans-Ceuppens[2] (1930) at 334, avenue van Volxem in Forêt, the Métropole cinema theatre on the Brussels rue Neuve (1931), a recently finished modernist block of flats (1933) on square Albert Leemans in Ixelles and another on avenue Lambermont (1929) in Schaerbeek.

What made architect Adrien Blomme become a modernist?

After the First World War the world had changed a lot. Before that he wrote:

'I was seduced by the composure of eighteenth-century architecture. But if the charm of these constructions only affects me out of respect for tradition, then it is because I have become aware of the new demands of today's life, which can no longer be honestly met with just the lessons from the architecture of the past'[3].

In fact, he had already demonstrated his perfect command of the architectural styles and their modern application, and his talent for designing, in several buildings since 1905[4]. New building materials, their manufacture and new construction methods had led to new forms. Architecture had become functional and designing had become a process from the inside out. Exterior walls were the direct result of the ground plans and they were, in turn, the result of modern demands and the new lifestyle.

For had Le Corbusier not written as early as 1923:

> 'We are on the brink of a major era. This age has a new spirit. There are many works in this new spirit of the age; they are to be found mainly in industrial production. Architecture is choked with habits. The *styles* are a lie. Our age determines its style every day. Unfortunately, our eyes are not yet capable of perceiving this'[5].

But architect Blomme was, in view of his past, not as *cool* as Le Corbusier, although the latter's view on architecture went far beyond the well-known concept of *a machine for living*. Blomme stated that the ideal new architectural formula was much broader than a monotonous *standard* - presumably referring to Le Corbusier. Architecture, in Blomme's view, had to be more than a bare plan, inspired only by rational thought and its ideal result. For Blomme, modernism did not have to rule out charm or even the imagination, though these should never blur the architectural order because that is the primary object of architecture. Using rather radical terms, he even wrote that the revolt against the purely utilitarian block should be encouraged.

Blomme borrowed the word *standard* from Le Corbusier, although the latter spoke of *standart*, emphasising with the last three letters of the word its close connection with *art*. Le Corbusier wrote, 'The *standarts* are things that are logical, they have been investigated, they have been studied in detail; they are there because the problem was correctly formulated. The study determines a definitive *standart*'[6]

Adrien Blomme stressed that order and unity were the only qualities that contain beauty. Being a modernist, still according to Blomme, also meant 'to love the past, but especially, to have a sense of the future.'[7]

In issue no. 7 of 1931 of the periodical *La Revue Documentaire - Organe mensuel de l'industrie du bâtiment*, published by the company Henri Baudoux S.A.,[8] there is an article[9] on the new brew hall of the Wielemans-Ceuppens brewery, illustrated with excellent photographs by Willy Kessels. The design is praised as a perfect example of modernism, both in its construction and in its layout and look. It is even called the most beautiful industrial building in Belgium. The writer enthuses about the initiative of the Wielemans brewery and believes that it will certainly be an impetus for many other industrialists to commission well-designed industrial buildings. The architecture is also deemed important for the employees who work there: 'they will thoroughly enjoy the air and light in this luxuriously appointed building'. For was one of the principles of modernism not 'light, air, space, health'?

However, this architecture is also expected to encourage the diligence and therefore the profitability of the personnel by its purity and cleanliness, befitting a modern brew hall. This was a wise industrial policy: science, art and industry joining forces.

But in the same article on Wielemans, the company Henri Baudoux also promoted the application of its products. The walls of the brew hall had been covered with their large black *Sphynx* tiles, 20 cm x 30 cm, filled with broad joints and a frieze in jade-green *graniverre*[10]. For the floor, the same company had supplied green ceramic tiles, 10 cm x 10 cm, mixed with jade-green *graniverre* tozzetto inserts. The interior of this brew hall must have been the epitome of rational and austere luxury. At ground-floor level, the concrete columns of the exterior walls were faced with black granite and filled in with steel windows reaching down to the floor. As a result, the black tiles of the brew hall were visible from the outside, creating a pleasing harmony between interior and exterior. Did Blomme not claim, after all, that a building should be designed from the inside out? Moreover, it offered passers-by a good view of the eight copper vessels, turning the hall into an impressive and magnificent backdrop for exhibiting the beer production process.

The exterior walls of the upper storeys and those of the silo building were designed according to a very rational system. Erected in reinforced concrete, they were finished in a grey textured wall coating, featuring the inscription *WIELEMANS CEUPPENS* at the top in modern red lettering. In the foreground, there was one large vertical window, while the sidewalls had elongated strip windows (cf. Le Corbusier's *fenêtres en longueur*).

Yet this architecture was not purely modernist: in the façade, in a small part of the side wall and in the closed part of the silo building, the horizontal strip windows were set into a kind of *frieze* that filled the blind parts and was composed of stacked mouldings in a style inspired by art deco. Towards the end, the silo building gets higher and forms a triangular protrusion, crowned by a flagpole. The horizontal frieze that set off the strip windows added an ornamental aspect to these rational walls and emphasised the horizontal nature of the windows, each corresponding to one storey of the building. Right at the top, there are horizontal slits in the sidewalls, which effectively serve to make the heavy building look lighter. With his past history and experience in practising the historical styles, architect Adrien Blomme was convinced that architecture, however rational it had to be, always had to have an aesthetic dimension as well and one that was not just the expression of *a machine aesthetics.*

Among the magnificent photographs of the brew hall made by Willy Kessels, there is also a collage with a view of the interior of the brew hall and a nocturnal view of the building. Precisely because a real modernist building was to be designed " from the inside out ", architects attached great importance to night lighting. These photographs show how the electric light floods out of the large strip windows with their delicate thin profiles, so that, when darkness falls, one gets what amounts to a kind of negative image of the building. In the daytime the walls were lit in their entirety; at night only the glass surfaces and the interior of the building were illuminated. The building would become transparent, as it were. For this brew hall, this was an important element because it drew attention to its splendid interior with its magnificent line-up of imposing copper vessels.

Both the brew hall itself and the adjoining grain silos of the Wielemans-Ceuppens brewery were built entirely in reinforced concrete. At the time, it was the largest brew hall in Europe. The use of concrete offered two advantages: not only could the floors easily bear their heavy load, but it also enabled the building of broad horizontal window strips.

The old brew hall and the former office building of the brewery, from 1895, are the only two surviving parts of the nineteenth-century brewery complex. The façade was pieced together from fragments recovered from the façade of the former building of the savings bank on square de Brouckère, which the Wielemans had acquired and thoroughly converted, adding two storeys and a mansard attic under a curb roof, for their new Hôtel Métropole. These fragments were incorporated in the new office building on the brewery site, which was designed by architects Bordiau and Champion. Even in those days, the Wielemans brewers' family showed respect for the architectural heritage by reusing materials salvaged from demolition in a new building.

The powerfully built and magnificent brew hall was operational for only half a century. In 1979, the Wielemans brewery was taken over by the Artois group (now Interbrew). They continued to brew beer there for a while but at the end of September 1988 Interbrew decided to cease all brewing activities in the Brussels Wiels brewery. The Artois group sold the brewery equipment to the highest bidder and a Harelbeke merchant in 'second-hand breweries' started dismantling the almost intact equipment. The non-profit association *La Fonderie* sounded the alarm; there was protest from all sides, but the owner laconically informed them that the brewery equipment had already been sold, which meant that he had free use of it. On Thursday 24 November 1988 two of the eight coppers had already been dismantled. Two more followed, in spite of an agreement with the new owner that he would postpone stripping until receipt of confirmation or rejection of the application to have the site listed as a historical monument. However, according to the owner, the boilers had no industrial-archaeological value. They were 'moveable property, privately owned, transportable and saleable'. And so, half of the most valuable and unique part of the brewery vanished from the site forever. The four remaining vessels were saved from the same fate by being purchased from the scrap dealer for the sum of 2 million BEF by the Société de Développpement pour la Région de Bruxelles (SDRB). Minister Louis Tobback, whose portfolio then still extended to the Brussels Monuments and Landscapes for a short period just before the regionalisation, being the Minister of Home Affairs, agreed to have the building listed, although he had to wait for the definitive advice of the two Belgian Monuments and Landscapes Committees. This was on the eve of the creation of the Brussels Capital Region. The competence in the preservation of historical buildings and landscapes in the Brussels Capital Region would devolve to a Brussels minister and he was to set up a Brussels Committee.

The owner thought it would be an economic disaster for this district in Forest to have the brewery complex listed as a monument. In his view, it would be impossible to turn a deserted brewery into a profitable enterprise. At that moment the municipal authorities and the SDRB were preparing a reconversion project aimed at small and medium-sized enterprises. This, however, did involve the demolition of most of the buildings on the site, except for the Blomme building and the office block and the erection of new buildings.

The commune of Forest and its then burgomaster André Degroeve decided to incorporate the brewery complex in a *perimeter* of the neighbourhood renovation plan. However, getting the buildings listed proved to be a lengthier procedure than expected. The burgomaster issued a ban on selling the brewery buildings in lots, as this went against the renovation plans. But Interbrew wanted to sell as quickly as possible to the highest bidder and without regard to future use of the buildings. At this point *La Fonderie* conceived of the idea of turning the site into a commercial centre that would double as a large industrial museum. With a view to 1992 the brewery could be turned into a *showcase* of beer-brewing history in Belgium. Meanwhile, the 3 ha of the former brewery site had been reduced to a disaster area. By 1990, only three buildings of the original complex still stood. The originally unique whole, of great interest to industrial archaeology, was now reduced to *these three near-ruins*. Yet there was still hope that they could be saved by getting them listed soon.

In April 1989 Artois had sold the complex to the developers of AMG Development on the condition that they would obtain an urban development permit within the year. They had four different projects for the site: a centre for small and medium-sized companies and offices, a textile centre, a few flats and a *high-tech* centre. The listed buildings would be preserved and the brew hall was to house a museum of industrial techniques. But there was a second interested party, the Studiebureau voor Immobiliën Villers. They joined forces with the SDRB, which was to guard over the town-planning aspects of the site. At that time, they owned only the four remaining hop boilers. Their proposal did not make it to the agenda of the consultative committee.

On 17 September 1989 the newspaper *Le Soir* had written that the last Brussels brewery, Wielemans Ceuppens, had been saved: 'Wielemans charms the Swiss and enters the 21st century'[11]. Ostensibly, a Swiss firm of architects had been persuaded by Michel Villers — who had meanwhile acquired 25% of the site — to convert the Blomme building into a centre for *extraordinary and original* companies. The plan was to build a hip restaurant, incorporating the shiny old copper vessels, which would serve the finest French cuisine. The upper floors would house luxury offices, targeted at dynamic enterprises in the fashion, design and IT businesses. The attic of the building was ideal for trendy, stylish lofts, which would offer a magnificent panoramic view of the city. Behind the silo building, they would put up a wing in steel and glass for workshops and offices and a futuristic wing was to connect the Blomme building with the old brew hall from 1903. The whole project would occupy a surface area of 16,500 sq. m. The old production hall (500 sq. m.) was supposed to become a hot spot for the cultural avant-garde. Behind it, they had planned 800 sq. m. of offices.

The old brew hall (1620 sq. m.) would serve for artistic or media agencies. The newspaper even reported that the works were due to start in October 1989.

A few years later, in 1991, *Le Soir* of 12 April printed, 'Investors offer 3 billion BEF for the Tour Midi. But where to house the 2,000 clerks of the Pension Department? In the Wielemans brewery ...' By that time the premises were held by four owners: Immo Concept, Groupe Philippe-Wilhelm, the United Bank of Finland and Groupe Villers. Naturally, this divided ownership made it difficult to develop a general project. Plans for the new Pension Department were produced by the architects of Metzger-Deleuze. Postmodern office blocks would be interspersed among the Blomme building, the old brew hall and the Wielemans office building. But in the end, the Swiss were not very keen on investing in buildings adjacent to ruins. Secondly, for such a large-scale office development, the regional plan for this site would have to be reviewed. Meanwhile, parts of the premises kept changing hands, making the value of the land rise from 15,000 BEF/sq. m. to 35,000 BEF/sq. m. That was too high for projects aimed at crafts and light industry. Such prices were only feasible for new offices. Another factor to be reckoned with was the development of the nearby Midi train station. Starting from 1992, it would be substantially expanded to prepare for the arrival of the high-speed train, the TGV. Speculation reared its head again.

The brew hall (the Blomme building) and the older brewery buildings on the site were constantly threatened with demolition. Finally, five years after the brewery had been closed down, on 20 July 1993 — now ten years ago, the Blomme building was listed as a monument, as was the older brew hall and the machine hall from 1903. By then these buildings had been disused for twenty-three years. There were several reasons why the listing procedure had taken so long. On the one hand the formation of the Brussels Region and the devolution of powers, which included Monuments and Landscapes, had created a power vacuum for a while. On the other hand the municipal authorities had never agreed with listing the entire assembly of buildings on the Wielemans-Ceuppens premises.

1995 : *Le Soir* of 19 October, 'No future for the dead Wielemans breweries.' The commune of Sint-Gilles was temporarily using a part of the site to store a load of bulky household refuse from one of its collection rounds. Under these conditions, the site threatened to become one big illegal dump and the fences were knocked down on several occasions.

1995 : *Le Soir* of 22 December, 'Bras on the balconies of the Wielemans brewery.' Now, the owner, supported by a passionate enthusiast of industrial archaeology, wanted to establish an 'international space for the communication and promotion of breweries circles' in the Blomme building. It would offer a wide variety of facilities for everything to do with brewing beer: rooms for representative federations, lobbies, a library, exhibition halls, classrooms and conference rooms. This space was expected to exert a 'very international attraction'; the great tradition of Belgian and European beer-brewing would be honoured by events that would highlight the national brewing histories. Meanwhile, after being unoccupied for seven years, the Blomme building had been badly ravaged by vandalism and exposured to the elements. The Brussels Region promised to earmark 30 million BEF for subsidies to preserve the monument.

In the meantime plans had been made to start a highly original project in the spring of 1996 to draw attention to this heritage. The project went by the name of *L'art au balcon* and the idea was to show a very select collection of ... bras, designed by internationally acknowledged contemporary artists, alongside flimsy bits of fabric that had once adorned the voluptuous curves of La Callas, Brigitte Bardot and others. The show was expected to draw at least 20,000 visitors ... and that would be an ideal impetus to reinvigorate the site and polish up the rather tarnished image of the sad remains of the brewery. Journalist Nicolas Vuille of *Le Soir* concluded his article with a witty allusion to the mega bra show, 'avec autant de soutiens, les brasseries pourront revivre ...' ('with that kind of uplift, the brasseries should certainly perk up.')

In the beginning of December 1998 the Brussels government agreed to grant a subsidy of 12 million BEF for urgent repairs to the roofs, windows, exterior walls and gutters of the listed buildings on the Wielemans site and in particular of the Blomme building. Without these subsidies, it was feared that the constructions might not even survive the coming winter. The owner was obliged to pay 60% of the total cost. Afterwards, it would be easier for him to find investors ...

In September 2001 the commune of Forest unfolded its plans to use the site for a *mammoth project*. Sports and culture were mentioned and the figure of five hundred new jobs was dropped. A big challenge! The entire site would be expropriated in the public interest. In October 2001, the value of the Blomme building was assessed at only 13.7 BEF million. The expropriation procedure was commenced on 29 November.

The windows of the Blomme building were all smashed to bits; the brew hall was exposed to the elements. Inside an old mattress lay on the floor, which was covered in pigeon shit; it was damp; vandals had run off with parts of the copper vessels and badly damaged what was left of them and the cellars had filled up with groundwater. (Pumps had run permanently to keep them dry when the building was still in use.) Vandalism always breeds more vandalism.

More grand projects followed: a cultural site, a multifunctional hall with internet facilities, a theatre and a library and a new cultural centre in the longer term. But the owner had some ideas of his own too. He took the Brussels Region to court for the poor job done by the contractor commissioned by the Department of Monuments and Landscapes for the urgent repairs. Now he came up with an idea borrowed from the US: he wanted to build a hotel for a young international public. The *Hotel Go International* would be comfortable but cheap ...

At last, the Blomme building's tale of woe ended (or did it?) with the expropriation by the Brussels Capital Region pursuant to the 1993 decree on the preservation of heritage.

The Blomme building has now been unoccupied for more than fourteen years. It is a ruin. Ten years ago, the interior of Cinéma Métropole on rue Neuve was unceremoniously gutted to the core, in spite of fierce protest. The minister responsible for Monuments and Landscapes at the time would not hear of listing the building. Cinéma Métropole was another unique modernist realisation of architect Adrien Blomme ... and also commissioned by the Wielemans family. Blomme's villa Gosset on avenue de l'Horizon in Woluwe-Saint-Pierre was vacant for a few years, was then vandalised and looted but was recently completely renovated and restored, thanks to a private initiative.

Why do modernist buildings in the Brussels Region apparently have to be dilapidated and reduced to vandalised ruins before they can be renovated, restored and given a new function? What goes wrong?

Save modernism!

1. Blomme Adrien, 'Pourquoi il faut être moderniste,' *Bâtir*, no. 3, 15 February 1933, p. 82-91.
2. For more information on the Wielemans brewery and the brew hall designed by Adrien Blomme, see Kristof De Cuyper, *De Brouwerij Wielemans-Ceuppens, case-study* (part of De Cuyper's final project at the Departement Architectuur Sint-Lucas Brussel), Brussels, 1997, unpublished manuscript.
3. Adrien Blomme, 'Adrien Blomme, architecte, Bruxelles,' *Travaux d'Architecture*, Strasbourg, n.d., p. 3.
4. E.g. his own house (1905) at 205, rue Américaine, the house on the corner of rue des Mélèzes in Ixelles in art nouveau style, a house (1912) at 66, rue Saint-Bernard in Saint-Gilles in mock Tudor, a housing development (1912) in Winterslag with cottage-style houses set in gardens.

159

5. Le Corbusier, *Vers une Architecture*, Paris, 1923 (1924), p. 67.
6. Le Corbusier, *Vers une Architecture*, Paris, 1923 (1924), p. 103.
7. According to Françoise Blomme, the architect's granddaughter, this was his motto.
8. This modernist periodical was published by the company Henri Baudoux in Forest and distributed free of charge. Its aim was to promote the products of the building trade by means of modern realisations of well-known architects, with the emphasis on the company's own applications, which included tiles, mosaics, granolithic floors, façade coverings, parquetry, rubber floors, bathroom fixtures and textured wall coatings.
9. x., 'La nouvelle salle de brassage de la brasserie Wielemans-Ceuppens, oeuvre de l'Architecte A. Blomme,' *La Revue Documentaire*, vol. 1, no. 7, 15 July 1931, p. 106-110.
10. *Graniverre de Leerdam*, a glass paste for floors and wall coverings.
11. Daniel Couvreur, 'Wielemans séduit les Suisses et entre dans le XXIe siècle,' *Le Soir*, 17 September 1989.

Behind Luttre bridge, flyposted and pissed-on, looms the cement-grey begging space-dog shape of the Wielemans-Ceuppens brewery. What was once erected in elegant concrete is now a derelict, crumbling shell, godforsaken and gutted. The windowpanes have perished in a beer war. The winner is - bingo - the multinational Interbrew.

Interbrew, that's English,

just as Intermarché is French and Interlabor is Latin and Heineken International is Dutch.

Robert squeezes himself through a gap in the hoardings and descends onto a desolate yard. The surrounding factory buildings have been dismantled. Turbines with transmission belts, broken chairs and rubbish bags are strewn about. He picks up the sharp smell of soot. The brew hall facing the street, in art deco style, is boarded up. He cannot find a way in anywhere. Cockerill, Cockerill, thunders a train on the embankment.

Cockerill, English.

When the sound of the train dies away, he hears footsteps. He is struck with the sense of someone else wandering about but when he cocks his ears, there is only silence.

The other Wielemans buildings are easy to get into. Like a tourist, he takes a leisurely tour of the cathedral, sight-seeing. Sometimes the entrance is barred with assorted junk, scrap timber or discarded furniture. In one of the warehouses, he comes across a tray of fresh cat food. High above him, the company's name is emblazoned on tiles.

Wielemans, Dutch.
Kitekat, Dutch.

He sees alien machines, beautiful monsters with gigantic cast-steel driving wheels. They all belong to Wielemans, the wheel man, the machinist who sets the gears in motion. The whole works grinds to a halt if the multinational says so.

In the ruins Robert walks up flights of stairs leading straight up to the sky, with wobbly banisters. They are bordered by buddleia and purple loosestrife. One of the stairways takes him to a hall with two huge circular marks on the floor. This was where the copper vessels stood. Or are they the scorch-marks left by recently departed UFOs? The stillness is otherworldly. The gods are breathing. Outside, trucks brake for the stoplights. Alien creatures making kissing sounds.

A long time ago, you could admire the brewery's mash-tun and kettle from this spot on the pavement. Behind the glass the bottles would perform their tinkling march. The label invariably featured a factory building. With immense pride, 'This is a Belgian product'. And every year, the companies had a stand at the Food Salon. The fair with the campy poster, a tubby chef in a white chef's hat beside a home-maker in a blue dress wearing a wide and singularly stupid smile. This lady is Mrs Target Group, with the most average taste. She is the rating. O Universal Housewife, descend and pray for us.

From: Koen Peeters & Kamiel Vanhole, *Bellevue / Schoonzicht*, Meulenhoff Amsterdam 1977, p. 30-31.

" The wise man points at the moon,
the fool looks at the finger "
ZEN

That is how I imagine Richard Venlet's arrow on the roof of the Wielemans- Cuppens brewery: as a light-hearted reference to circumstances and to the direction of which this gesture could be an omen.

What else could the luminous arrow on the roof represent but the indicator, the bearer of (a) something or (the) nothing?

A bearer of nothing, revolving full circle, refers to all the directions in which (a) something should-could-would be found.

Is it possible - seeing that there is as yet no visible proof of its intention - that the luminescent arrow has been affixed for a goal in the future?

Could be (...).

What is not yet (it) can still come (to pass); it has happened before that something that was not (yet) there was suddenly completely (there).

And often it ran along the lines of previously conceived expectations (hopes) which, depending on the time of (their) conception, found their direction in the future (what could be).

Should What should be is beyond the arrow's sphere. Not (even) the wind, nor art, affect its motion. A wiper turns (it) electrically at a constant speed.

Once there were several (such) constants above the skyline of Brussels city: a (the) Mercedes-Benz star that turned on top an (the) ill-fated Martini tower. The Citroën logo revolv-ing on Sainctelette square is proof of the strength of a marker at an architecturally endowed location.

Then there is the enormous turning statue of Tintin & Snowy that has stopped turning. (Why?)

Nothing (a/the) is so sure of its own future; in the tradition referred to above, (even) an arrow is not inviolable, as long as it does not literally stand for the direction and the importance on which it rests.

If it turns, none of the directions is specific (non-committal/open?). If it stands still, it could be simply because there is no more power to turn (it) ...

Ambivalence and ambiguity do not have a single direction. The neologism invented by brewer Wielemans and inscribed on the façade, FORST, an attempt at expressing both Vorst and Forêt in an utopian Belgian Esperanto would probably be a more sophisticated and appropriate symbolic name for a kind of *contemporary art centre* that is yet to define its attitude and set out its objectives. (Inner necessity.)

In view of all this, it might be interesting if Richard Venlet were to decide to stop the arrow from time to time, without regard to the direction in which it happens to be pointing. (Would we notice?)

'If I were an arrow, I would point (at)
He who looked at my finger
I would call a fool
who fails to see my point.'

CATHERINE MAYEUR

Would it not be, a priori, somewhat incongruous for Peter Downsbrough, to hang, on an exhibition wall, – "photographic views" – a trite expression yet perhaps pertinent in his case, since it translates how the real is subject to the cutting and organization of one's gaze, i.e., when reality exists only as it is grasped intellectually? This proposition already dooms the question but, all the same, wouldn't there be something paradoxical – when his art is translated in terms of space and physical apprehension– in limiting volumes and surfaces to a two-dimensional, even small format, frame, hung as a trophy? For the work is indeed about capture, about placement in a (black) box, which is meant to instrumentalize the recollection of a *parcours*. The paradox works precisely in this sense: when Peter Downsbrough intervenes in a constructed space - interior or exterior – he multiplies the viewing angles, taking into account the varying standpoints of the spectator as well as the natural temporality of strolling about. In the fixed images, and in the video he presents[1], the point of view has been imposed, immutable, apparently without alternative, even for the artist. It exists solely in exclusivity, whereas the artist habitually plays with disjunction, with the plurality of units and senses (orientations and significations).

Wouldn't it be somewhat titanic to want to enclose the world, as New York, Los Angeles or Vorst are reduced – in disturbing correspondences - to the same structured, *geometrized* rectangle, disposed in grey, black and white lines and surfaces? To order the chaos, to render uniform the real, to bend it to the rigors of the imagination? To bend, however, is also to flatten, thus forcing the gaze to spread over the plane, to travel on the surface, from right to left, from top to bottom, and vice versa, micromovement in a general immobility. Peter Downsbrough's photographs are impenetrable. Even when he zooms, it's to reveal an image within the image, a plane imbricated within another plane, not to get involved in an illusory manner with a fictive depth. The lateral movements, in the video, give the clean impression of the gaze shifting within the same image, which, moreover, neither borrows from the panorama – here understood as a frustrated search for totality – nor from the travelling; a controlling, globalizing sweep is hardly necessary since completeness imposes itself in each fixed plane, even in their succession.

His world, without derogation from frontality, has a Euclidean rigor. He delimits it, compels it to a strict in-formation. The image, neither symbolic nor narrative, preexists the confrontation with the real. The space is methodically elaborated, rather than given, and in the in-situ interventions the viewer can only proceed to new constructions.

The captured image can also be understood as an image of the work. In the *extreme* (how the artist likes to play with extremes!), as a reproduction of a work in a specific place (senseless, in his case, to speak of installation). The world could be seen as a "Peter Downsbrough"; all contradictions therefore disappear. The objects can be treated as lines and the lines as objects. The words, as a graphic system or as other objects or links from one plane to the next. They are often suspended, and this is also the case for every interpretation. The selection of these words determines the uncertainty: linked to the spatio-temporal frame, con-junctions, prepositions and equivocal words (if only because of the mode of their representation), should evoke others, but, as elsewhere, they promise only the one that the spectator would most wish to confer on it. For, beyond topical revelations, the work induces very personal appropriations of the space, without, however, modifying what is already there. The elements used by the artist – wooden dowels or metal pipes, adhesive lines or letters, metal letters, all black – can be understood as markers, yet they also serve as deviators; they order the dislocations in a beaconage they don't constrain. When the lines are interrupted they have neither beginning nor end, yet they indicate nothing less than virtual volumes.

Just as a place is *grasped* by some linear delimitations, displayed in the evidence of it made tangible, just as the words are left to their pure *visuality*, in their continuity and their cuts, the photograph reveals its own spatiality - and its immediacy. Peter Downsbrough underlines the spatial characterization of the chosen support: from the street to the façade, from the page to the book, from the plan to the maquette, with the emphasis on a culturally defined space and a dimensional specificity.

Intelligence of space is applied to each new occurrence. Thought is moved by a physical experience particular to every occasion. Peter Downsbrough leaves nothing to arbitrariness; he even determines the aleaties of how the work is read; diverse possibilities are open, indeed opposed, and the viewer wavers between divergences and *rapprochements*, as s/he pleases.

The same goes for the decryption of any of his books. All the alternatives to the customary orientation of the words are systematically proposed; the repercussions of the signs among them demultiplied; and the senses of the reading enriched by so many oppor-tunities. The spacing between the vocables, or even within the typographical characters, enable context and content to fuse into multiple topographical declinations.

The images also work through conjunctions and cuts. They are determined by a strict partition of the plane and an extensive range of internal correlations. Following a methodical procedure in which all potentialities have been explored, screens and lines of demarcation decide the surface. Symmetry plays a preponderant role here, according to two essential modalities: one, intrinsic to the setting of the work, is dependent upon the framing, which at times orders the incoherence of the surroundings; the other, indicial, reflects the properties of the objects selected. From these two operational modes, several types of figures come forward. Very often, in reference to the "pipes" the artist has placed in various locations, a pole serves as an axis of symmetry and apportions the image into two parts. These two can eventually effect a correspondence through a quasi-mirroring effect – in which case the space reflects itself within itself. Other entities, however, can take the place of the pole: pillar, door or window frame, a section of a wall or various architectonic elements. The field can also be divided by a horizontal referent but one which can be read as a vertical segment in the image: boundary marker, rail, suspension bridge. The line readily replaces the volume – and the same goes for the in-situ interventions. In this case it may be a road sign or the line separating sun and shadow. In the absence of any central body, the bilateral symmetry can be organized from a rupture in the urban tissue, from the doubling of an object, or even from a caesura, in the case of a diptych. The reciprocity of the parts can thus also function, yet the relationship can play on various oppositions, in the familiar way that a blind wall obstructs half of the image. Furthermore, the artist also proceeds by way of reversed symmetries, with equivalences obtained by eversion. The basic principles, without being diminished, are, on the contrary, activated by all sorts of transgressions, to simultaneously form a vast and coherent system. Even when the convergence of perspective lines structures the image, the surface, which also imposes on it here, seems to be distributed in quarters clearly delimited by the values and ordered around a central axis.

The images derealize the world (by their very construction), while the voids, the urban discontinuities, the ruptures of sense, have become materially perceptible, in the work of the artist, and transformed into spaces of reflection. The photographic circumscription doesn't pose an obstacle for this; the images function as individual entities, yet they are associated with the totality of the work, all as multi-directional, unspoken links. Because it encloses reticence as much as it exploits it, Peter Downsbrough's art resists historical assimilations, to architecture, to the image, to words. It unceasingly defies its own constituents. Its prolixity is camouflaged by the ascetic appearance of the vocabulary, however varied, just as is its discrete, but incisive, polemical and political dimension.

1. The idea of parcours, on the contrary, is evident in the film "Occupied".

Michel François

To clear the project zone, to project oneself elsewhere.
To dig in the wastelands, pass under the tracks, cross the tunnel, penetrate the jungle, point at the sky, to get out.

To leave this land of ruins upon which, again, we will build.

Offices.

Christophe Terlinden

Yesterday, a friend offered me the return part of a ticket (train) ...
  a one way return.

Midori Matsui A World Beyond and Within: *An Immanent Life in Anne Daems's Photos*

Anne Daems takes photos that cite unnamable moments from urban or suburban life. Capturing a group of people or a single figure in such simple acts as walking, standing or waiting at a traffic light they foreground activities basic to the tissues of life, beyond any specific geographical or social references. At the same time every picture is charged with a quiet tension, a premonition of an impending change. The premonition lends to ordinary things, at an almost imperceptible level, an aura of mystery. Where does this mystery come from? What sort of attitude toward life does this sense of difference signify?

A different perception of an everyday scene in Daems's picture is mainly projected by her composition. Quite frequently she positions a single figure or a few people separately in the middle ground or background of her photographic field. Placed between a large stretch of ground and walls of building or trees forming a frame within a frame, her human figures are seen as small parts of a complex whole. For example, one photo shows a man in a white jacket and trousers, holding a sheet of paper and walking on the grass; behind him stands an office building with glass walls, on which the figures of houses are reflected as broken images. The sense of an all-over design, projected by the matt colours, even light, and the ambiguous perspective created by the low and distant camera, indicate the man as part of a compositional design; the reflections, on the other hand, point to the world beyond the photographic frame, suggesting that the man or even this picture itself is part of a larger field of activity. In short, the acts of flattening of a human being into an element of a formal design and indicating the living world as an extension of the photographic space are simultaneously taking place within this picture.

These two, apparently opposing, visual directions coexist in many of Daems's photos. One picture shows two people standing separately in front of a large civic building. In front of them stretches a paved courtyard, luminous and rain-glazed; behind them are rectangular walls, gridded façades, supporting structures, together composing a rhythmical interlocking of geometrical patterns. The minimalistic composition contains people within the design; the reflections of buildings and cars on a glass wall, which redouble the inflections of a bustling life as they are reflected on the polished floor, bring into the static space traces of movement.

The double functions of undermining the rigour of a minimalistic composition through signs of the world in transition and the integration of unrelated things and people into a pictorial pattern contribute to the same end. They create a sense of difference, suggesting the capability of banal things, apparently trapped in their socio-cultural functions, to exist beyond fixed relations.

What is the fundamental meaning underlying the interaction between formal patterns and the living world in Daems's photos? What does this juxtaposition of people and things as equal entities constituting the plane of experience signify, effecting a mutation of a thing into something different? Could it be explained as part of a consistent attitude toward the world?

What Daems's photos present is a plane of activities involving relations and movements. Containing human figures as its part, her photographic vision quietly challenges the limits of an individual consciousness, evoking a ceaseless interchange between things and people. It signifies, in short, what Gilles Deleuze calls the plane of immanence:

> [W]hat is involved is no longer the affirmation of a single substance, but rather the laying out of a common plane of immanence on which all bodies, all minds and all individuals are situated. This plane of immanence or consistency is a plan, but not in the sense of a mental design, a project, a programme: it is a plan in the geometric sense: a section, an intersection, a diagram.(1)

Deleuze's idea of immanence is developed through his study of Spinoza. Spinoza made no fundamental distinction between things and people, or 'things that might be called natural and things that might be called artificial'.(2) According to Spinoza, the individuality of body is defined by the 'relations of motion and rest, of speeds and slowness between particles, which constituted it', and 'by the capacity of affecting other bodies and being affected by them'. Composed this way, 'a body can be anything; it can be an animal, a body of sounds, a mind or an idea'.(3) Nature is a compound of such transit bodies and in its 'immanent plane', 'each thing is defined by the arrangements of motions and effects into which it enters, whether these arrangements are artificial or natural'.(4)

The vision of the world as an endless process of interactions of mutually affecting bodies reflected, for Spinoza, the continuity between God as naturing nature and things and people as natured nature.(5) Deleuze also suggests that in a Spinozan philosophy immanence, which is life itself, also contains the possibility of transcendence since its experience cannot be determined by the individual will.(6) Immanence can be perceived not necessarily in a special moment, but most likely in 'between-times'. Deleuze says that such 'between moments', which do not have definite purposes, nonetheless reveal 'the immensity of an empty time where one sees the event yet to come and already happened in the absolute of the immediate consciousness'.(7)

Daems's photos precisely capture such 'between-times'. Every one of her photos subtly cites the 'singular' situation which belongs to the 'immanent plane of life'. The extensive and transformative space of her photos reflects a view that a person is part of an impersonal natural process, which cannot be controlled by an intention. Placing her human figures as small points within a landscape or with their backs turned on the audience, as in Chinese ink painting, Daems makes them function as an index through which the audience can re-enact the surroundedness and physical interrelatedness of being in the world.

The bliss of existing in an 'empty time' is conveyed with quiet strength by her 1999 poster for the exhibition, Midnight Walkers & City Sleepers. In it, a woman stands on the path of a garden, facing a black wall. On the opposite side of the wall stretches another garden. Plants and buildings are flatly distributed in the photographic field, without being governed by a single perspective; the simple mounting of one image on top of another, from frame to frame, creates a space that is full and continuous beyond the frame. The solitary figure within a space whose limit she cannot see signifies human finitude. At the same time, her quiet attending to the momentum of the anonymous site, in an undefinable moment, paradoxically conveys a possibility of transcendence. Defying the humanised vision of a modern painting or photography, she merely dwells in the physical reality of now, as one article among other natural things, with which she is continuous.

Daems's photos are secular illuminations. Situations found in specific cities, they may retain some cultural references. But such references remain virtual. Showing a person in the mode or aspect of transition, Daems encourages the viewer to perceive the world through the interconnections of things and people and their mutual affecting of each other.

This reconstruction of a vision of the world through factual fragments, rather than through some universalised concept, can also be found in her new work. Taking the photos of people in unattended moments, when they are merely themselves, not playing roles, she captures the most rudimentary unit of the immanent plan.

Comprising no special moment, but rather citing the singular ways in which people come into contact with their living space, her portraits reconstitute people as moving and affecting bodies in the midst of their passage through life.

Such a process of differentiation leads to a gentle revelation of the meaning of immanence, urging the viewer to accept the double nature of existence as groundedness in immediate reality and the ability to change.

1. Gilles Deleuze, Spinoza: Practical Philosophy, trans. Robert Hurley,
San Francisco: City Lights Books, p. 122.
2. Ibid., p. 124.
3. Ibid., p. 127.
4. Ibid., p. 123.
5. Inid., p. 92.
6. Gilles Deleuze, Pure Immanence: Essays on Life, trans. Anne Boymen,
New York: Zone Books, 2001, p. 26.
7. Ibid., p. 29.

KOEN VAN SYNGHEL malgré l'assaut des jours - despite the daily onslaught

At the risk of not doing full justice to the photographic complexity of the work of Jan Kempenaers, I must say that his photos of the Wielemans-Ceuppens site strike me as Piranesiesque. For in their documentary sobriety, these pictures present fragments of an urbanised countryside decomposing into an industrial coliseum. His focusing on the creative potential of the Wielemans-Ceuppens site, and, in particular, the analytical-critical view he takes of the new nature of the contemporary city are not only visionary. Like a visual *conscience*, they are likely to confront any average construction project with the living idea of a city of the imagination.

The brief architectural history of the Wielemans-Ceuppens site is to be read against the background of these photographs.

> 'Elle a mille ans la ville,
> La ville âpre et profonde;
> Et sans cesse, malgré l'assaut des jours
> Et des peuples minant son orgueil lourd,
> Elle résiste à l'usure du monde'.
> Emile Verhaeren 1855 - 1916, 'L'âme de la ville,'
> *Les Villes tentaculaires*, (1895)

Today, strangely enough, the overgrowing grass and the Wielemans ruins embody both the blotted countryside and the Wielemans dream of industrial progress.

The remains of the Ceuppens-Wielemans factory buildings in Forest occupy land that used to be fields and pastures. One hundred and twenty years ago, Wielemans ordered the construction of an industrial brewery. In 1884 the plant, a product of nineteenth-century voluntarist entrepreneurship, unashamedly took possession of this rural area and settled shoulder to shoulder with the railways, the tentacles of the industrialised city. The German builders of Maschinenfabrik Germania delivered a ready-made factory, which was regularly extended as Wielemans's business prospered. In 1893, Wielemans acquired Café Métropole on place Brouckère, together with the adjacent Caisse d'é-

pargne, which he had torn down to make room for the Hotel Métropole. The savings bank building was relieved of its entrance gate, bronze pediment and several bluestone elements, which were shipped to Forest to be incorporated in the new offices of the Wielemans-Ceuppens brewery. For a while, Brussels was rather like ancient Rome in that respect. Entire façades were transported to the other side of the city, just to give an industrial complex a touch of palatial and bourgeois splendour.

In 1931 the Wielemans-Ceuppens brewery site was modernised and expanded. The architect, Blomme, was commissioned to build a new brew hall according to the modernist principles of those days. His particular style was rather heavily influenced by art deco, producing a decorative and bourgeoisified modernism. In addition, Blomme restyled some of the nineteenth-century factory buildings to blend in with his new brew hall and adjacent silos and make for a stronger whole. Blomme's brand of modernism was far removed from the euphoric modernist avant-garde of the early 1900s. No glorifying trains for him, nor anything like the powerful machine-inspired formal idiom of the Italian futurist Sant'Elia. Blomme chose to design a convincingly proportioned building in which the monumental silos were gracefully integrated. After the Second World War, there were more building campaigns, eventually filling the Wielemans site almost completely. By the end of the seventies Wielemans-Ceuppens was merged with the Louvain-based brewery of Artois, which heralded the inglorious death of an industrial site and heritage that had been the raison d'être of an entire workers' community in Forest. Eventually, the brewery was closed down in 1988. Not even a year later, major parts of the site were razed to the ground. Fortunately, in 1993, the Committee for Monuments and Landscapes decided to classify the *Blomme* building, which was already badly ravaged by then. Shorn of its vertical circulation and stripped of its copper brewery equipment, all that remained was an amputated symbol of the belief in industrial progress.

Now, *Blomme* and the two other protected nineteenth-century buildings stand, like groggy pawns, on the chessboard of promoters and urban-development speculators. One promoter has now commissioned the Brussels architects of Art & Build to design a series of almost identical office blocks. With their uniform morphology and materiality they are bound to transform the site into an alienating campus. The placing of six — possibly eight — freestanding office blocks in between the remains of the three Wielemans buildings, which were never meant to be separated, will create a hybrid urban space that is an unhappy compromise between suburbanity and a naïve re-edition of the ideal city along Renaissance lines. Against the slick aesthetics of the flashy mini office towers and the politically correct but dubious discourse of ecologically sound building technology, this architectural statement is of a wholly different order than, for instance, the P.A.R.T.S. project just up the road. P.A.R.T.S. offers an alternative example of how a correctly integrated no-nonsense renovation of an industrial site can produce contemporary architecture without pretensions that both respects the character of the district and stimulates the natural urban dynamics.

Even though the Wielemans-Ceuppens site was originally conceived on a much more monumental scale than any other factory complex in Forest, the proposed new development presents a threat of sterility, both programmatically (offices and service industry only) and morphologically (six to eight quasi-identical office buildings).

Emile Verhaeren may have phrased it beautifully, describing 'La ville âpre et profonde; Et sans cesse, malgré l'assaut des jours/Et des peuples minant son orgueil lourd,/Elle résiste à l'usure du monde', fact is that every onslaught on the city and certainly one that holds the menace of infusing historical heritage with new life in the manner of Frankenstein is one that disappoints the belief in the authentic makeability of the contemporary city.

In this respect, the project for the conversion of the *Blomme* building into a contemporary art centre is not exactly promising. Although many recent events and temporary shows in all manner of industrial ruins and deserted factories have revealed the potential of such buildings as art centres or museums, that does not go to say that such spaces are easily converted into permanent establishments for contemporary art. The architects of Art & Build conveniently hide a series of utility rooms from view by putting them in the basement, but the new entrance with its stairs and lifts which they want to put up in the place of the demolished rear wing, and especially the fire escapes, cut deep into the flesh of *Blomme*.

Moreover, the architects, in a rather transparent sales gambit, have proposed to have the fire escape of the important north façade designed by an artist. That way any possible blunder is excused in advance, without solving the problem of the new fire escapes and the technical shafts, punching right through all the storeys in the front.

The problem with the Art & Build proposal that is now on the table (June 2003) is that their architecture eats away, like a kind of virus, at the already seriously corroded body of *Blomme*. To create small rooms for viewing video installations, they propose to cut out tiny doors into the walls of the grain silos, thus turning them into labyrinths. In itself, this would be an interesting angle, were it not that the sculptural architecture of the new entrance with offices leads one to suspect that they are just a bit too keen on leaving their mark on Blomme's architecture. The viral infection, of which the trendy entrance is a telling symptom, threatens to affect the genetic code of Blomme's industrial architecture right down to its very core.

What we have here is a kind of architecture that, admittedly, solves a number of technical problems posed by various infrastructure and safety requirements, but is totally off the mark when it comes to the main point of the project, which is to safeguard the *Blomme* building for future generations. There is more to be read between the lines of these plans. What is alarming is the lack of an underlying concept in which the architects elucidate their underlying attitude their intentions with this historical building and their interpretation of the restoration principles of the International Commission of Museums (ICOM), which clearly advocate legible restorations and reversible additions.

Blomme himself may have designed a rather hybrid modernist building, but that does not mean that it should be subjected to even more conceptless transformations. *Blomme* is the victim of the current Brussels urban-development policy that comes down to making good business deals. The promoter of the Wielemans site is allowed to spend his town planning charges on the renovation of the *Blomme* building and its conversion into a contemporary art centre, while the authorities will be bearing the brunt of the costs anyway, as they subsidise the restoration of monuments by definition.

Meanwhile, Forest has decided it wants to take on the restoration of one of the buildings to house a municipal centre for e-government and multimedia. The former management offices, naturally, will be turned into an upscale brasserie, again according to the plans of Art & Build.

The merchandising of the historical heritage and the oh-so-friendly collaboration between public and private investors are supposed to make the public forget that the authorities are, in fact, bargaining away their *Bildungsrol* (responsibilities). A contemporary art centre is a challenge. It is a shame, because, in the framework of Brussels 2000, fundamental and profound discussions have already been held and visions developed on exactly this subject, the foundation of a centre for contemporary art. Now, by delegating this major project for contemporary art in Brussels to private investors, simply handing it over, without any sort of public debate or architectural competition, the Brussels authorities are clearly revealing their indifference. Contemporary art is not entertainment, nor is it a magic formula for saving historical heritage. Moreover, it does not serve the cause of contemporary art to be used as a lubricant for the insertion of a new-fangled office block.

Renaud Hurbeland **Gilbert Fastenaekens: Putting Public Space to Death**

'Gilbert Fastenaekens practices a type of field photography called *urban landscape.*'
This statement does not do justice to photography the work, or the photographer.
It is as offensive as saying that Cezanne painted *on the subject* when in reality he painted a definition of painting. For all that, can we maintain that Gilbert Fastenaekens photographs a definition of photography? No, a century and three periods of modernity have gone by and other photographers, such as Atget, have taken care of this. Art is no longer being defined. To some people it is being deconstructed, for others it is in its death throes. But we are talking about quite another death here.

Identity in search of a territory If Gilbert Fastenaekens has produced urban landscapes, he has done so within the framework of photographic commissions, which he has, in many cases, turned to his advantage to pay his debt to photography. The photography of Gilbert Fastenaekens is above all constituent of his identity. In being objectified by photography, he experiences its presence and its elaboration *confronted* with the world. *Site* (the book which followed his photographic commission in Brussels in 1991 and which Fastenaekens extended through 1996) is a prime example of this. In his urban photographs, there is an undeniable *a*locality. The photographer confronts his city, realising that it is impossible to define the typology of its territory. He comes up against the city as would a foreigner, grasping the obligatory contrasts and reproduces a city *without otherness*. He then leaves it as much a foreigner as when he entered it, having experienced its extraterritoriality.

A territory of substitution The current photos are the result. Here Fastenaekens takes up his former interest in blank urban space. Colour gives way to black and white, the descriptive value of the image gradually leaves behind the verisimilitude of contemporary photography. In the meantime, during the making of *Site* and afterwards, the photographer found a territory — in the Vauclair Forest-of temporary substitution where, through contemplation, he experienced his relation to the world and to himself. The photographs he collected there are not the reproduction of this experience, but the aesthetic argument for it. Simultaneously during the 90's the pre-eminence of art photography was established over that of the documentary style. These two factors-identity investigation and shifting the artistic issues of photography — decisively influence Fastenaekens's current practice, giving free range to the founding criterion of all his work: unstable, even failed, territoriality.

From the subject to the object of the photograph The city and its theatricality are currently at the heart of Fastenaekens's material scenology. Richard Sennet (1) notes that theatre and city share the question of a *public*. From what is rendered public and what constitutes *the public* (audience), *a public geography is created.* In the city as in the theatre, the world located outside the immediate environment and outside personal relationships is consciously defined.
There is the same relationship of what is seen in the shot to what is not shown (2) in Fastenaekens's photography as, for example, in that of Struth or Gursky. This impressive and imposing modality forms the inherent component of theatrical deconstruction. This allows freedom from the double constraint of conforming to the descriptive norm (the reality effect) and at the same time escaping documentary values (the referent is not the subject but the art itself [3]). Avoiding the classic slice of life in order to better focus on the anthropological set of our identity deficit — this seems to be the basis of Fastenaekens' current approach.

The city in search of an author Rather than simply targeting the places and spaces of super modernity, Fastenaekens pursues the urban repertory of architectural clashes *without qualities* ...
Blind walls, curtain-walls, walls of greenery, deserted dead ends, blind alleys, construction sites...these are no longer — after *Sites* — simple *a*locations in search of an identity. They have become scenic structures of both meanings of urban theatricality in search of an author. A stage without a play, a city without an author, a performance without an audience. An overabundance of

sets which states and reveals absence or loss of the public project in our super modern cities.

Since the ninetheenth century public space has transformed itself according to its users and what is transacted there, consequently creating isolation. This isolation stops people who are living or working in a high-density urban structure from having a relationship with the milieu in which this structure is situated. *'The death of public space is one of the most concrete reasons why people seek in their private space that which is refused to them in the exterior sphere.'* (4)

The caesura between public space and inhabitants or users marks the failure of humanisation in our over-cluttered, over-saturated, over-exploited world. The public henceforth seems rejected by its space, which has been turned into a theatre of its own performance.

The private space set When Gilbert Fastenaekens imposes a human figure on his urban shapes, he questions the meaning of this disconnection and that of the photographic act. The place of this figure in his work *causes problems*. It is not that of the actor on a public stage, but that of the audience in front of whom the death of public space is enacted. The human figure is suddenly delivered up to our gaze. Its revealing intimacy seems overexposed. With a gesture, a mother protects the child in her arms, the girl with bandaged legs tries out an awkward pose. [5] An adolescent, 'uncomfortable in her skin', is confronted with the rough skin of asphalt coating on the adjoining unfin-

ished wall. The skin as the extreme boundary of the permeable territory which is the body. This takes us back to the constitutive criteria of the photographer's work, but this time through *the otherness* - that of the co-presence and co-inscription confronting the world objectified by the photograph: the territorial precariousness of the contemporary public space.

A decisive shift has been made between *Site* and Fastenaekens's current practice. The historical referent of photography, as it refers to the modernist movement, finds itself off centre. From an artist who would question the meaning of photography through his own identity, the work has turned towards a photography which questions identity according to the artist's experience. Should we see another death in this?

This text has been reworked and shortened for the current publication.

1 Richard Sennet is a philosopher and teaches at the New York Institute for the Humanities.
2 An *object*-type photograph requires a narrow or non-existent framed edge to isolate or extract this object from its context, whereas a *subject*-type photograph requires the totality of the surface to influence the link between subject and context.
3 Art is a place in itself.
4 Richard Sennet
5 After classical figures: Madonna and child for the first group, an Ingrès-like pose for the adolescent.

Michael Tarantino **The Index of Truth**

1. **Finalement** 15 June 2050. Today, the new Brussels Museum of Contemporary Art (BMoCA) opened on the Grand Place. After nearly forty-five years of negotiations and construction, the building, designed by I.M. Pei, is made entirely of glass and is situated in the centre of the Grand Place. On the top of the building sits the legendary half-lion, half-rooster, meant to symbolise the cooperation of the Flemish and Walloon communities in this historic undertaking. As part of the opening day ceremonies, traffic was restored to the Grand Place and a new underground parking lot was also inaugurated.

The opening exhibition, *Belgian Artists in Their Nineties*, was curated by Flor Bex. This exhibition will travel to Slovenia, Peru and Baghdad while exhibitions organised by Mr. Bex in these countries (featuring Slovenian, Peruvian and American-Iraqi artists in their nineties) will eventually travel to Brussels. The catalogue is sponsored by Dexia.

The opening of the museum also featured an introductory speech by Jan Hoet, for which he

was paid 5,000 Euros and a weekend at the Amigo Hotel. Hoet will be a member of the Museum's advisory board, which is still searching for a Director. So far, more than 3,000 applications have been received (and rejected). Until the new director is named, the programme will be organised by a tri-partite commission, consisting of Marie-Puck Broodthaers, Albert Baronian and Jan Mot. Plans for an Angel Vergara retrospective are underway.

2. **A Marriage of Convenience** At a certain point in Sven Augustijnen's *Le Guide du Parc*, the narrator/guide comes across a wedding party that is being photographed against the lush background of the Parc Royale. The confrontation of the narrator of a film that seems to exist halfway between film and fiction and an event that, by its definition, is a staged version of an acknowledged rite of the state (as well as organised religion) ... the costumes, the vows, the party atmosphere, the assumption of virginity, etc ... is disturbing and unsettling.

168 Shot in the shadow of the Palais des Beaux Arts, *Le Guide du Parc* was Sven Augustijen's submission for the *Prix de la Jeune Peinture Belge*. This prize, so inaptly named, is a Belgian institution. Augustijen's subtle exploration of what is going on next door, i.e. the park is used as a site for gay cruising, cracks open the air of official sanctimony which floats over the park and its *historic* surroundings. According to the artist, the *garden of convenience* functions just as well as a *garden of lust.*

3. Dreaming in the Daytime *The Guardian* has a daily column called *Notes and Queries* in which all sorts of questions, from the sublime to the ridiculous, are posed by its readers. One recent question reads:
'Why do we experience surprise during dream sequences? The mind that experiences the dream is the same mind that concocted the storyline.'

When I first read this, I thought of the dreamwork that is constructed during our sleep. Afterwards, I realised that it could also refer to dream sequences in films, which function as a kind of interruption within the narrative and frequently trap the viewer into thinking that it is NOT a dream, but a continuation of the film's reality. When a dream sequence works, we are surprised to return to *normal*, i.e. to the central narrative. When it does not work, there is no surprise, there is the disgusted realisation that this is a trick that we have not fallen for. Thus, surprise is the barometer of failure or success.
In sleep, it is different. To begin with, the dream is an unconscious construction, as opposed to the meticulous planning of a film. It is based on *real* events or sensations, but seems, to the dreamer at least, to be a haphazard collection of events. So, what the *Guardian* reader is really asking is why we do not have the same control over our subsconscious as a film director has over a film. In sleep, *the mind that concocted the storyline* is not nearly as much in control as this reader thinks. A marriage or a murder or a couple of lovers behind a tree may interfere with the *story* at any moment. The dreamer's surprise is not so much directed towards these events as it is towards the unpredictability of this seemingly timeless, boundry-less narrative. It is like giving a party and saying to an uninvited guest, 'I'm surprised to see you here .'

4. I Don't Understand 'I don't understand what this has to do with cinema. Is it a documentary or is it fake ? It can't be a documentary. I don't believe that these things could happen like that, in the middle of the city. If it's a fake, it's a disgrace. People shouldn't be led to believe that things like this happen. And those camera movements. What's the purpose of that ? It's like that Russian film where the camera is winding through the rooms of the Hermitage, with a cast of hundreds. Why not just rent a few more cameras and hire an editor, for god's sake? And that know-it-all guide, who does he think he is ? What a mess. And to think some of my friends got caught up in it. They were getting married that day, can you believe it?'

'OK, OK, but can we take a vote on this piece or not? All those in favour of awarding a prize, please raise their hands. All right, it's still three votes to three. Shall we continue the discussion?'
'What discussion? What's the point? This film doesn't make any sense. Is it all one big made-up fiction? Or what? I can't believe that those things are really taking place in that park. What if the Queen opened up her curtains and saw some scene like that? It's not possible, I'm sorry. And it's completely irresponsible to propose that it's possible. But, what the hell, if nobody's willing to change their mind, then I'll vote for it. It doesn't deserve this extended discussion, so let's just move on.'

5. The Filmmaker as Pickpocket 'For (Robert) Bresson, true cinema is *ecriture*, not *spectacle*, so style is the index of truth and a rigorous realism the only possible style. (Hopefully, definitions of realism may differ less than definitions of reality.)' ... In *Pickpocket*, we find " the same emphasis on still, contained faces and moving, skilled hands, practicing and working; the stark, spare beauty of functionally composed and newsreel-textured photography.', Daniel Millar, *The Films of Robert Bresson*, Praeger Books, London, 1969.
Bresson's *Pickpocket* (1959) combines a straightforward narrative with elements of documentary and abstraction. What I remember particularly from the film - which I have not seen in many years - are the close-up shots of hands lifting wallets from unsuspecting marks and the relationship, somewhere between father and son and priest and confessor, of the hero, Michel, and Kassagi, the pickpocket who teaches him his trade. Paul Schrader described Bresson's films as *transcendental* and we see this in the look of his characters' faces, the use of music, the use of off-screen and space and the attention to detail. When the screen is filled with nothing but disembodied hands and figures, we occupy a space between voyeurism and complicity.
There is another element of the pickpocket that is alluded to in Bresson's film: the sexual attraction, not only between teacher and student, but between thief and mark. For what is most evident in the abstracted shots of hands and bodies is the physical contact that is present between one body and another. For, despite the efforts of

the pickpocket to make this act *invisible*, to efface the effects of the touch, it remains a sexual act, a violation of the body of somebody else. The illicit passing of an object from one person to another, despite its sense of violation, elicits our admiration for its skill and for the *stark, spare beauty* of how it is represented. (In a contemporary example, Sarah Waters's novel, *Fingersmith*, which is the nineteenth-century term for petty thieves, shows how exchanges of identities, personalities and histories are related to the day to day *exchange* of objects and currency. Her *fingersmiths* are, first and foremost, actors in a comedy of their own choosing.)

Sven Augustijen's *School for Pickpockets* describes the *art* of picking pockets like any other. Its narrator seems like the kind of character one would find in a Paul Auster novel or a David Mamet film, such as *House of Games*. He ingratiates himself with the viewer, gaining our confidence, making us admire the skill he has to offer. Like the guide in the park, he uses the force of his personality to charm us, to ingratiate himself into our critical sense. We drop our guard and follow the steps of the pickpockets' school, maybe even trying some of the maneuvres at home. Just as we accept the premise of *Le Guide du Parc* and walk around the Parc Royale, the camera is a surrogate for our movements, meandering and determined. We accept the role of student, of viewer, trusting the teacher, the director, the camera to map our route.

The most important aspect of the pickpocket's discourse to his students is how to construct the game itself. It is important that they create a narrative in order to create a favourable context for the theft they are about to commit. This is another kind of seduction, another way of bending the will and the actions of your mark to the action you are trying to pull off. The *School for Pickpockets* is a documentary on the art of fiction.

6. Rear Window To cite one more example of this wilful surrender of control, one need only describe the premise of *lets op Bach* (1998), a collaboration between Augustijen and the choreographer, Alain Platel. A group of performers are taking a break between rehearsals. They laugh, they flirt, they fight, they act out. They remind me of Warhol's Factory girls and boys, an erotic nightmare of fantasy, fiction and reality. But how are we privy to these goings-on? A camera, seemingly stationed in a room across the street or corridor, films the performers through a window. The spectator becomes the voyeur, the substitute of the unnamed camera person. And, like this moment in Hitchcock's *Rear Window*, the ultimate Hollywood voyeuristic fantasy (along with Michael Powell's *Peeping Tom*), when Raymond Burr, as the killer, looks directly into the camera at Jimmy Stewart and, by extension, the film audience, there are scenes of similar recognition in *lets op Bach*, in which the *actors* confront the camera and mock its presence by acting out in front of it. Once again, the dividing point between fiction and reality is hopelessly blurred. And yet, the absence of markers or boundaries is what gives the film its rigour. Our lack of balance keeps us immersed in the narrative.

7. Guided Tours Every film is like a guided tour. By coming in at the appointed time, sitting down in our seat, keeping quiet, turning off our mobile phones, we accept the compact between filmmaker and viewer, one based on submission and domination. And, whether the film is *Dogville* or *Austin Powers*, we latch onto the narrative as our guide, accepting what it tells us and what it omits. We accept in order to become immersed in the screen. We are not really having sex with Nicole Kidman, but we are occupying a privileged position. We are not participating in Powers's send-up of James Bond, but our position as viewers makes our cynicism a vantage point of power. So we accept, willingly, the pace, the rhythm, the context proposed by the film. If we do not accept, we only have two options: to fall asleep (and film is one of the strongest narcotics) or to walk out of the theatre. But the latter is a radical step. I have rarely been tempted to do it. I can remember a few times ... some pathetic Carlos Saura flamenco drama and, more recently, Ulrich Seidl's *Dog Days*. I did walk out on the Saura, but stayed to the end of *Dog Days*. At the end I still hated the film, but felt that it would have been even worse to leave the guided tour prematurely. Because then you are on your own, aren't you?

8. I Want to Know A man is speaking to the camera. His name is Johan. We gather that he is in some sort of institution, but it is not clear what type that may be, a prison or a hospital. If the latter, is he suffering from some fatal illness or is he in a mental clinic? As he answers the questions of the filmmaker and a doctor in the room, it slowly becomes clear that he is suffering from aphasia, defined in the *Collins English Dictionary* as a 'disorder of the central nervous system, characterised by partial or total loss of the ability to communicate, especially in speech or writing.' At one point, Johan keeps responding to a prompt from the therapist by saying 'I want to know,' 'I want to know. ' She cannot get him to say *what* he wants to know.

Is this not the position of the viewer in watching this *documentary* by Sven Augustijnen? We want to know what is going on; we want to know more about this *subject*; we want to know that the filmmaker will not abuse his position of power. And we can only know by trusting the filmmaker, by trusting the camera, by trusting that we (and Johan) will not be manipulated. But that, of course, is a contradiction in terms. Better to accept the manipulation and go from there.

9. Ce n'est pas evident There is a moment in Sven Augustijnen's *Mission Mont des Arts* where two tourists from Tournai, hopelessly lost in the maze of Brussel's Place Royale, have the good fortune to come across two helpful guides from the Fondation Roi Baudoin. They are then given a tour of the entire area, from the roofs of the Musée des Instruments de Musique to the toilets of the Palais des Beaux Arts (with guest commentary from the director of the Palais, Paul Dujardin), from the bowels of the Gare Centrale, haunted by the ghost of Victor Horta, to the Protestant Church of Brussels. And yet, it is a tour marked by locked gates, dead ends and apologising, yet impassable, doormen. Like *Le Guide du Parc* it shows Brussels at its most elusive. Brussels is a city that does not reveal itself at first sight. There is always something beyond the door, around the corner, behind the tree. Augustijnen's *video tours* do nothing to help us *solve* the enigma. In fact, they take pleasure in revealing the diversity behind certain points of interest, the constant conclusion that things are not what they seem.

10. The Museum Director, the Critic, the Artist and the Newspaper The conversation takes place in the VIP Room of the Brussels Art Fair 2002. Champagne is complimentary.
'Did you see that ridiculous newspaper being handed out at the entrance?'
'Yeah, I did. What's the big deal? It's just another plan for a Brussels Museum of Contemporary Art. It'll never work.'
'But it's a hoax!'
'Well, it always is, isn't it?'
'No, I mean the newspaper's a hoax. There are no plans for this stupid Dernier Nouveau Centre d'Art Contemporain à Bruxelles (DNCACB). It doesn't exist.'
'Just relax. The more things change, the more they stay the same. Who cares?'
'Who cares? This is a scandal. A stupid project by an artist who thinks he's fooling everyone.'
'Who's the artist?'
'Oh, some Swedish guy living in Brussels. I'll tell you what - his career will be finished after people realise what he's done.'
'I still don't understand why you're so upset.'
'Oh, Christ, you're thick. Don't you see that stunts like this will ruin it for the real projects in Brussels?'
'What "real" projects?'
'Never mind. I've got to go meet a guy at a brewery. Do you know how I can get to Forêt from here?'

Postscript Sven Augustijnen's new film is called 'Une femme entreprenante.' And here is a photo of Sophie Le Clercq, the heroine of that film. She is wearing a hard hat, which not only points to her role as head of Blaton, the construction company, but also to her role regarding the new Wielemans-Ceuppens Project. At first the hat seems to say 'salad.'
On second glance, however, it reads 'galaxy.' (Or, to be more precise, 'galax') What does that have to do with 'Blaton' or 'Wiels?' She also seems to be wearing a leopard collar. Would you say her look is enterprising? Is she acting as a guide of the construction site? Is
someone seated in that grey car behind the cage?
What is Sophie looking at?
So many questions. So hard to tell.
To be continued...

Cet ouvrage est publié à l'occasion de l'exposition *Wiels!* Uitgegeven naar aanleiding van de tentoonstelling Wiels!
5. 9 – 19.10.2003 Site Wielemans-Ceuppens 374 Av. Van Volxemlaan 1190 Bruxelles Brussel

Exposition Tentoonstelling

Concept : Luk Lambrecht

Centre des Arts contemporains asbl Centrum voor Hedendaagse Kunst vzw.
Drève du Prieuré 25 Priorijdreef 1160 Bruxelles Brussel (adresse provisoire)

Conseil d'Administration de l'asbl Centre des Arts Contemporains
Raad van Bestuur van de vzw Centrum voor Hedendaagse Kunst
Herman J. Daled (Président, Voorzitter), Bart De Baere (Vice-Président, Onder-voorzitter),
Sophie Le Clercq (Administratrice déléguée, Gedelegeerd bestuurder), Bernard Blistène,
Chris Dercon, Pierre Iserbyt, Ann Veronica Janssens, Filiep Libeert, Luc Tuymans, Bruno Van Lierde

 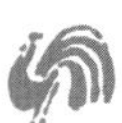  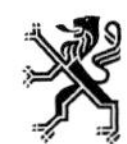 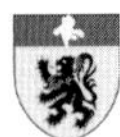

Avec l'aide de Met de steun van la Région de Bruxelles-Capitale, het Brussels Hoofdstedelijk Gewest ,du Ministère de la Communauté française, de la Commission communautaire française (Cocof), de Vlaamse Gemeenschap, de Vlaamse Gemeenschapcommissie (VGC)
Met verdere steun van Et également de CIT Blaton, JCX Immobilière, Art & Build, Hifinesse, Clear Channel, NMBS-SNCF

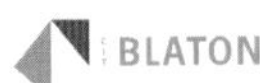 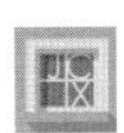 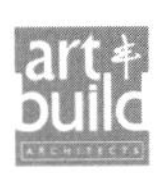  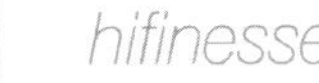 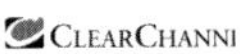

Réalisation technique Technische realisatie Wim Maes

Remerciements Met dank aan Kris Kimpe, Pieter Vermeersch, Jan Verheyden, Koen Peeters en Kamiel Vanhole

Catalogus Catalogue

Een uitgave Co-publié par het Centrum voor Hedendaagse Kunst vzw. le Centre des Arts contemporains asbl &
Luc Derycke & Co.

Een merz boek Un livre merz
Luc Derycke & Co. Geldmunt 36 B 9000 Gent
T + 32 9 329 31 22 F + 32 9 329 31 23 info@lucderycke.be www.lucderycke.be

Samenstelling Conçu par Luk Lambrecht

Productie Coördination Luc Derycke

Vertalingen Traductions: Audrey Van Tuycom (nederlands-engels néerlandais-anglais), Sabine Visser (nederlands-frans néerlandais-français), Linda Bruckert (engels-frans anglais-français), Catherine Thys (engels-nederlands, frans-nederlands anglais-néerlandais, français-néerlandais), Tiffanny Fliss (frans-engels, français-anglais), Kaatje Cusse (tekst Catherine Mayeur, frans-nederlands, frans-engels, français-néerlandais, français-anglais).

Eindredactie Rédaction finale: Sabina Versieck (engels anglais); Els en Steven van de Perre (nederlands néerlandais), Marc Perènnes (frans français)

Boek ontwerp conception graphique: Luc Derycke

Gedrukt en gebonden door imprimé et relié par Lannoo, Tielt

Herkomst van de beelden Crédits photographiques p.26 verzameling Sint-Lukasarchief, Brussel, p. 27, 28, 29 (boven) foto Willy Kessels, verzameling Sint-Lukasarchief, Brussel, p. 29 foto Luc Nagels, Sint-Lukasarchief, Brussel, p. 38 verzameling Sint-Lukasarchief, Brussel

Isbn 90-76979-17-0
Wettelijk depot: D/2003/7852/12

Verdeling Distribution Exhibitions International Avenue Kol. Bégaultlaan, 17 B 3012 Leuven Louvain
T +32 16 29 69 00 F +32 16 29 61 29 ward.schevenels@exhibitionsinternational.be www.exhibitionsinternational.be

For Adrienne

Nature is a Battlefield

Nature is a Battlefield

Towards a Political Ecology

Razmig Keucheyan

Translated by David Broder

polity

First published in French as *La nature est un champ de bataille. Essai d'écologie politique*, (c) Éditions La Découverte, Paris, France, 2014

This English edition (c) Polity Press, 2016

Polity Press
65 Bridge Street
Cambridge CB2 1UR, UK

Polity Press
350 Main Street
Malden, MA 02148, USA

ISBN-13: 978-1-5095-0377-3 (hardback)
ISBN-13: 978-1-5095-0378-0 (paperback)

A catalogue record for this book is available from the British Library.
Typeset in 10.5 on 12 pt Sabon Roman by Toppan Best-set Premedia Limited
Printed and bound in the UK by Clays Ltd, St Ives PLC

Library of Congress Cataloging-in-Publication Data

Names: Keucheyan, Razmig, author.
Title: Nature is a battlefield : towards a political ecology / Razmig Keucheyan.
Other titles: Nature est un champ de bataille. English
Description: Cambridge, UK ; Malden, MA : Polity Press, [2016] | Includes
    bibliographical references.
Identifiers: LCCN 2016006440 (print) | LCCN 2016018681 (ebook) | ISBN
    9781509503773 (hardcover : alk. paper) | ISBN 1509503773 (hardcover :
    alk. paper) | ISBN 9781509503780 (pbk. : alk. paper) | ISBN 1509503781
    (pbk. : alk. paper) | ISBN 9781509503803 (mobi) | ISBN 9781509503810
    (epub)
Subjects: LCSH: Political ecology. | Ecology–Political aspects. | Environmental
    disasters–Political aspects. | Human ecology–Economic aspects. |
    Environmental justice.
Classification: LCC JA75.8 .K4813 2016 (print) | LCC JA75.8 (ebook) | DDC
    304.2–dc23
LC record available at https://lccn.loc.gov/2016006440

For further information on Polity, visit our website: politybooks.com

Contents

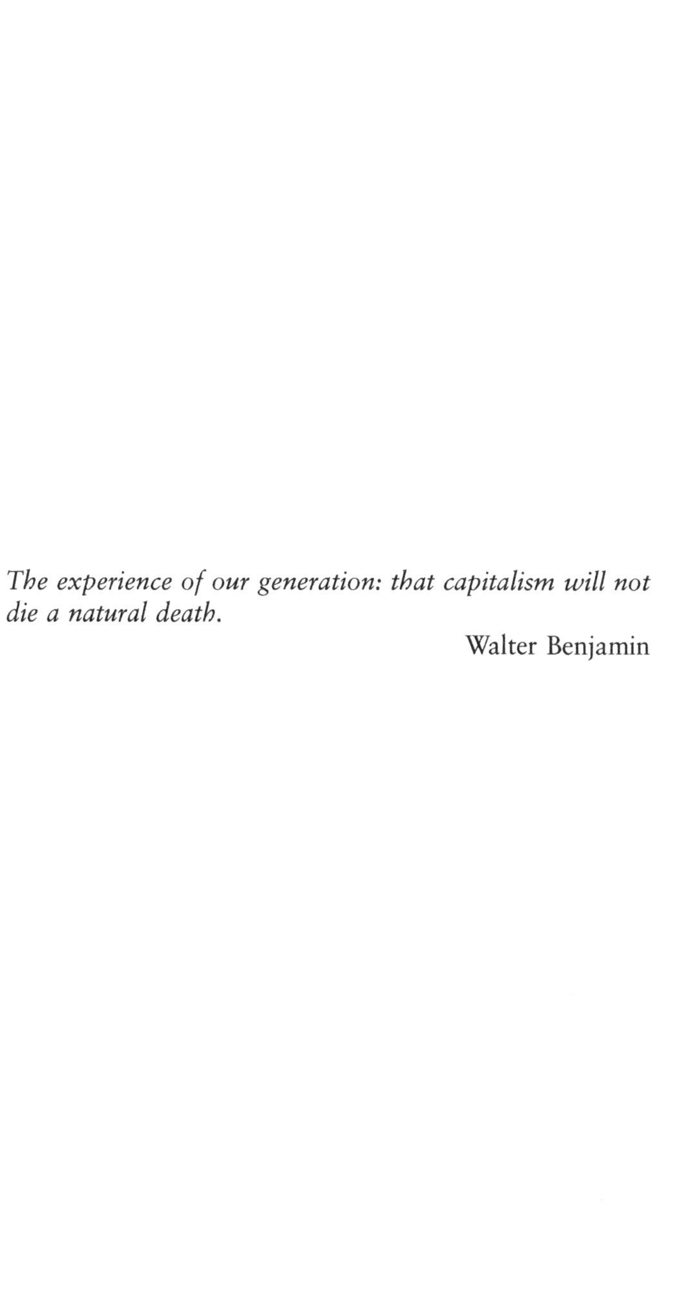

The experience of our generation: that capitalism will not die a natural death.

Walter Benjamin